本专著系北京市社会科学基金（18LJB003）、北京城市治理研究基地和1138工程项目阶段性成果之一

北京城市治理研究基地学术文库

中国对“一带一路”沿线国家直接投资策略选择与风险防范研究

潘素昆◎著

中国财经出版传媒集团

经济科学出版社
Economic Science Press

·北京·

图书在版编目（CIP）数据

中国对“一带一路”沿线国家直接投资策略选择与风险防范研究/潘素昆著. --北京：经济科学出版社，2024.4

ISBN 978 -7 -5218 -5707 -8

Ⅰ.①中… Ⅱ.①潘… Ⅲ.①对外投资-直接投资-研究-中国 Ⅳ.①F832.6

中国国家版本馆 CIP 数据核字（2024）第 057210 号

责任编辑：周国强
责任校对：齐 杰
责任印制：张佳裕

中国对“一带一路”沿线国家直接投资策略选择与风险防范研究

ZHONGGUO DUI“YIDAIYILU” YANXIAN GUOJIA ZHIJIE TOUZI CELÜE XUANZE YU FENGXIAN FANGFAN YANJIU

潘素昆 著

经济科学出版社出版、发行 新华书店经销
社址：北京市海淀区阜成路甲 28 号 邮编：100142
总编部电话：010 -88191217 发行部电话：010 -88191522
网址：www.esp.com.cn
电子邮箱：esp@esp.com.cn
天猫网店：经济科学出版社旗舰店
网址：http://jjkxcbs.tmall.com
固安华明印业有限公司印装
710×1000 16 开 14 印张 250000 字
2024 年 4 月第 1 版 2024 年 4 月第 1 次印刷
ISBN 978 -7 -5218 -5707 -8 定价：82.00 元
（图书出现印装问题，本社负责调换。电话：010 -88191545）

目　　录

| 第 1 章 |

引　言

1.1 研究背景及意义

自 2003 年实施“走出去”战略以来，中国对外开放水平逐渐提高，由初期的“引进来”模式逐步转向“走出去”与“引进来”并重模式。中国企业对外直接投资（OFDI）迅速发展。《中国对外直接投资统计公报》显示，中国对外直接投资存量由 2003 年的 332 亿美元上升到 2021 年的 27851.5 亿美元，年均增长 27.9%。其中，2015 年中国首次实现双向直接投资项下的资本净输出。2021 年，中国对外直接投资存量位居世界第三。

2013 年，习近平总书记提出了“一带一路”倡议，旨在促进中国与沿线国家共同应对风险挑战，实现互利共赢、共同发展。“一带一路”倡议是在全球化发展形势更加严峻的背景下提出的，遵循“共商、共建、共享”的基本原则，更加符合经济全球化的趋势，因此能够成为全球化发展的新方向。2015 年 3 月，国家发展改革委、外交部、商务部联合发布了《推动共建丝绸之路经济带和21世纪海上丝绸之路的愿景与行动》，“一带一路”倡议进入实质推进阶段。“一带一路”倡议的提出顺应新时代的发展与需求，为沿线国家开展合作搭建了新平台。党的十九大报告指出：“要以‘一带一路’建设为重点，坚持‘引进来’与‘走出去’并重，遵循共商共建共享原则，加强创新能力开放合作，形成陆海内外联动、东西双向互济的开放格局”。2019 年 4 月，习近平总书记在第二届“一带一路”国际合作高峰论坛上强调，要以加快实现“高标准、惠民生、可持续”为重大奋斗目标，推动共建“一带一路”沿着高质量发展方向不断前进。① 在中国经济增长方式由数量型扩张向质量型提升的同时，中国对“一带一路”沿线国家直接投资也由数量驱动转向质量拉动。2020 年 6 月，习近平总书记强调要高质量共建“一带一路”，使之成为促进经济社会恢复的复苏之路、释放发展潜力的增长之路。② 2021 年 4 月，在博鳌亚洲论坛的主旨演讲中，习近平总书记指出要面向未来，继续高质量共建“一带一路”，努力实现“高标准、惠民生、可持续”目标。③ 截至 2023 年 6 月，我国已与 152 个国家、32 个国际组织签署 200 余份共建“一带一路”合作文件，涵盖世界上 2/3 的国家和 1/3 的国际组织。④

随着“一带一路”倡议的推进，沿线各国积极参与“一带一路”建设，在顶层设计、重大项目、规划对接、互联互通和企业行动等方面不断取得新成果。“一带一路”倡议的推进为我国企业对外直接投资提供了机遇。近年来，中国对“一带一路”沿线国家直接投资呈现出投资规模增长快，增长幅度大的特征。中国对“一带一路”沿线国家直接投资流量从 2013 年的 126.3 亿美元增长到了 2022 年的 209.7 亿美元。⑤ 在 9 年的时间里增长了 66.03%，年均增长 7.34%。即使在全球经济受到影响的新冠疫情暴发期间，中国对“一带一路”沿线国家直接投资仍呈增长态势。从发展趋势来看，“一带一

---

① 习近平在第二届“一带一路”国际合作高峰论坛开幕式上的主旨演讲（全文）［EB/OL］. 新华网，2019－04－26.

② 共建“一带一路”坚定前行［EB/OL］. 央广网，2021－02－06.

③ 习近平在博鳌亚洲论坛 2022 年年会开幕式上的主旨演讲（全文）［EB/OL］. 新华网，2022－04－21.

④ 已同中国签订共建“一带一路”合作文件的国家一览［EB/OL］. 中国一带一路网，2023－06－26.

⑤ 历年《中国对外直接投资统计公报》。

路”沿线国家将成为中国对外直接投资的重要地区。

然而，“一带一路”沿线国家多为发展中国家或转型经济体。这些国家经济模式和发展阶段各不相同，资源禀赋各异，文化多元。中国对“一带一路”沿线国家直接投资面临机遇，也面临着投资风险。要提高中国企业对沿线国家直接投资效益，中国企业对外直接投资应选择适当的投资策略，防范对外直接投资风险。尤其是当前我国面临百年未有之大变局，贸易保护主义抬头，逆全球化趋势加强，给我国企业对外直接投资带来巨大挑战。我国企业应及时了解投资东道国外商直接投资政策变化，进行风险评估，制定有效的风险防范措施，以便提高对“一带一路”沿线国家直接投资质量。

本书力图在分析中国对“一带一路”沿线国家直接投资特点的基础上，从对外直接投资产业选择、区位选择、进入模式选择三个方面研究中国企业对“一带一路”沿线国家直接投资策略选择，并对中国对沿线国家直接投资风险成因、风险评价与防范进行探讨，以期为推进“一带一路”高质量建设及中国企业对沿线国家直接投资的具体实践提供参考。

1.2　本书内容安排

本书主要研究中国对“一带一路”沿线国家直接投资策略选择与风险防范。针对中国对“一带一路”沿线国家直接投资特点，研究中国对“一带一路”沿线国家直接投资策略选择。结合“一带一路”沿线国家经济发展需要和世界经济形势变化，分析中国企业对沿线国家直接投资风险成因，运用计量经济方法对中国企业对沿线国家直接投资风险进行评价，并提出风险防范措施。本书章节安排如下：

第 1 章引言。介绍本书的研究背景和研究意义，阐述本书的章节安排。

第 2 章中国对“一带一路”沿线国家直接投资特点。从对外直接投资规模、投资区位、投资行业、进入模式四个方面，分析中国对“一带一路”沿线国家直接投资特点。

第 3 章中国对“一带一路”沿线国家直接投资产业选择研究。从促进产业结构升级视角，运用灰色关联分析，并结合各国外商直接投资行业政策，研究中国对“一带一路”沿线国家直接投资产业选择策略。

第4章中国对“一带一路”沿线国家直接投资区位选择研究。运用计量经济学方法，对国际友好城市、基础设施、投资便利化、企业异质性等对中国对沿线国家直接投资区位选择的影响进行研究。

第5章中国对“一带一路”沿线国家直接投资进入模式选择研究。在分析对外直接投资进入模式选择影响因素的基础上，运用Logit模型对中国“一带一路”沿线国家直接投资进入模式选择进行实证研究。最后，在理论与实证研究的基础上提出政策建议。

第6章中国对“一带一路”沿线国家直接投资风险研究。从经济风险和文化风险两个方面，研究中国对“一带一路”沿线国家直接投资风险。在分析各类风险的成因或影响因素的基础上，运用计量经济学的研究方法进行实证研究，最后提出各类风险的防范措施。

第2章 中国对"一带一路"沿线国家直接投资特点[①]

党的十八大以来，中国实行更加积极主动的开放战略，共建"一带一路"成为深受欢迎的国际合作平台。随着"一带一路"倡议的推进，我国对沿线国家直接投资快速发展，呈现出以下特征。

2.1 投资规模持续增长

"走出去"战略提出后，中国对"一带一路"国家直接投资呈增长趋势。如图2-1所示，中国对"一带一路"国家直接投资流量从2003年的2亿美元增长至2012年的134.1亿美元，增长了约67倍。在"一带一路"倡议提出前，中国对"一带一路"国家直接投资流量在中国对外直接投资流量总额中的占比较低。2003~2005年期间，该

① 本章数据均来自历年《中国对外直接投资公报》。

比重一直较低且呈下降趋势。2003 年这一比重为 7.1%，2005 年下降到 5.4%。2006 年以后呈上升趋势，2007 年上升到 12.4%。之后又出现下降，至 2009 年这一比重下降为 8.2%。2010 年之后呈上升趋势，2012 年上升至 15.3%。

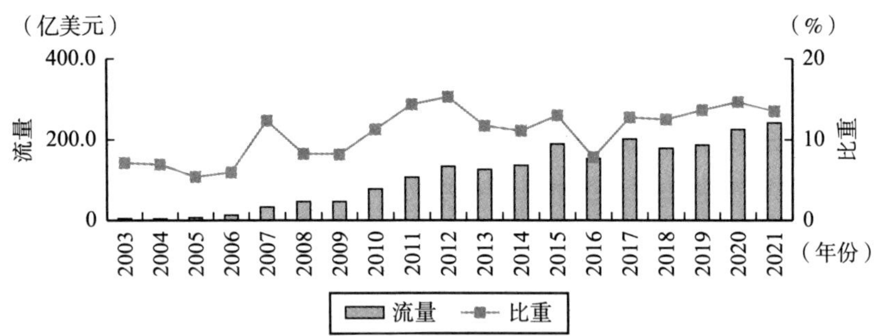

图 2-1　2003~2021 年中国对“一带一路”沿线国家直接投资流量及其比重

资料来源：历年《中国对外直接投资统计公报》。

“一带一路”倡议提出后，中国不断深化与共建“一带一路”国家投资合作关系，推动高质量共建“一带一路”不断走深走实。随着倡议的逐步推进，中国企业积极到沿线国家进行对外直接投资，中国对沿线国家直接投资流量呈总体上升趋势，从 2013 年的 126.3 亿美元增长到 2021 年的 241.5 亿美元，增长率达 90%，其占中国对外直接投资流量总额的比重，从 2013 年的 11.7% 增至 2021 年的 13.5%。2013~2021 年中国对沿线国家直接投资流量累计达 1640 亿美元。2022 年，我国企业在“一带一路”沿线国家非金融类直接投资 209.7 亿美元，较上年增长 3.3%，占同期总额的 17.9%。

中国对“一带一路”沿线国家直接投资存量也呈增长趋势（见图 2-2）。2003~2021 年中国对“一带一路”沿线国家直接投资存量从 13.2 亿美元增至 2138.4 亿美元，其占中国对外直接投资存量的比重，从 2003 年的 4% 增加至 2013 年的 10.9%，2014 年后这一占比呈总体下降趋势，2021 年降至 8.3%。

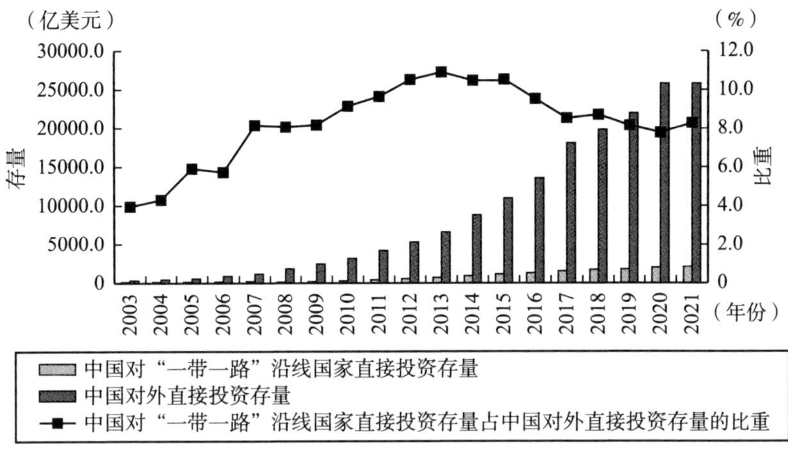

图 2-2　2003～2021 年中国对外直接投资存量、中国对"一带一路"沿线国家直接投资存量及其占比

资料来源：历年《中国对外直接投资统计公报》。

2.2　投资区域分布不均衡

中国对"一带一路"沿线国家直接投资区域分布呈现不均衡的特点。2022 年中国对"一带一路"沿线国家直接投资主要投向新加坡、印度尼西亚、马来西亚、泰国、越南、巴基斯坦、阿拉伯联合酋长国、柬埔寨、塞尔维亚和孟加拉国等国家。《2021 年度中国对外直接投资统计公报》显示"一带一路"沿线包含 63 个国家，依据所在地理位置和地区性组织，将其划分为 7 个区域，即东盟、西亚、南亚、中亚、中东欧、独联体①及东亚，如表 2-1 所示。

表 2-1　"一带一路"沿线 63 个国家的所在区域

地区	国家
东盟（10 国）	菲律宾、柬埔寨、老挝、马来西亚、缅甸、泰国、文莱、新加坡、印度尼西亚、越南

① 本书独联体样本为研究期内表 2-1 所列的 7 个国家。

续表

地区	国家
西亚（16国）	阿联酋、阿曼、埃及（西奈半岛）、巴勒斯坦、巴林、卡塔尔、科威特、黎巴嫩、沙特阿拉伯、土耳其、叙利亚、也门、伊朗、以色列、约旦、伊拉克
南亚（8国）	阿富汗、巴基斯坦、东帝汶、孟加拉国、尼泊尔、斯里兰卡、印度、马尔代夫
中亚（5国）	哈萨克斯坦、吉尔吉斯斯坦、塔吉克斯坦、土库曼斯坦、乌兹别克斯坦
中东欧（16国）	阿尔巴尼亚、爱沙尼亚、保加利亚、北马其顿、波黑、波兰、黑山、捷克、克罗地亚、拉脱维亚、立陶宛、罗马尼亚、塞尔维亚、斯洛伐克、斯洛文尼亚、匈牙利
独联体（7国）	阿塞拜疆、白俄罗斯、俄罗斯、格鲁吉亚、摩尔多瓦、乌克兰、亚美尼亚
东亚（1国）	蒙古

注：埃及跨亚洲、非洲两大洲，大部分位于非洲东北部，只有苏伊士运河以东的西奈半岛位于亚洲西南部，本书研究区域划分至西亚。

图2-3显示了2003~2021年中国对"一带一路"沿线七个区域的累计直接投资存量。由该图可见，2003~2021年中国对沿线各区域直接投资存量排名由高到低依次是东盟、西亚、南亚、中亚、独联体及东亚和中东欧。其中，中国对东盟直接投资存量最多，累计达8728.6亿美元。2003~2021年期间，中国对西亚的累计直接投资额位列第二，达2005.91亿美元。中国对中东欧地区直接投资相对较少，累计达246.47亿美元。该倡议提出前后，中国对沿线地区累计直接投资额的排名并未发生变化。中国对东盟10国的累计直接投资额位居首位，这与中国-东盟自贸区的构建以及《区域全面经济伙伴关系协定》（RCEP）的签署及实施密切相关。

如图2-4所示，2003~2021年中国对东盟10国对外直接投资存量最高，且远高于其他地区。如图2-5所示，中国对东盟10国直接投资存量占比也为最高，且一直处于领先位置。2006年后一直呈现显著增长趋势。2006年以前，西亚地区的占比位居第二，但之后呈现下降趋势，低于独联体及东亚地区占比。2016年后，西亚地区占比重新上升到第二名。2006年以前，独联体及东亚地区占比呈总体上升趋势，之后呈总体下降趋势。中东欧国家的占比最低。

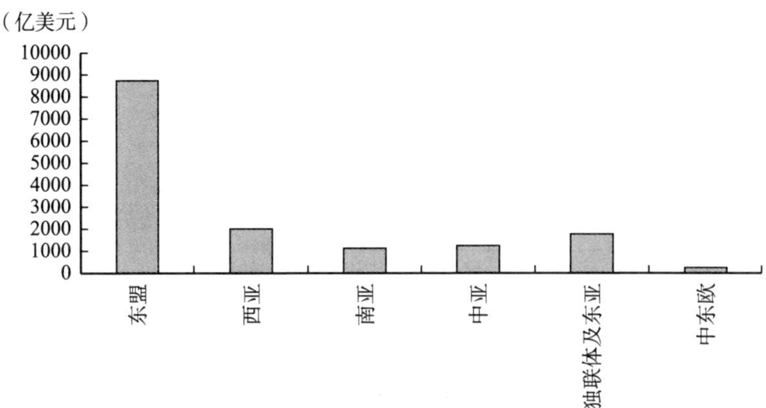

图 2－3　2003～2021 年中国对“一带一路”沿线国家累计直接投资存量（亿美元）

资料来源：历年《中国对外直接投资统计公报》。

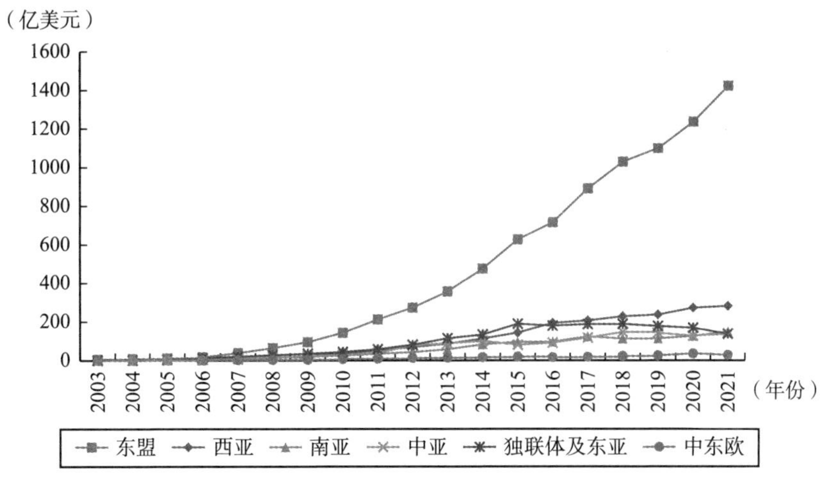

图 2－4　2003～2021 年中国对“一带一路”沿线国家直接投资存量

资料来源：历年《中国对外直接投资统计公报》。

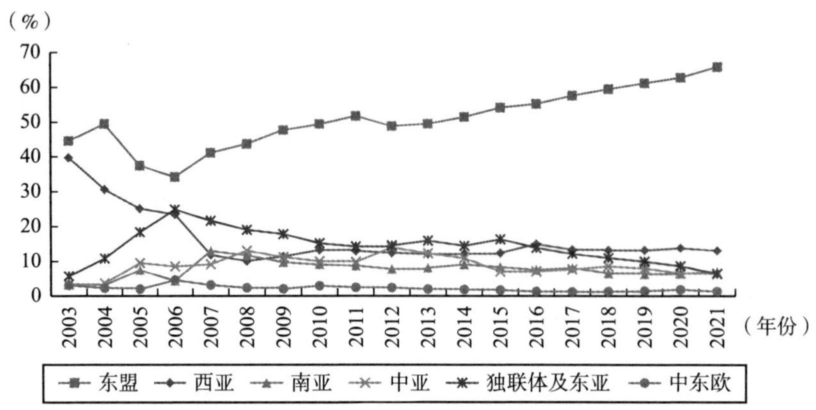

图 2-5　2003~2021 年中国对“一带一路”沿线国家直接投资存量占比

资料来源：历年《中国对外直接投资统计公报》。

2.2.1　东盟

东盟各国与中国地理位置相邻，文化相似，客观上促进了彼此间的经贸往来。“一带一路”倡议提出后，中国对东盟国家直接投资存量逐年增加（见图 2-4）。由图 2-5 可见，在沿线各区域中，中国对东盟国家对外直接投资最多。2020 年 11 月 15 日，由东盟发起的《区域全面经济伙伴关系协定》（RCEP）正式签署，中国与东盟的经贸合作进一步上升。2021 年，中国对外直接投资流量排名前二十位的国家（地区），有 6 位来自东盟（新加坡、印度尼西亚、越南、泰国、马来西亚、老挝）。2021 年，中国对东盟的对外直接投资流量为 197.32 亿美元，比上年增长 22.84%，占当年我国对外直接投资流量总额的 11.03%，占对亚洲对外直接投资流量的 15.4%，年末存量为 1402.8 亿美元，占存量总额的 5%，占对亚洲对外直接投资存量的 7.9%。2021 年末，中国共在东盟设立对外直接投资企业超过 6200 家，雇用外方员工超过 58 万人。2022 年 1 月 1 日，RCEP 正式生效，中国与东盟的经贸往来得到进一步加强。

由图 2-6 可见，在东盟 10 国中，新加坡接收中国的对外直接投资存量最多，且呈现增长趋势。新加坡是中国在“一带一路”沿线的重要经贸合作伙伴。从 2013~2021 年的连续 9 年中，中国是新加坡的第一大贸易伙伴。两国企业携手开拓“一带一路”市场，在基础设施、金融科技、法律服务、第三方市场合作等领域取得了积极成果。"一带一路"倡议提出后，中国对新加坡对外直接投资存量从 2013 年的 147.51 亿美元增长到 2021 年的 672.02 亿美元。2021 年，中国在新加坡对外直接投资流量为 84.1 亿美元，同比增长 41.9%，新加坡在中国对外直接投资存量国家（地区）中排第五位，占对东盟投资存量的 47.9%，主要投向租赁和商务服务业、批发和零售业、制造业、金融业等。印度尼西亚接受中国的对外直接投资存量，在该区域位列第二，2021 年达 200.8 亿美元，占比为 14.3%，主要投向制造业、电力/热力/燃气及水的生产和供应业、建筑业等。2003 ~2021 年，中国对柬埔寨、老挝、马来西亚、缅甸、泰国以及越南的累计直接投资存量相近。菲律宾、文莱接受中国对外直接投资最少。

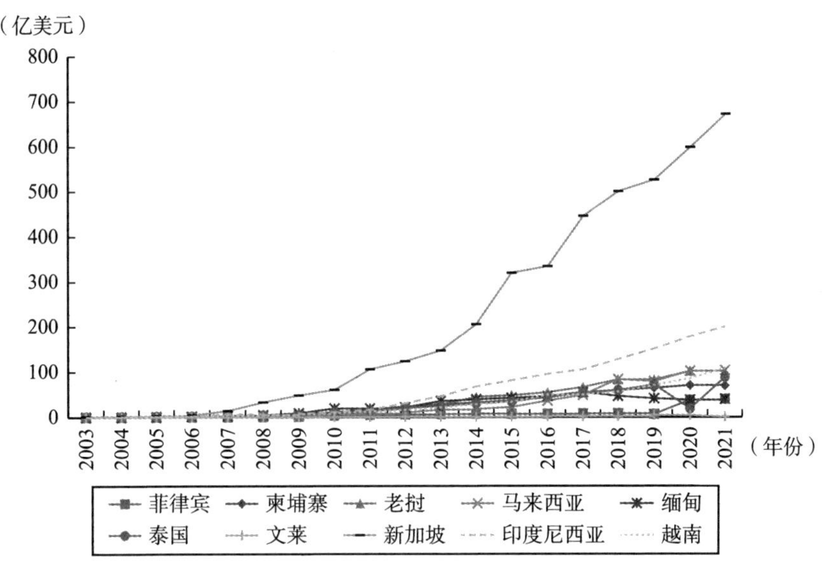

图 2 -6　2003 ~2021 年中国对"一带一路"沿线东盟国家对外直接投资存量

资料来源：历年《中国对外直接投资统计公报》。

2.2.2　西亚

2003 ~2021 年，中国对"一带一路"沿线西亚 16 国直接投资累计存量情况如图 2 -7 所示。由图 2 -7 可见，2003 ~2021 年中国对阿联酋的直接投资存量最多，其次为伊朗、沙特阿拉伯和以色列。2003～2021 年，中国对阿联酋累计直接投资 566.05 亿美元。“一带一路”倡议提出后，中国对其直接投资存量从 2013 年的 151457 万美元增长至 2021 年的 984494 万美元，增长了 550%。2021 年，中国对沙特阿拉伯的直接投资存量为 352419 万美元，位居第二，以色列、伊朗的直接投资存量紧随其后。中国对黎巴嫩、巴勒斯坦的直接投资额最小，仅为 3348 万美元和 115 万美元。

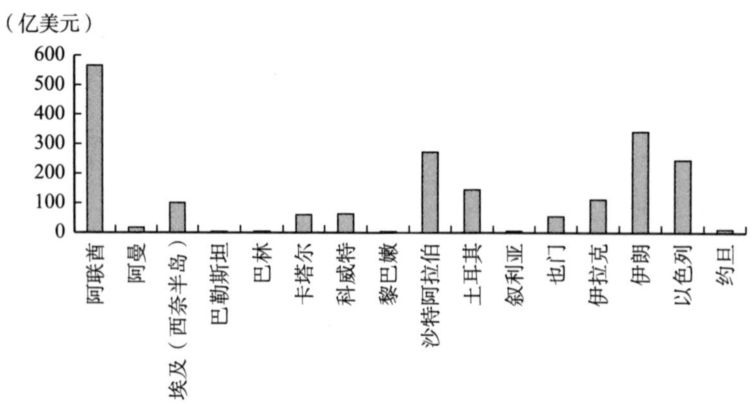

图 2-7　2003～2021 年中国对“一带一路”沿线西亚国家累计对外直接投资存量

资料来源：历年《中国对外直接投资统计公报》。

2.2.3　南亚

2003～2021 年期间，中国对南亚地区累计对外直接投资存量如图 2-8 所示。其中，巴基斯坦接受中国对外直接投资存量在南亚 8 国中一直处于领先位置。巴基斯坦国内市场潜力巨大，是世界第五人口大国和世界第九劳动力大国，且人口结构年轻，劳动力充足，市场规模巨大。巴基斯坦是联系南亚、中亚、西亚（中东）的交通枢纽和贸易、能源走廊，其国内市场可辐射到中东、中亚、南亚等地区，贸易空间十分广阔，且已经与中国签署《中巴自贸区服务贸易协定》第二阶段议定书，还与中国签有投资保护协定和避免双重征税协定。①《〈中华人民共和国政府和巴基斯坦伊斯兰共和国政府关

① 中华人民共和国商务部“走出去”公共服务平台，《对外投资合作国别（地区）指南》。

于对所得避免双重征税和防止偷漏税的协定〉第三议定书》于 2016 年 12 月 8 日在伊斯兰堡正式签署，于 2017 年 4 月 24 日起生效执行。中国对巴基斯坦直接投资存量从 2013 年的 234309 万美元上升到 2021 年的 748538 万美元，增长了 219.5%。印度接受中国对外直接投资存量在该地区位列第二，孟加拉国位居第三。而对马尔代夫和东帝汶的累计对外直接投资存量最少。①

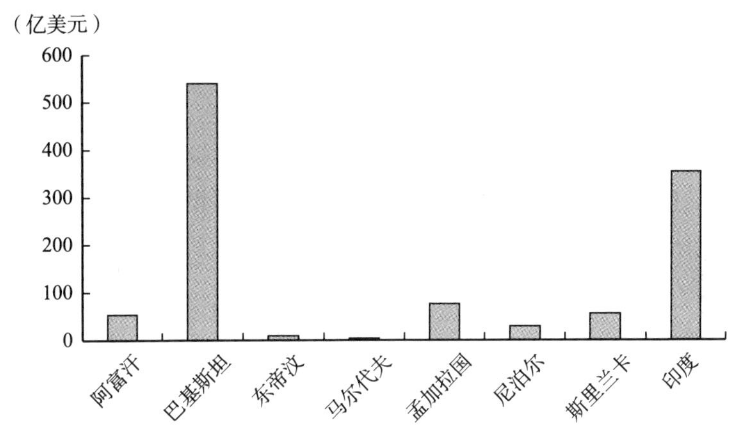

图 2-8　2003~2021 年中国对“一带一路”沿线南亚国家累计直接投资存量

资料来源：历年《中国对外直接投资统计公报》。

2.2.4　中亚

哈萨克斯坦是中亚地区经济发展较快、政治局势比较稳定、社会秩序相对良好的国家，有着丰富的石油、天然气、煤炭、有色金属等矿产资源，农业基础良好，生态状况优良，地理位置优越。坚持实行积极吸引外资的政策，并加强有关立法工作，已与中国签订双边保护投资协议。土库曼斯坦政治稳定，社会事业发展较迅速；油气资源储量丰富，经济增长前景良好；地理位置优越，处于欧亚大陆中心地带。世界银行发布《2020 年营商环境报告》显示，吉尔吉斯斯坦在全球 190 个经济体中营商容易度排名第 80 位。乌兹别克

① 中华人民共和国商务部“走出去”公共服务平台，《对外投资合作国别（地区）指南》。

斯坦地处中亚腹地，历史悠久，人文历史氛围浓厚。2021 年 3 月 1 日起，对中国公民实行 10 日入境免签政策。乌兹别克斯坦政局稳定，政府重视招商引资，国内营商环境持续改善，行政效率不断提高。作为中亚第一人口大国，乌兹别克斯坦劳动力资源丰富，价格相对低廉，生活成本相对较低。塔吉克斯坦政治局势相对稳定，经济社会领域各项建设逐步展开，民众富裕程度不断提高，消费市场日渐繁荣，实行对外开放的经济政策，其矿产资源较丰富，资源开发前景乐观。①

图 2－9 显示了 2003～2021 年期间中国对中亚地区累计对外直接投资存量。2003～2021 年期间，在中亚 5 国中，哈萨克斯坦接受中国对外直接投资最多，2021 年达 74.87 亿美元，累计达 753.34 亿美元。2018 年以来，乌兹别克斯坦吸收中国对外直接投资存量位列第二。在“一带一路”倡议提出后，乌兹别克斯坦、吉尔吉斯斯坦、塔吉克斯坦吸收中国对外直接投资存量呈现明显上升趋势，土库曼斯坦吸收中国对外直接投资数额最少。

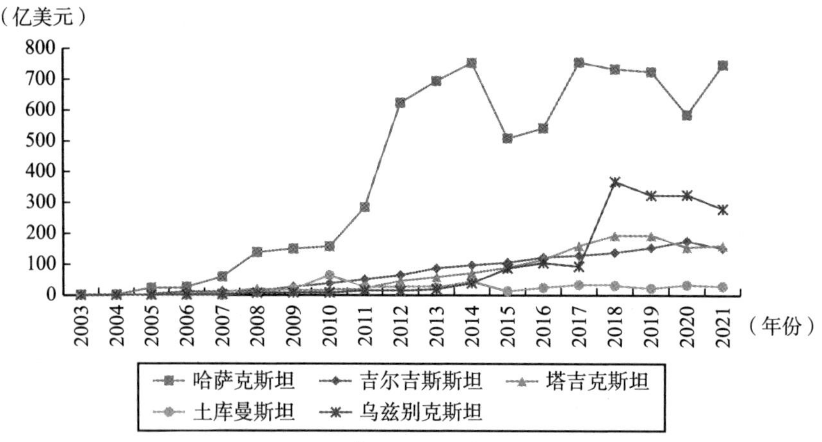

图 2－9　2003～2021 年中国对“一带一路”沿线中亚国家直接投资存量

资料来源：历年《中国对外直接投资统计公报》。

① 中华人民共和国商务部“走出去”公共服务平台，《对外投资合作国别（地区）指南》。

2.2.5 中东欧

2003~2021年期间，中国对16个中东欧国家直接投资存量的情况如图2-10所示。由图2-10可见，2013~2021年期间中国对匈牙利累计直接投资存量高达55.54亿美元，是中东欧地区累计直接投资额最高的国家，其次为波兰、捷克和罗马尼亚。匈牙利是欧盟成员，是欧洲交通网络枢纽之一，政局较为稳定，基础配套设施完备，法律法规健全，金融市场开放，投资环境较好。匈牙利在汽车、电子、通信、生物制药、酿酒等行业拥有独特优势，许多技术和工艺极具特色，既有欧盟产业辐射优势（如汽车以及零部件产业等），也有自身特色的优势产业（如旅游、酿酒等），还有传统的创新优势产业（如生物制药、通信等）。世界经济论坛《2019年全球竞争力报告》显示，匈牙利在全球最具竞争力的141个国家和地区中，排第42位。世界知识产权组织发布的《2022年度全球创新指数》显示，在132个国家和地区中，匈牙利综合指数排名第34位。[①] 可见，匈牙利的全球竞争力和创新指数均较高。因此，其对我国对外直接投资具有较大吸引力。

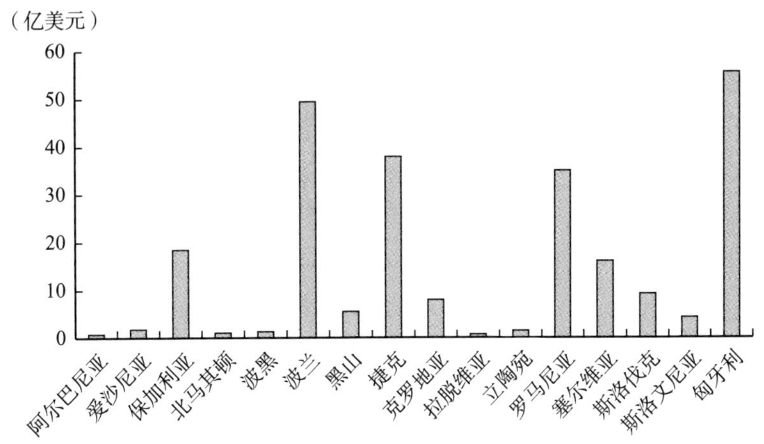

图2-10 2003~2021年中国对“一带一路”沿线中东欧国家对外直接投资累计存量

资料来源：历年《中国对外直接投资统计公报》。

① 中华人民共和国商务部“走出去”公共服务平台，《对外投资合作国别（地区）指南》。

2021 年，中国对波兰对外直接投资存量为 5.36 亿美元，位居中东欧地区之首，其次为捷克和塞尔维亚。① 波兰是欧洲吸引外国投资的热门目的地。这是由于该国地理位置优越，地处东西欧交会处；宏观经济稳定较快增长；国内市场较大，是中东欧地区人口最多的国家，人力资源素质高、成本相对较低，人力成本仅为西欧发达国家的 2/5；对外商直接投资实施优惠政策，符合条件的投资可获得所得税减免。世界经济论坛《2019 年全球竞争力报告》显示，波兰在全球最具竞争力的 141 个国家和地区中，排名第 47 位。世界银行发布的《2020 年全球营商环境报告》，波兰在全球 190 个经济体中营商环境便利度排名第 40 位。世界知识产权组织发布的《2022 年度全球创新指数》显示，在 132 个国家和地区中，波兰综合指数排名第 38 位。② 可见，波兰的全球竞争力、营商环境和创新指数均居于世界前列。因此，吸引了较多的中国对外直接投资。中国对阿尔巴尼亚、爱沙尼亚、北马其顿、波黑、拉脱维亚和立陶宛的直接投资存量较低。

2.2.6 东亚及独联体

图 2－11 显示了 2003～2021 年中国对“一带一路”沿线东亚地区蒙古和 7 个独联体国家直接投资存量。由图 2－11 可见，俄罗斯接受的中国对外直接投资存量，在“一带一路”倡议提出后显著增加，在 2015 年和 2018 年的直接投资金额超过了 140 亿美元。2021 年，俄罗斯是在该地区接受中国对外直接投资存量最高的国家，高达 106.44 亿美元，也是 2021 年中国对外直接投资存量前 20 的国家之一。中国对蒙古直接投资存量较多，在“一带一路”倡议提出后呈现较显著的增长趋势，近年来增长逐步放缓，2021 年蒙古吸收中国对外直接投资存量为 15.7 亿美元。摩尔多瓦、亚美尼亚、阿塞拜疆吸收中国对外直接投资较少，在倡议提出后，中国对其直接投资未呈现显著增长趋势。

---

①② 中华人民共和国商务部“走出去”公共服务平台，《对外投资合作国别（地区）指南》。

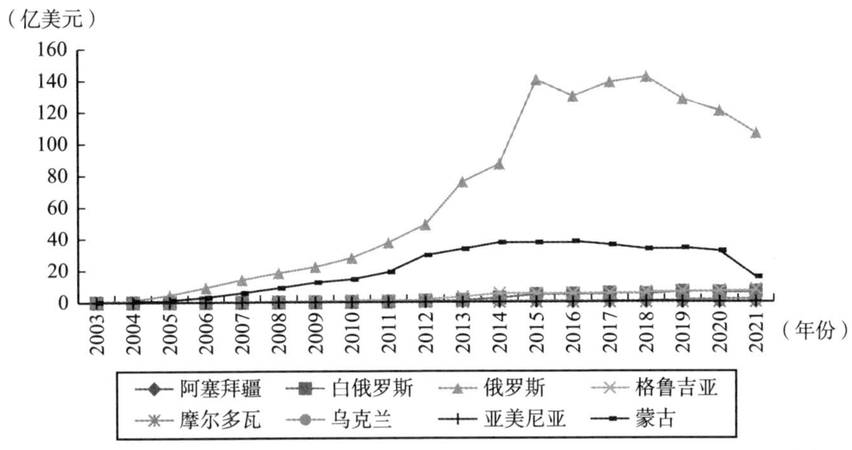

图2-11　2003~2021年中国对“一带一路”沿线东亚及独联体国家直接投资存量

资料来源：历年《中国对外直接投资统计公报》。

2.3　投资行业分布广泛，但仍相对集中

中国对“一带一路”沿线国家直接投资涉及国民经济18个行业。中国同沿线国家投资合作正逐步由传统领域向高技术含量和高附加值的高端服务业、智能化行业和跨境电子商务等新经济领域发展。“一带一路”倡议提出之后，中国对沿线国家第二产业和第三产业的直接投资不断上升。中国对“一带一路”沿线国家直接投资行业分布不断优化，一定程度上与中国产业结构升级有关。廖红伟、杨良平（2018）发现中国企业对外直接投资与本国产业结构升级之间互为因果关系，两者之间产生正向影响。“一带一路”倡议的实施促进了我国产业结构升级。表2-2为2018~2021年中国对“一带一路”沿线国家直接投资流量行业占比。由表2-2可见，制造业是中国对“一带一路”沿线国家的重点投资行业，2018~2021年制造业对外直接投资占比最高，且呈逐年上升的趋势。可见，近年来中国企业对“一带一路”沿线国家直接投资行业分布依然呈现相对集中的特征，主要集中在制造业、批发和零售业、建筑业，以及租赁和商务服务业。2021年，流向制造业的对外直接投资为94.3亿美元，比上年增长22.8%，占比为39%；批发和零售业33.3亿美元，占比为13.8%；建筑业24.1亿美元，占比为10%；租赁和商务服务业22.9亿美元，占比为9.5%。

表2-2　2018~2021年中国企业对“一带一路”沿线国家直接投资流量行业占比

单位：%

行业	2018	2019	2020	2021
制造业	32.9	36.3	34.1	39.0
批发和零售业	20.7	13.4	7.1	13.8
租赁和商务服务业	—	—	8.6	9.5
电力、热力、燃气及水生产和供应业	9.4	7.2	11.0	7.7
建筑业	—	12.0	16.7	10.0
金融业	—	8.5	3.5	5.6
科学研究和技术服务业	3.4	7.2	3.8	2.2
交通运输、仓储和邮政业	—	—	—	6.9
居民服务、修理和其他服务业	—	—	—	2.5
其他行业	33.6	15.4	15.2	2.8
合计	100	100	100	100

资料来源：中华人民共和国商务部网站。

2.4　跨国并购占比呈总体上升趋势

中国对外直接投资方式主要以跨国并购和绿地投资为主。表2-3显示了2015~2021年中国对“一带一路”沿线国家跨国并购金额。由表2-3可见，中国对“一带一路”沿线国家跨国并购金额起伏较大。2015~2016年有小幅度的回落，2016~2017年有大幅度的提升，于2017年突破100亿美元，并达到新高162.8亿美元，占中国跨国并购总额的13.6%。但是之后受大环境的影响呈较明显下降趋势，于2019年降至最低点为29.4亿美元。2020年恢复上升趋势。2021年，中国企业对“一带一路”沿线国家跨国并购规模显著增长，并购金额62.3亿美元，较上年增长97.8%，占并购总额的19.6%，涉及实施并购项目92起①。其中，印度尼西亚、新加坡、越南、哈萨克斯坦、

① 《2021年度中国对外直接投资统计公报》。

阿联酋、埃及、土耳其吸引中国企业并购投资均超 3 亿美元。2022 年，对外承包工程方面，我国企业在“一带一路”沿线国家新签对外承包工程项目合同 5514 份，新签合同金额 8718.4 亿元，增长 0.8%，占同期我国对外承包工程新签合同额的 51.2%；完成营业额 849.4 亿美元，占同期总额的 54.8%①。由表 2-3 可见，2015～2021 年期间中国对“一带一路”沿线国家并购金额占我国并购总额的比例呈总体上升趋势，由 2015 年的 17.0% 上升为 2021 年的 19.6%。

表 2-3　2015～2021 年中国对“一带一路”沿线国家并购金额

年份	并购金额（亿美元）	占并购总额（%）	并购项目（起）
2015	92.3	17.0	101
2016	66.4	4.9	115
2017	162.8	13.6	76
2018	100.3	13.5	79
2019	29.4	8.6	91
2020	31.5	11.1	84
2021	62.3	19.6	92

资料来源：历年《中国对外直接投资统计公报》。

2.5 本章小结

本章从中国对“一带一路”沿线国家直接投资的规模、区域分布、行业分布及投资方式四个方面分析了中国对沿线国家直接投资的特点。得出中国对沿线国家直接投资具有以下特点：中国对“一带一路”沿线国家直接投资规模持续增长；区域分布不均衡，其中东盟国家吸引我国直接投资占比远高于其他地区；对“一带一路”沿线国家直接投资行业分布多元化，但仍相对集中在制造业、批发和零售业、建筑业及租赁和商务服务业；中国对“一带一路”沿线国家跨国并购占我国跨国并购总额的比例呈上升趋势。

① 中华人民共和国商务部网站。

第3章 中国对“一带一路”沿线国家直接投资产业选择研究

对外直接投资可以带动生产要素在全球范围内合理配置，成为推动一国产业升级的重要途径。要合理进行对外直接投资产业选择才能更好地发挥对外直接投资促进我国产业升级的作用。本章以促进产业升级为视角，研究中国对“一带一路”沿线国家直接投资产业选择。

3.1 文献综述

国内外学者们对于对外直接投资产业选择从理论和实证方面均进行了探讨。

3.1.1 国外相关研究

3.1.1.1 对外直接投资产业选择理论相关研究

关于对外直接投资产业选择问题，一些国外

学者提出的对外直接投资理论中有所涉及。美国学者费农（Vernon，1966）的“产品生命周期理论”认为，产品生命周期可以分为新产品阶段、成熟产品阶段和标准化阶段，对外直接投资的产业应为在母国处于成熟阶段或标准化阶段的产品。小岛清（Kojima，1978）提出的“边际产业扩张理论”认为，对外直接投资应当从本国已经或即将处于比较劣势的产业即边际产业依次进行，而在本国集中资源发展优势产业，进而带动国内产业升级。威尔斯（Wells，1983）提出的“小规模技术理论”认为，发展中国家在劳动密集型产业上具有小规模技术优势和低成本优势，对外直接投资应以劳动密集型产业为主。坎特威尔和托兰惕诺（Cantwell and Tolentino，1990）针对20世纪80年代中期发展中国家对外直接投资加速增长的趋势，提出“技术创新产业升级理论”，指出发展中国家对外直接投资产业选择应遵循“资源开发产业—进口替代与出口导向产业—高新技术产业”的发展规律，对外直接投资应逐步从资源依赖型转变为技术依赖型，并伴随着相关产业升级。

3.1.1.2 对外直接投资产业选择相关实证研究

金（Kim，2000）通过多层线性回归（HLM）模型研究了日本和美国对外直接投资在欧洲制造业内部的行业选择，发现欧洲经济一体化过程中，投资国对外直接投资行业选择从低级到高级不断调整转变。查尔顿（Charlton，2004）等发现超过70%的国家会有重点地选择某些产业作为投资目标。经济发展水平不同导致不同的对外直接投资产业选择。萨利克（Salike，2010）分析了1990～2000年日本对亚洲国家对外直接投资产业选择，发现日本对亚洲国家对外直接投资主要集中于制造业，其中电子行业是日本企业对外直接投资的主要目标行业。科尔斯塔德和威格（Kolstad and Wiig，2012）指出中国未来对外直接投资应以获得先进技术为目标，技术密集型产业为投资的重点产业，减少对竞争劣势产业的投资。

3.1.2 国内相关研究

首先，一些中国学者研究了中国企业对外直接投资产业选择应遵循的基准。赵春明、何艳（2002）提出边际产业基准、产业相对优势基准、对国内相关产业的辐射效应基准和产业结构高度同质化等四项对外直接投资产业选择基准。付建、樊倩（2003）指出发展中国家产业发展的特点和经济发展水平决定了其在通过对外直接投资促进国内产业升级时，应选择关联效应强、有利于培育竞争优势的产业，同时考虑产品的生命周期。陈漓高、张燕（2007）根据产业地位划分法，将各产业分为瓶颈产业、支柱产业、主导产业和先导产业四个产业群，针对不同产业群分别提出中国企业对外直接投资产业选择应遵循的基准。王玉宝（2009）从我国对外直接投资的产业分布现状出发，提出了现阶段我国对外直接投资产业选择的基准，并针对不同国家、不同地区提出我国对外直接投资产业选择策略。熊小奇、吴俊（2010）从国际产业技术双向转移的思路出发，结合我国产业结构的特点，指出我国对外投资应将先进制造业领域、海外研发与科技智力合作、资源开发以及对外基础设施建设作为重点投资领域，积极推动有比较优势的服务业走出去。詹小颖（2010）认为，应将我国产业选择目标定位于促进国内产业结构的优化升级，重点选择比较优势产业、关联效应强的产业、高新技术产业和服务业进行对外直接投资。雷鹏（2012）则通过建立对外直接产业选择的双目标模型分析了发展中国家企业对外直接投资的决策目标，提出了中国企业对外直接投资渐进性、多元化和动态性的产业选择策略。姚战琪、姚维瀚（2018）指出中国制造业对外直接投资的产业结构优化作用更明显。汤文豪等（2019）认为应积极推进矿业海外投资，以满足中国未来经济高质量发展对矿产品的需求。

其次，部分研究通过测算产业竞争优势指数作为比较优势行业选择标准，对对外直接投资产业选择进行研究。陈恩等（2015）从该行业是否具有比较优势、能否为当地扩大贸易额及其与投资东道国的产业结构是否同质三个方面来衡量行业选择标准。周国兰等（2017）采用显性比较优势（RCA）指数和贸易竞争优势（TSC）指数对不同技术等级的出口工业制成品计算竞争力指数，提出应加快优势产业转移，加大技术学习类对外直接投资，合理布局国际产业链。部分学者从贸易竞争以及互补的角度出发，运用 RCA 指数、TSC 指数分析我国对“一带一路”沿线国家直接投资的产业优势，并以此为基础，研究中国对“一带一路”沿线国家直接投资产业选择（李勤昌、许唯聪，2017；王亚丽、冯路，2019；凌亚子，2019）。

最后，部分学者采用灰色关联分析法研究中国企业对外直接投资产业选择问题。郑磊（2012）基于中国对东盟直接投资的行业数据，利用灰色关联分析法研究得出，金融业、交通运输和邮政业，以及制造业的投资对我国产业结构升级起到较强的推动作用。汤婧、于立新（2012）以我国对外直接投资七大行业为样本，通过灰色关联分析得出，七大行业与国内产业结构优化调整的关联度从高到低依次为信息传输、计算机服务和软件业，建筑业，批发和零售业，采矿业，制造业，交通运输、仓储和邮政业，租赁和商务服务业。李逢春（2013）利用灰色关联分析研究发现，制造业对外直接投资的推动效应最大，资源类对外直接投资的推动效应次之，金融业对外直接投资发挥的作用并不明显。谢光亚、杨眉剑（2016）采用灰色关联分析方法，构建产业结构优化升级指标，对中国对外直接投资行业选择与国内产业结构升级的关联度进行研究，发现金融业、制造业、采矿业的产业结构优化升级效用明显，而信息传输、软件和信息技术服务业、建筑业、租赁和商务服务业的产业结构优化升级效用不明显。

3.1.3 文献述评

国外学者提出的对外直接投资理论为发展中国家对外直接投资产业选择提供了理论依据。由于各个国家的国情不同，中国企业对外直接投资产业选择既要遵循对外直接投资理论，也要考虑我国产业发展现状及未来发展趋势。国内学者从中国产业发展现状出发，对产业选择应遵循的基准进行了较为全面的研究，但从产业升级视角对中国企业对“一带一路”沿线国家对外直接投资产业选择进行的实证研究还不足。因此，本书运用灰色关联分析法对中国企业对“一带一路”沿线国家直接投资产业选择问题进行实证研究。

3.2 中国对“一带一路”沿线国家直接投资产业选择实证研究

促进国内产业升级是我国对外直接投资的重要目标之一。为了使研究更有实际意义，没有选择从三大产业的视角进行研究，而是从对外直接投资行业选择的视角进行实证研究。下面运用灰色关联分析方法，首先测算中国对

“一带一路”沿线国家不同行业对外直接投资额与中国产业结构升级之间的关联度，再从促进国内产业升级视角，分析中国对“一带一路”沿线国家直接投资产业选择。

3.2.1 模型选择及构建

灰色关联理论能够根据序列间曲线联系程度来衡量因素间关联程度。关于中国对“一带一路”沿线国家直接投资产业选择与产业升级间的相关性研究可以通过建立灰色关联模型进行分析，具体步骤如下：

（1）确定参考序列和比较序列。

确定参考序列：

$$X_0(t): X_0(t) = \{x_0(1), x_0(2), x_0(3), \cdots, x_0(t)\} \tag{3-1}$$

确定比较序列：

$$X_i(t): X_i(t) = \{x_i(1), x_i(2), x_i(3), \cdots, x_i(t)\} \tag{3-2}$$

（2）原始数据无量纲化处理。原始数据由于量纲（或单位）不完全相同无法直接比较，此处采取均值化处理方法：

$$x_i(t^*) = \frac{x_i(t)}{\bar{x}_i} \tag{3-3}$$

（3）计算 $t=k$ 时序列间关联系数 $L_i(k)$：

$$L_i(k) = \frac{\Delta\min + \rho\Delta\max}{|x_0(k) - x_i(k)| + \rho\Delta\max} \tag{3-4}$$

其中，$\Delta\min = \min\min|x_0(k) - x_i(k)|$，$\Delta\max = \max\max|x_0(k) - x_i(k)|$，一般取 $\Delta\min = 0$；ρ 为分辨系数，常取 0.5。

（4）求关联度 γ_i。

$$\gamma_i = \frac{1}{N}\sum_{i=1}^{N} L_i(k) \tag{3-5}$$

（5）关联度排序。根据计算出的 γ_i 排序，γ_i 越大，关联程度越强。

3.2.2 变量选取与数据来源

借鉴邱玉玲（2016）测度产业升级的方法，产业结构升级指标的计算公式为：

$$R = \sum_{i=1}^{3} \sqrt{\frac{P_i}{L_i}} \times K_i, \ (i = 1, 2, 3) \tag{3-6}$$

其中，P_i 为第 i 产业产值；L_i 为从事第 i 产业的从业人员数量；$K_i = P_i/GDP$；R 为产业升级指标，R 值越大，代表产业结构水平越高。上式各指标数据均源于《中国统计年鉴》，中国产业结构指标 R 根据各指标值计算得到。中国对“一带一路”沿线国家各行业对外直接投资金额来自历年《中国对外直接投资统计公报》。受数据可得性的影响，选取制造业，批发和零售业，建筑业，电力、燃气及水的生产和供应业，金融业，科学研究、技术服务和地质勘查业对外直接投资进行研究。从 2021 年中国对“一带一路”沿线国家直接投资金额来看，这六个行业对外直接投资额占中国对沿线国家直接投资总额的 78.5%。因此，选择这六个行业作为研究对象具有一定代表性。

3.2.3 测算结果

通过灰色关联分析法，计算得到中国对沿线国家各行业对外直接投资金额同产业升级间的关联度，结果如表 3-1 所示。由表 3-1 可见，各行业对外直接投资与产业升级间的关联度均超过 0.5。其中，制造业对外直接投资与产业升级的关联度大于 0.8。根据各行业排序可以发现制造业，批发零售业，电力、燃气及水的生产和供应业的关联度较高，说明中国对这三个行业对外直接投资与中国产业升级相关度较高。今后应进一步鼓励对“一带一路”沿线国家这三个行业的直接投资。

表 3-1　产业升级和对外直接投资行业的关联度

行业	制造业	批发和零售业	建筑业	电力、燃气及水的生产和供应业	金融业	科学研究、技术服务和地质勘查业
灰色关联度	0.80823	0.625925	0.564485	0.611455	0.607155	0.557546525
排名	1	2	5	3	4	6

首先，制造业对外直接投资与中国产业升级的关联度最强。制造业为国民经济的支柱产业。中国制造业企业响应“一带一路”倡议，积极对沿线国家进行直接投资，有利于提升中国制造业国际竞争优势，促进中国产业升级。其次，批发零售业对外直接投资有利于开阔海外市场，提高中国产品的海外销售量及市场占有率。最后，电力、燃气及水的生产和供应业排名第三。近年来，我国对电力行业及电力自动化行业，尤其是智能电网及配电网建设，扶持力度较大。目前，我国电力自动化产业已经形成了较为成熟的产业链，发电环节也从火电、水电向新能源发电转移。受新能源竞争冲击，我国电力市场总体产能过剩，因此加大电力、燃气及水生产和供应业走出去，能够解决产能过剩问题，也有利于推动国内能源结构优化。

3.3 “一带一路”沿线国家外商直接投资行业规定

对外直接投资行业选择应事先了解沿线国家对外商直接投资所持态度及行业投资的相关政策规定。除政府专控的行业外，“一带一路”沿线国家大多数行业均对外商直接投资开放。但是基于国家利益考虑，一些国家对某些细分行业存在限制外资进入和禁止外资进入的规定。因此，我国企业在进行对外直接投资行业选择时，应结合东道国外商直接投资政策，作出恰当的决策。笔者根据中华人民共和国商务部“走出去”公共服务平台公布的《对外投资合作国别（地区）指南》，分析“一带一路”沿线国家直接投资行业政策，以期为我国企业对“一带一路”沿线国家直接投资行业选择提供参考。我国企业在对“一带一路”沿线国家进行直接投资时，应结合投资区位进行对外直接投资行业选择。

3.3.1 东盟

东盟为我国企业对“一带一路”沿线国家直接投资的重点区域。下面首先分析东盟国家外商直接投资行业政策。根据中华人民共和国商务部更新的《国别贸易指南》，将东盟国家外商直接投资行业政策进行整理与分析。发现一些东盟国家制定了非常详细的外商直接投资行业政策，详细规定了鼓励外商直接投资的行业、限制外商直接投资的行业和禁止外商直接投资的行业。例如，缅甸、泰国，其外商直接投资行业政策如表 3－2 和表 3－3 所示。其他国家也都规定了禁止外商直接投资的行业，如表 3－4 所示。

表 3－2　　　　缅甸外商直接投资行业政策

项目	行业
必须经相关部门批准的行业	需经内政部批准的使用麻醉品和精神药物成分生产及销售药品行业，需经信息部批准的使用外语出版刊物、广播节目等 6 个行业，需经农业畜牧与灌溉部批准的海洋捕捞、畜牧养殖等 18 个行业，需经交通与通信部批准的机动车检验、铁路建设及运营等 55 个行业，等等。共有 10 个部委辖下的 126 个行业
外商只能与本地企业合资经营的行业	渔业码头及渔业市场建设、渔业研究、兽医、农业种植及销售和出口、塑料产品制造及国内销售、使用自然原料的化学品制造及国内销售、易燃品制造及国内销售、氧化剂和压缩气体制造及国内销售、腐蚀性化学品制造及国内销售、工业化学气体制造及国内销售、谷物加工产品制造及国内销售、糕点生产及国内销售、食品（牛奶及奶制品除外）加工及销售、麦芽酒生产及国内销售、酒精及非酒精饮料生产加工及国内销售、饮用纯净水生产及国内销售、冰块生产及国内销售、肥皂生产及国内销售、化妆品生产及国内批发、住房开发销售及租赁、本地旅游服务、海外医疗交通服务等共 22 项
限制投资的行业	使用缅语或缅甸少数民族语言的新闻出版业、淡水渔业及相关服务、动物产品进出口检验检疫、宠物护理、林产品加工制造、依据矿业法开展的中小型矿产勘探开采及可行性研究、中小型矿产加工冶炼、浅层油井钻探、签证及外国人居留证件印制发行、玉石和珠宝勘探开采、导游、小型市场及便利店等 12 项

资料来源：中华人民共和国商务部"走出去"公共服务平台，《对外投资合作国别（地区）指南》。

表 3－3　　　　泰国外商直接投资行业政策

项目	行业
因特殊理由禁止外国人投资的业务	报业、广播电台、电视台；种稻、旱地种植、果园种植；牧业；林业、原木加工；在泰国领海、泰国经济特区的捕鱼；泰国药材炮制；涉及泰国古董或具有历史价值之文物的泰国经营和拍卖；佛像、钵盂制作或铸造；土地交易；等等
须经商业部长批准的项目	涉及国家安全稳定或对艺术文化、风俗习惯、民间手工业、自然资源、生态环境造成不良影响的投资业务，须经商业部长根据内阁的决定批准后外国投资者方可从事的行业
须经商业部商业注册厅长根据外籍人经商营业委员会决定批准后可以从事的行业	碾米业、米粉和其他植物粉加工；水产养殖业；营造林木的开发与经营；胶合板、饰面板、刨木板、硬木板制造；石灰生产；会计、法律、建筑、工程服务业；工程建设，建筑承包工程行业属于非鼓励外籍公司从事的行业

资料来源：中华人民共和国商务部"走出去"公共服务平台，《对外投资合作国别（地区）指南》。

表3－4　　其他国家外商直接投资行业禁入情况

国家	禁止外商直接投资的行业
新加坡	银行和金融服务、保险、电信、广播、报纸、印刷、房地产、游戏等行业的投资需取得政府批准
文莱	武器、毒品及与伊斯兰教义相悖的行业等
菲律宾	矿业、能源、公用事业、建筑业、零售业、广告业和拥有私人土地等，对外资准入都设置了较高的门槛
越南	经营商业领域内由国家垄断经营的商品和服务；各种形式的新闻及信息采集活动；水产捕捞或开发；安全调查服务；司法行政服务，包括司法鉴定服务、诉讼文书送达服务、财产拍卖服务、公证服务、资产清理服务；根据合同将劳务人员送往国外工作的服务；投资建设陵园、墓地设施，以便转让与设施关联的土地使用权；直接从居民家中回收垃圾服务；向公众征询意见（民意调查）服务；爆破服务；等等。共25个行业
老挝	各种武器的生产和销售；各种毒品的种植、加工及销售；兴奋剂的生产及销售（由卫生部专门规定）；生产及销售腐蚀、破坏良好民族风俗习惯的文化用品；生产及销售对人类和环境有危害的化学品和工业废料；为外国人提供导游
印度尼西亚	毒品种植交易业、受保护鱼类捕捞业、以珊瑚或珊瑚礁制造建筑材料、含酒精饮料工业、水银氯碱业、污染环境的化学工业、生化武器工业、机动车型号和定期检验、海运通信或支持设施、舰载交通通信系统、空中导航服务、无线电与卫星轨道电波指挥系统、地磅站、公立博物馆、历史文化遗产和古迹、纪念碑以及赌博业
马来西亚	对外国投资者有最高持股比例限制的行业有：金融、保险、法律服务、电信、直销及分销等，一般外资持股比例不能超过50%或30%

资料来源：中华人民共和国商务部“走出去”公共服务平台，《对外投资合作国别（地区）指南》。

农业是缅甸国民经济基础，也是缅甸优先发展的重要产业之一，主要产品有水稻、小麦、玉米、豆类等常规作物，以及橡胶、甘蔗、棉花、棕榈等工业用作物。加工制造业（纺织品）、能源、交通通信业、旅游业也是缅甸优先发展的产业。由表3－2可见，缅甸限制外商直接投资的行业政策较严，涉及必须经相关部门批准的行业、只能与当地企业合资经营的行业及限制投资的行业。我国企业对缅甸直接投资应详细研究其外商直接投资行业政策，避免进入限制投资的行业。

农业是泰国的传统产业，在国民经济中占有重要地位，主要农产品包括：稻米、天然橡胶、木薯、玉米、甘蔗、热带水果。泰国工业属出口导向型工业，重要门类有采矿、纺织、电子、塑料、食品加工、玩具、汽车装配、建材、石油化工、轮胎、旅游业等。由表3－3可见，泰国外商投资行业政策较严格，涉及因特殊理由禁止外国人投资的业务、须经商业部长批准的项目，以及须经商业部商业注册厅长根据外籍人经商营业委员会决定批准后可以从事的行业。我国企业对泰国直接投资应详细研究其外商直接投资行业政策，避免进入禁止投资的行业。

电子工业是新加坡传统产业之一，主要产品包括：半导体、计算机设备、数据存储设备、电信及消费电子产品等。石化工业、精密工程业、生物医药业、海事工程业、金融保险业、商业服务业、批发零售业、运输仓储业、资讯通信业、旅游业也是该国的优势产业。新加坡是海上丝绸之路的支点，在高质量建设“一带一路”中发挥着重要作用。新加坡鼓励外商直接投资的行业有：部分金融业务、海外保险业务、风险投资、海事企业。在这些行业中，特定法律也可能对其设置外国股权限制、特殊许可或其他要求的规定。新加坡、文莱、菲律宾、越南、老挝、印度尼西亚、马来西亚也设置了禁止外商直接投资的行业。由表3－4可见，这些东盟国家在金融业、采矿业，以及信息传输、软件和信息技术服务业等多个行业存在有禁入领域。

3.3.2 东亚

位于东亚的蒙古拥有丰富的能源及其他矿产资源，部分大矿储量位居世界前列。蒙古拥有丰富的自然资源和矿产，开采潜力较大。蒙古矿藏储备占全球的16.77%，现已探明煤、铜、金、银、铁等80多种矿产，煤炭、黄金、铜、萤石的储量位列世界前十位。每年流入蒙古的外国直接投资中约有68%是针对矿业的。[①] 蒙古中部和东部地区的矿产勘探和开发相对较好；西部地区尚未开发，发现新矿床的潜力较大。近年来，蒙古政府越来越重视矿产工业的发展，并相继出台有利政策，大力引进中国矿山设备和技术。对蒙古资源类行业直接投资能缓解国内相关产业发展面临的资源供给矛盾，有利于我国调整产业结构。

改革开放后，我国制造业有了长足发展，国内产能过剩。经济基础薄弱、产业结构单一的蒙古对我国制造业企业直接投资拥有较强的需求。近年来蒙

① 中华人民共和国商务部“走出去”公共服务平台，《对外投资合作国别（地区）指南》。

古一直积极引进重工业、基础设施等领域的投资。在基础设施、建筑、机场、能源、环境、教育、健康、铁路及公路项目等领域推行政府和社会资本合作（PPP）政策，允许外国企业以单独或与他人合作的形式参与这些项目。国家或国家开发署将在税收、金融及非金融方面支持这些项目。对投资农业、石油和天然气行业的外商投资企业给予税收优惠。

蒙古明确禁止外商直接投资的行业有麻醉品、鸦片和枪支武器生产等。对于矿产资源等战略资产，蒙古采取了相应投资限制措施。在采矿、银行与金融、媒体与传播行业，当外国国有企业法人持有33%及以上股份时，需要取得政府许可。我国企业对蒙古采矿业、金融业直接投资应注意其股份限制规定。

3.3.3 西亚

西亚的以色列是经济多元化的工业发达国家，其经济发展以知识和技术密集型产业为主。其高新技术产业举世闻名，同时还设立了众多的工业园区和高技术孵化区，有第二个“硅谷”之称。此外，以色列政府特别鼓励有利于提高本国产品竞争力、推动研发或创新型企业发展的长期投资，因此吸引了一大批技术创新型企业的投资。西亚国家外商直接投资禁入行业如表3－5所示。其外商直接投资禁入行业涉及制造业、采矿业等中国企业对外直接投资的重点行业。

表3－5　西亚国家外商直接投资禁入行业

国家	行业	外商直接投资禁入行业
科威特	制造业	焦炭、肥料和氮化合物生产
	采矿业	原油、天然气开采
	电力、燃气及水的生产和供应业	煤气制造、通过主管道
		分配气体燃料
阿曼	租赁和商务服务业	旅行社；土地和建筑租赁与管理
	交通运输、仓储和邮政业	各类运输服务
	金融业	保险

续表

国家	行业	外商直接投资禁入行业
巴林	制造业	酿酒业；武器制造；烟草加工
		放射性废物的加工、存储或倾倒等
沙特阿拉伯	制造业	军用机械设备及服装生产
		民用爆炸物生产
	采矿业	石油资源的勘探和生产
	租赁和商务服务业	部分导游服务
		部分有偿商业代理服务
埃及	建筑业	铁路建设运营
卡塔尔	金融业	银行业、保险公司及商业代理等领域

资料来源：中华人民共和国商务部“走出去”公共服务平台，《对外投资合作国别（地区）指南》。

3.3.4 中亚

中亚五国中，除了吉尔吉斯斯坦对外国投资者无行业限制外，其他四国均对外国直接投资行业进行了规定。指明了鼓励外商直接投资的行业（见表3－6），也规定了限制或禁止外商直接投资的行业（见表3－7）。一般对涉及国家安全的行业实行国家垄断，限制或禁止外商直接投资。

表3－6　中亚国家鼓励外商直接投资的行业

国家	鼓励外商直接投资的行业
哈萨克斯坦	提倡外商向非资源领域投资；鼓励高附加值制造业、农工综合体、制药业、运输物流、基础设施等领域投资
土库曼斯坦	矿产资源开采和加工行业、化工、交通基础设施建设、电子工业、旅游业等
乌兹别克斯坦	无线电电子、电脑配件、轻工业、丝绸制品、建材、禽肉及蛋类生产、食品工业、肉乳业、渔产品加工、化学工业、石化、医疗、兽医检疫、制药、包装材料、可再生能源利用、煤炭工业、五金制品、机械制造、金属加工、机床制造、玻璃陶瓷业、微生物产业、玩具制造等

续表

国家	鼓励外商直接投资的行业
塔吉克斯坦	(1) 能源领域，主要是水电领域，利用塔吉克斯坦的水利资源修建水利工程、修建输变电线路；加快煤炭、石油天然气的勘探和开发 (2) 公路、隧道、桥梁的修复和建设 (3) 农业等领域仍为重点投资领域 (4) 铝锭、农产品的深加工

资料来源：中华人民共和国商务部“走出去”公共服务平台，《对外投资合作国别（地区）指南》。

表 3－7　　中亚国家限制或禁止外商直接投资的行业

国家	限制或禁止外商直接投资的行业
哈萨克斯坦	涉及哈萨克斯坦国家安全的行业；银行业、保险业、矿产投资、土地投资、金融投资等
土库曼斯坦	卫生、制药、渔业、能源产品销售、食品生产和销售、危险品储藏和运输、航空、海运和内河航运、公路运输、电力、通信、化工产品生产和销售、建材生产、建筑、教育、出版和印刷、旅游、体育休闲、博彩、保险、证券、资产评估、银行、有色金属、通关服务、法律服务、涉外劳务、文化传媒等
乌兹别克斯坦	国家垄断行业，诸如能源及重点矿产品（如铀）开发等领域有股权限制，外资所占股份一般不超过 50%；航空、铁路等领域则完全由国家垄断
塔吉克斯坦	军工、金融、矿藏勘探、法律服务、航空等行业限制投资；博彩业禁止外商投资

资料来源：中华人民共和国商务部“走出去”公共服务平台，《对外投资合作国别（地区）指南》。

3.3.5　南亚

如表 3－8 所示，南亚国家也对外国直接投资行业进行了规定。中国对外直接投资较多的巴基斯坦、印度、孟加拉国等国家均列明了限制或禁止外商直接投资的行业。其禁止外商直接投资的行业涉及农业、林业、基础设施建设等多个领域。

表 3－8　　南亚国家外商直接投资行业政策

国家	对外商直接投资进行限制或禁止外商直接投资进入的行业
巴基斯坦	武器、高强炸药、放射性物质、证券、铸币、酒类生产（工业酒精除外）、夜总会、歌舞厅、电影院、按摩、洗浴等娱乐休闲业

续表

国家	对外商直接投资进行限制或禁止外商直接投资进入的行业
印度	禁止行业主要包括：彩票经营、赌博博彩业、互助基金（小额信贷组织）、互助借贷公司、土地开发权转让、房地产投资及农场建设、雪茄及烟草业、私营企业禁止经营领域如核能和铁路建设等。限制行业主要包括：电信服务业、私人银行业、多品牌零售业、航空服务业、基础设施投资、广播电视转播等
孟加拉国	(1) 禁止投资的领域包括：枪、弹药及国防机械设备；在森林保护区内的森林种植及机械化开采；核能源生产；有价证券（钞票）的印刷和铸造 (2) 限制领域包括：深海捕鱼；银行、金融机构私营业务；保险公司私营业务；私营领域电力生产、供应和传输；天然气、油、煤、矿产的勘探、开采和供应；大规模项目（例如，高速公路，单轨铁路，经济区、内陆集装箱装卸站/货运站）；原油精炼；以天然气和其他矿产为原料的中大型工业；通信服务；卫星频道；客运/货运；海滨船运；海港/深海港；VOIP/IP 电话；等等
斯里兰卡	(1) 禁止进入领域：典当业；投资低于 500 万美元的零售业、近海渔业；等等 (2) 经 BOI 批准，外资可投资占比不超过 40% 的领域（特殊情况下，BOI 可特批超过 40% 股比限制）：生产受外国配额限制的出口产品；茶叶、橡胶、椰子、可可、水稻、糖及香料的种植和初级加工；不可再生资源的开采和加工；使用当地木材的木材加工业；深海渔业；大众传媒；教育；货运；旅行社；船务代理；等等 (3) 根据外国投资金额，BOI 或斯里兰卡政府有关部门视情批准的领域：航空运输；沿海船运；军工、生化制品及造币等敏感行业；大规模机械开采宝石和博彩业 (4) 外国投资者可租赁土地的前提条件为其持股比例低于 50%
尼泊尔	(1) 农业生产、家禽养殖、渔业、养蜂业、水果、蔬菜、牛奶等优先农业领域 (2) 家庭手工业 (3) 个人服务业（例如，理发店、美容院、制衣、驾驶培训等） (4) 武器和弹药行业、火药和炸药、与放射性材料有关行业 (5) 房地产（指的是买卖房产，不包括建筑开发商） (6) 零售行业（不包括至少在两个国家有经营业务的国际连锁零售企业） (7) 换汇和汇款服务 (8) 国内快递业务 (9) 本地餐饮服务 (10) 乡村旅游和旅行社 (11) 大众传媒和尼泊尔语电影 (12) 管理、会计、工程、法律咨询服务和语言培训、音乐培训、计算机培训 (13) 咨询服务（最多允许 51% 外国投资）
阿富汗	外资禁止投资的行业有：核能、赌博、色情、毒品和制酒业。限制性投资行业有：生产和销售武器及爆炸物、非银行金融活动、保险业、自然资源开采、基础设施建设（包括电力、水利、污水处理、机场、通信、健康和教育设施等）
东帝汶	邮政服务、公共通信、受保护的自然保护区、武器生产与销售等由国家控制的领域以及法律禁止的其他活动（如犯罪活动和不道德的活动）

续表

国家	对外商直接投资进行限制或禁止外商直接投资进入的行业
马尔代夫	禁止行业有：林业、沙矿开采、其他采矿和采石、烟草制品的生产、木材制造业及除家具外的木材和软木制品制造业、橡胶和塑料制品的制造、手工艺品和纪念品的制造、零售业、陆路运输服务及管道运输、邮政和快递业务、物流活动、餐饮服务、节目制作及广播活动、法律活动、摄影和视频图形制作、出租及租赁活动、就业活动，就业代理和招聘服务、旅行社、旅行运营商、预订服务及相关活动、提供建筑及园景设计服务

资料来源：中华人民共和国商务部"走出去"公共服务平台，《对外投资合作国别（地区）指南》。

3.3.6 中东欧

中东欧是我国同欧洲开展产能合作的重要区域，中国企业对该区域的投资不断增加，但相比其他区域而言，投资规模仍相对较小。中东欧部分国家规定了对外商直接投资进行限制的行业，一些国家还规定了不允许外商直接投资进入的行业，如表3－9所示。因此，中国企业对中东欧国家直接投资行业选择还应结合当地外商直接投资行业政策进行谨慎选择。

表3－9　　中东欧国家外商直接投资行业政策

国家	对外商直接投资进行限制的行业或不允许外商直接投资进入的行业
捷克	涉及化学武器和危险化学物质的行业禁止外国投资者投资
匈牙利	（1）购买耕地和自然保护区，对购买作为第二居住地的不动产有严格限制 （2）须获得政府批准的行业：赌博业、电信和邮政、自来水供给、铁路、公路、水运和民航 （3）根据《信贷机构和金融企业法案》（*Act CCXXXVII of* 2013），对外国银行投资及其金融服务范围有限制性规定
斯洛伐克	军品生产、博彩业、广播电视、部分矿产资源开采及影响环保的行业，投资者需满足相关行业要求并得到政府部门的许可后方能注册
阿尔巴尼亚	2014年，阿尔巴尼亚政府提高了矿产采掘业的投资准入门槛
斯洛文尼亚	禁止外国投资者投资行业：武器和军事设备的生产和销售；国家财政预算内指定的养老保险和医疗保险业；铁路与航空运输；交通与通信；保险业
塞尔维亚	禁止外国投资者投资行业：博彩业、军工行业

续表

国家	对外商直接投资进行限制的行业或不允许外商直接投资进入的行业
罗马尼亚	不违背环境保护法律规范，不触犯罗马尼亚国防和国家安全利益，不危害公共秩序、健康和道德。在此前提下，外资可投向工业、自然资源勘探和开发、农业、基础设施和通信、民用和工业建筑、科学研究和技术开发、贸易、运输、旅游、银行和保险服务等各领域
立陶宛	对涉及能源、交通运输、信息技术和电信、金融和信贷以及军事装备等国家安全的战略领域投资，实行更加严格的合规性审查
拉脱维亚	禁止外国投资者购买和租赁林地
波黑	（1）限制外国投资者投资的公共媒体信息领域包括：广播、电视（包括有线电视）、电子媒体（包括因特网），以及在当地市场出版和发行的其他出版物 （2）外国投资者投资军用武器、弹药、军用设备及公共媒体信息领域受一定限制，投资前须向上述领域所在的实体政府及地方法定部门进行申报，并要经过严格审批后才能按投资正常程序开展投资活动

资料来源：中华人民共和国商务部“走出去”公共服务平台，《对外投资合作国别（地区）指南》。

3.4 本章小结

本章从促进产业升级视角，通过灰色关联度分析发现，我国制造业对外直接投资与产业升级的关联度最高，制造业对外直接投资促进产业升级的效应最为明显，其次为批发零售业，随后是电力、燃气及水的生产和供应业。本章还对沿线国家外商直接投资行业政策进行了分析。部分“一带一路”沿线国家规定了对外商直接投资进行限制的行业，一些国家还规定了不允许外商直接投资进入的行业。因此，应结合对外直接投资区位，参考东道国外商直接投资行业政策，选择与产业升级相关性强的行业进行直接投资，以更好地发挥对外直接投资的产业升级效应。

第4章 中国对“一带一路”沿线国家直接投资区位选择研究

区位选择对于企业对外直接投资绩效具有重要影响。“一带一路”沿线涉及几十个国家，其经济发展模式和发展阶段各不相同，资源禀赋各异，文化多元。东道国区位优势对于吸引外商直接投资有重要影响。本章从不同视角研究中国对“一带一路”沿线国家直接投资区位选择。

4.1 国际友好城市对中国对“一带一路”沿线国家直接投资影响研究

4.1.1 引言

《推动共建丝绸之路经济带与21世纪海上丝绸之路的愿景与行动》中指出民心相通是“一带一路”建设的社会根基，并指出要与沿线国家开展城市交流合作，与沿线国家重要城市之间互结友好城市，以人文交流为重点，突出务实合作。国际友好城市是集政治、经济、文化等领域的交流合作为一体的外交平台。虽是民间外交，但两国城市（或省州、郡县）之间签订了正式的友好协议，具有长期的友好关系。我国自 1973 年开展国际友好城市活动。截至 2019 年 7 月 25 日，中国已经与国际社会建立了 2653 对国际友好城市。[①] 第三届“一带一路”国际合作高峰论坛地方合作专题论坛上，中国人民对外友好协会会长杨万明指出十年来“一带一路”友城合作网络不断扩展，中国同共建国家友城数量从 960 对增至 1577 对，占中外友城总数比例达到 53.5%。[②] 国际友好城市的建立不仅代表了双方的友谊，也为双方进行政治沟通、经贸合作、文化交流和旅游开发等各个领域提供了便利，能够在一定程度上降低对外直接投资风险，促进对外直接投资发展。随着我国对“一带一路”沿线国家直接投资的不断增长、国际友好城市承担的角色日益增强。今后应进一步发挥国际友好城市对中国企业对沿线国家直接投资的促进作用。

4.1.2 文献综述

首先，国际友好城市作为国际交流与合作的桥梁，是国家间社会文化联系的重要载体。关于国际友好城市对国家间文化差异的影响，学者们得到了较为一致的结论。克里默（Cremer，2001）等以新西兰姐妹城市项目为例，指出学生出国留学，接触来自另一国家的文化，可以提高他们对其他文化的理解，从而促进姊妹城市间的文化交流。还有学者分别以欧洲、日本等国家的友好城市作为研究对象，认为国际友好城市建立有利于促进经济合作，增进文化交流（Levent，Kundak and Gulumser，2008；Kaneko，2016）。杨毅（2015）指出国际友好城市民众间的交往最能够培养出民众间的感情，以人文交流为纽带的友好城市是地方政府对外交流合作的重要渠道。李凯伦等（2019）指出国际友好城市关系的本质是一种正式的制度安排，它的建立能够促进友好城市之间资源共享、优势互补，减少地区间文化背景、意识观念等差异性带来的不利影响。

---

① 张宇翔．国际友好城市关系对中国出口贸易的影响研究［D］．南京：南京财经大学，2023.

② 我国与共建“一带一路”国家建立友好城市数量达 1577 对［N］．齐鲁晚报，2023－10－19.

其次，国际友好城市的建立是地方政府扩大对外交流的表现，对两国政治关系也起到一定影响。国际友好城市之间的交往属于半官方交往，是对两国官方交往的延展与补充，能够根据中央的总体外交布局，有针对性地开展与某些国家的友好城市交往活动。约恩尼米和谢尔古宁（Joenniemi and Sergunin，2011）以欧盟为例，说明城市层面的合作可加强欧盟的互信程度与合作。索梅（Sönmez，2011）指出城市间的合作可促进不同地区的经济、文化和政治关系，预防冲突、促进政府间的合作。建立国际友好城市的双方政府可以在政策上为对方投资企业提供一定的倾斜。国际友好城市关系的建立能够在一定程度上降低投资企业的政治风险（李青蓝，2018）。在两国政治关系紧张时期，友好城市活动可以通过加强民间联系从侧面缓解两国关系（张楠，2018）。友好的政治关系有利于双方达成共识，促进中国对外直接投资（潘镇等，2015；刘晓光等，2016）。部分学者在研究双边政治关系对对外直接投资的影响时，将国际友好城市作为外交活动指标之一。国际友好城市的建立可以视为一种制度的安排，能够为母国的跨国公司提供一种强制性的制度安排，在水平化合作运行规则下，理性的投资商会增加在合作城市的投资（张建红、姜建刚，2012）。杨连星、刘晓光、张杰（2016）等发现与正式外交关系相比，非正式的友好城市交流对于企业对外直接投资规模的促进效应更强。魏景赋、钱晨曦（2016）在分析中欧双边政治关系对中国对外直接投资的影响中也使用了国际友好城市这一指标，并发现国际友好城市的建立同中国扩大对欧直接投资正相关。

最后，国际友好城市还能够为国家间的经贸合作消除障碍，推动国家间的经贸合作与发展。国际友好城市为两国间文化交流与经贸合作提供了平台，国际友好城市的人文交流降低了文化冲突的爆发，为国家间经贸关系的发展创造了良好环境（张秋生、张荣苏，2011；吴素梅、李明超，2018；韦永贵、李红、周菁，2018）。国际友好城市可以使国家间的合作逐渐向更持久的经济关系发展（Mascitelli and Chung，2008）。开展城市运动能促进双方城市的发展，带来更高的经济效益，两国间伙伴关系亦更加稳固（Baycan-Levent et al.，2010）。国际友好城市关系的加深使中国企业跨国经营不再局限于进出口贸易，也将带动对亚洲和中低收入国家直接投资的发展（魏昀妍、樊秀峰，2017）。国际友好城市的建立还有利于在经济较落后国家创造较好的投资环境，增进两国企业间的人员交流，降低对外直接投资成本，有助于对外直接投资的发展（李青蓝，2018）。

综上所述，学者们的研究关注了国际友好城市建立对双方政治、经济、文化交往的影响。关于国际友好城市对于两国经济合作影响的研究较多关注国际友好城市关系对双方国际贸易的影响（韦永贵、李红、周菁，2018；陈烨等，2020）。关于国际友好城市对对外直接投资影响的机理分析与实证研究还有待加强。下文将在分析国际友好城市促进对外直接投资发展机理的基础上，运用面板数据模型实证检验国际友好城市对我国对“一带一路”沿线国家直接投资的影响。

4.1.3 国际友好城市促进对外直接投资发展的机理分析

4.1.3.1 建立国际友好城市能够减少国家间的文化差异，促进对外直接投资

东道国经济、政治、文化等差异会影响一国对外直接投资。中国对外直接投资倾向于流入那些经济规模大、资源禀赋充裕、文化差异小的国家或地区（王金波，2018；刘晓宁，2018）。文化差异是影响一国对外直接投资的重要因素。文化差异加大了企业对外直接投资的交易成本，增大了企业对外直接投资风险和不确定性。国际友好城市的建立能够减少文化差异，促进对外直接投资。一方面，对外投资企业可以借助国际友好城市这一外交平台熟悉东道国文化，针对东道国的文化特色调整对外直接投资策略。另一方面，国际友好城市关系可以促进文化交流，提高文化认同感，有利于增加东道国民众对外商投资企业和产品的认同感，从而促进外商投资企业在东道国引入具有本国特色的产品，提高投资产品的市场份额。因此，国际友好城市的建立能够减少与投资东道国之间的文化差异，促进对沿线国家直接投资。

4.1.3.2 建立国际友好城市能够增进国家间的政治友好，促进对外直接投资

国际友好城市的建立能够减少对外直接投资面临的政治风险。双边政治关系对企业对外直接投资有重要影响。韩民春、江聪聪（2017）发现双边政治关系与我国对外直接投资显著正相关。国际友好城市是以地方促中央，从

而推动国家外交的一种重要方式。国际友好城市具有一定的政治外交倾向，是我国外交活动的重要组成部分。首先，在共同利益的基础上，双方地方政府通过国际友好城市这一外交平台建立密切合作关系，政府高层官员互访、参与双边或多边会议等，均能够增加双方政府间的理解与信任，传递母国与东道国建立友好政治关系的信号。其次，国际友好城市为双方政府友好协商提供了外交平台，为母国企业在东道国直接投资提供咨询与帮助，并争取一系列的政策支持。企业对外直接投资遵循利益最大化原则，出于规避风险的考虑，往往会追随政府的政治活动，遵循政府的政策导向，将双方政府间的交流合作视为双边国家友好信号，从而增强企业对外直接投资信心。

4.1.3.3 建立国际友好城市能够改善国家间的国际经贸关系，促进对外直接投资

建立国际友好城市为双方企业经贸合作提供一种“优先待遇”，能够促进两国的国际经贸合作。首先，国际友好城市开展的各种民间商务组织交流活动为两国企业信息互通、相互合作提供了重要渠道，能够有效提高企业对外直接投资的信息透明度。密切的经贸合作还能够加深企业对东道国投资环境的了解，降低对外直接投资风险，提高投资成效与积极性。其次，在扩大经贸往来的同时，也使消费者对本国产品产生了信任度，为企业开拓东道国市场打下一定基础，进而促进对外直接投资。最后，国际友好城市的建立使双方政府积极开展政治、经济、文化等各个领域的合作交流，也会在一定程度上提升该地区的对外开放水平，进一步促进双边经贸往来，从而促进对外直接投资。

4.1.4 国际友好城市对中国对“一带一路”沿线国家直接投资影响实证研究

4.1.4.1 研究假设

根据上文的机理分析，设立三个研究假设。

研究假设1：建立国际友好城市能够减少国家间的文化差异，促进对外直接投资。

研究假设 2：建立国际友好城市能够增进国家间的政治友好，促进对外直接投资。

研究假设 3：建立国际友好城市能改善国家间的国际经贸关系，促进对外直接投资。

4.1.4.2 模型设定

为实现研究目的，采用投资引力模型进行实证研究。为保证数据的平稳性，对部分变量进行了取对数处理，根据前文假定，设定计量模型如下：

$$\ln OFDI_{ijt} = \alpha_0 + \alpha_1 \ln FC_{ijt} + \alpha_2 CD_{ijt} + \alpha_3 ER_{ijt} + \alpha_4 \ln VT_{ijt} + \alpha_5 C_{jt} + \varepsilon_{ijt} \quad (4-1)$$

$$\begin{aligned} \ln OFDI_{ijt} = & \beta_0 + \beta_1 \ln FC_{ijt} + \beta_2 CD_{ijt} + \beta_3 ER_{ijt} + \beta_4 \ln VT_{ijt} \\ & + \beta_5 \ln FC_{ijt} \times CD_{ijt} + \beta_6 C_{jt} + u_{ijt} \end{aligned} \quad (4-2)$$

$$\begin{aligned} \ln OFDI_{ijt} = & \gamma_0 + \gamma_1 \ln FC_{ijt} + \gamma_2 CD_{ijt} + \gamma_3 ER_{ijt} + \gamma_4 \ln VT_{ijt} \\ & + \gamma_5 \ln FC_{ijt} \times ER_{ijt} + \gamma_6 C_{jt} + v_{ijt} \end{aligned} \quad (4-3)$$

$$\begin{aligned} \ln OFDI_{ijt} = & \theta_0 + \theta_1 \ln FC_{ijt} + \theta_2 CD_{ijt} + \theta_3 ER_{ijt} + \theta_4 \ln VT_{ijt} \\ & + \theta_5 \ln FC_{ijt} \times \ln VT_{ijt} + \theta_6 C_{jt} + w_{ijt} \end{aligned} \quad (4-4)$$

式中，下标 i、j、t 分别表示母国、东道国和时期，ε、u、v、w 均表示残差项。$OFDI$ 为中国对外直接投资年度存量，FC、CD、ER、VT 分别表示国际友好城市、文化距离、政治关系及经贸关系。C 为控制变量。公式（4-1）主要用于考察国际友好城市对中国对外直接投资的影响，公式（4-2）、公式（4-3）、公式（4-4）则在公式（4-1）的基础上分别加入了国际友好城市与文化差异、政治关系、经贸关系的交互项，以考察国际友好城市对中国对“一带一路”沿线国家直接投资的间接影响。

4.1.4.3 变量选取及数据来源

（1）被解释变量。

中国对外直接投资额（$OFDI$）。考虑到数据完整性等因素，存量相对于流量数据更为稳定，因此选择的被解释变量为中国对外直接投资存量。

（2）核心解释变量。

①国际友好城市（FC）。表示中国与外国建立国际友好城市的对数。

②文化差异（CD）。用中国与东道国之间的文化距离衡量。由于 Hofstede 的文化维度指标并不是每年更新，考虑到各国文化交往日趋频繁，参考

万伦来（2014）等的测算方法，在科格特和辛格（Kogut and Singh，1988）的文化距离测算指数（KSI）基础上引入时间因素，得到新的文化距离测度模型：

$$CD_{jCH} = \frac{1}{4}\sum_{i=1}^{n}\left[\frac{(I_{ij} - I_{iCH})^2}{V_i}\right] + \frac{1}{N_{jCH}} \qquad (4-5)$$

式中，CD_{jCH}表示中国与东道国j的文化距离；I_{ij}表示国家或地区j在第i个文化维度上的指数；I_{iCH}表示中国在第i个文化维度上的指数；V_i表示国家或地区在第i个文化维度上的方差；n代表文化维度的数量，此处$n=4$。具体的文化维度指标包括权力距离维度（PDI）、个体主义维度（IDV）、男性气质维度（MAS）、不确定性规避维度（UAI）。N_{jCH}表示国家或地区j与中国建交的年数，该指标反映了文化距离会随着国家或地区间的交往年限增加而缩短。

③政治关系（ER）。将中国与东道国的国家政治关系分为10个等级。具体情况及其取值见表4-1。

表4-1　东道国与中国政治关系

政治关系等级	政治关系（ER）取值
东道国与中国未建交	$ER=0$
东道国与中国正常建交	$ER=1$
东道国与中国为友好合作关系	$ER=2$
东道国与中国为全面友好合作关系	$ER=2.5$
东道国与中国为战略合作关系	$ER=3.5$
东道国与中国为全面战略合作关系	$ER=4$
东道国与中国为友好合作伙伴	$ER=5$
东道国与中国为全面合作伙伴	$ER=6$
东道国与中国为战略合作伙伴	$ER=7$
东道国与中国为全面战略合作伙伴	$ER=8$

④经贸关系（VT）。中国与东道国的经贸关系采用双边贸易额作为代理变量。

（3）控制变量。

在已有研究基础上，基于投资引力模型，从中国对“一带一路”沿线国家直接投资动机的视角，选取东道国市场规模、东道国自然资源禀赋、技术禀赋、投资环境、制度距离作为控制变量。以东道国 GDP 作为市场规模代理变量；以东道国燃料、矿石和金属出口占商品出口总额的比重作为东道国的自然资源禀赋代理变量；以东道国的居民专利申请数作为东道国的技术禀赋代理变量；经济自由度指数作为东道国投资环境的代理变量；使用 WGI 数据库中腐败治理、政府效率、政治稳定、监管质量、法治、话语权与问责共六项指标的均值来衡量一国制度质量，以东道国与中国的制度质量差值作为制度距离代理变量。变量选取与数据来源情况见表 4 -2。

表 4 -2　　变量选取与数据来源

所属变量	变量	变量名称	变量含义	数据来源
OFDI	*OFDI*	对外直接投资	对外直接投资存量	中国对外直接投资统计公报
核心解释变量	*FC*	国际友好城市	中国与东道国国际友好城市结好对数	中国国际友好城市联合会网站
	CD	文化差异	文化距离	Hofstede 网站
	ER	政治关系	中国与东道国的国家政治关系	外交部网站
	VT	经贸关系	双边贸易额	UNCTAD 网站
控制变量	*GDP*	市场规模	东道国 GDP	世界银行网站
	RES	自然资源禀赋	东道国燃料、矿石和金属出口占商品出口总额的比重	世界银行网站
	TEC	技术禀赋	东道国的居民专利申请数	世界银行网站
	INSD	制度距离	东道国与中国的制度质量差值	WGI 数据库
	EF	投资环境	经济自由度指数	The Heritage Foundation

4.1.4.4　样本选取

基于数据的可获得性，选取“一带一路”沿线 44 个国家作为样本国。“一带一路”沿线国家经济发展水平差异较大。为进一步分析在不同经济发展水平下，国际友好城市对中国对外直接投资的影响，依据 2016 年《世界投资报告》经济体类型划分标准，将总样本划分为发达经济体、发展中经济体和转型经济体两类。其中，发达经济体共计12国、发展中经济体和转型经济体共计32国。具体情况见表4-3。

表4-3　　　　基于经济发展水平的样本国家分类

类别	样本国家
发达经济体（12个）	保加利亚、克罗地亚、捷克、爱沙尼亚、匈牙利、以色列、拉脱维亚、立陶宛、波兰、罗马尼亚、斯洛伐克、斯洛文尼亚
发展中经济体和转型经济体（32个）	巴林、孟加拉国、文莱、埃及、印度、印度尼西亚、约旦、科威特、黎巴嫩、马来西亚、蒙古、缅甸、阿曼、巴基斯坦、菲律宾、沙特阿拉伯、新加坡、斯里兰卡、叙利亚、泰国、土耳其、阿联酋、越南、也门、阿尔巴尼亚、亚美尼亚、阿塞拜疆、白俄罗斯、哈萨克斯坦、摩尔多瓦、俄罗斯、乌克兰

4.1.4.5　实证检验及结果分析

面板数据回归模型主要有三种，即混合回归、随机效应回归及固定效应回归。通过Hausman检验，采用固定效应模型。下面分别从全样本和分样本两个视角，运用Stata软件对2003~2017年期间44个"一带一路"沿线国家的面板数据进行回归分析。

（1）全样本检验。

全样本回归结果如表4-4所示。其中，模型（2）在模型（1）的基础上加入核心解释变量ln*FC*以考察国际友好城市对中国对外直接投资的影响。模型（2）中，变量ln*FC*系数显著为正，说明国际友好城市作为友好外交平台对中国对外直接投资的发展作出了积极贡献。

表4-4　　　　全样本估计结果

变量	模型（1）	模型（2）	模型（3）	模型（4）	模型（5）
ln*FC*		0.742*** (0.197)	-0.0133 (0.313)	0.309 (0.247)	-0.35 (0.317)
CD	-31.29*** (7.365)	-36.42*** (8.057)	-30.33*** (8.214)	-41.97*** (8.216)	-48.60*** (8.366)

续表

变量	模型（1）	模型（2）	模型（3）	模型（4）	模型（5）
ER	0.287*** (0.040)	0.210*** (0.045)	0.217*** (0.045)	-0.0622 (0.105)	0.180*** (0.045)
ln*VT*	0.215** (0.096)	0.165* (0.095)	0.161* (0.094)	0.139 (0.094)	-0.143 (0.117)
ln*FC*×*CD*			0.313*** (0.102)		
ln*FC*×*ER*				0.111*** (0.039)	
ln*FC*×ln*VT*					0.223*** (0.051)
ln*GDP*	1.774*** (0.211)	1.613*** (0.212)	1.635*** (0.210)	1.588*** (0.210)	1.619*** (0.208)
ln*RES*	0.0514 (0.143)	0.0418 (0.146)	0.00453 (0.145)	0.0904 (0.145)	0.0881 (0.143)
ln*TEC*	0.256* (0.134)	-0.0853 (0.158)	0.0817 (0.165)	-0.124 (0.157)	-0.320* (0.163)
INSD	-1.589*** (0.454)	-0.858* (0.455)	-0.738 (0.452)	-0.844* (0.451)	-0.866* (0.445)
ln*EF*	1.372 (1.207)	-0.607 (1.281)	-0.52 (1.268)	-0.784 (1.271)	-1.204 (1.260)
常数项	64.85*** (20.304)	90.07*** (22.841)	73.09*** (23.262)	106.0*** (23.303)	126.0*** (23.822)
样本数	497	435	435	435	435
R^2	0.607	0.623	0.631	0.63	0.639

注：括号内的值是T统计量，*、**、***分别表示在10%、5%、1%的置信水平上显著。

根据模型（1）及模型（2）的回归结果，两国文化差异、政治关系及经济关系对中国对外直接投资具有显著影响。其中，文化距离、政治关系的系数均通过1%的显著性水平检验。文化距离的系数为负，而政治关系系数为正。说明文化距离对中国对外直接投资存在显著抑制作用，而两国间良好的政治关系则有助于对外直接投资发展；经贸关系系数显著为正，说明良好的经贸往来是促进对外直接投资发展的重要因素。控制变量中仅有 ln*GDP* 在1%的水平上显著为正，说明中国对“一带一路”沿线国家直接投资具有较强的市场寻求动机，资源寻求及技术寻求的动机不明显。此外，制度距离的系数显著为负，即制度距离对对外直接投资具有明显的抑制作用，表明中国更倾向于投资于与中国制度接近的国家，避免因国内外制度差异引发的投资风险。

为了进一步分析国际友好城市对文化差异、政治关系及经济关系的影响，在模型（3）~模型（5）中分别引入交互项。结果发现交互项系数均显著为正，说明国际友好城市对于改善两国文化差异、政治关系及经贸关系具有积极作用，该结论支持了前文的研究假设。具体而言，未引入交互项时，文化距离对中国对外直接投资具有明显的阻碍作用，引入交互项（$\ln FC \times CD$）后，从模型（3）中可以看出，交互项的系数显著为正，说明国际友好城市能在一定程度上减弱文化距离对对外直接投资的抑制作用，且两国间文化差异越大，国际友好城市发挥的积极作用愈加明显。未引入交互项时，两国间政治关系及经贸关系对对外直接投资具有显著促进作用，中国更倾向于投资政治关系良好、经贸往来密切的国家，引入交互项 $\ln FC \times ER$、$\ln FC \times \ln VT$ 后，交互项的系数显著为正，说明国际友好城市作为友好外交平台能够加大两国经贸合作、改善两国政治关系，进而促进我国企业对外直接投资。国际友好城市建设为中国在“一带一路”沿线国家直接投资的发展作出了积极贡献。

（2）分样本检验。

分样本检验具体估计结果见表4-5。对于发展中经济体及转型经济体而言，交互项 $\ln FC \times CD$、$\ln FC \times ER$、$\ln FC \times \ln VT$ 系数均显著为正，与全样本估计结果一致，这说明国际友好城市的建立能充分发挥外交平台的作用，加强两国政府间的沟通与交流，加深双方友好互信，积极改善两国政治及经贸关系。此外，控制变量 ln*GDP* 在1%水平上显著为正，表明中国企业对“一带一路”沿线发展中经济体和转型经济体直接投资具有市场寻求动机。

表 4 - 5　　分样本回归结果

变量	发展中经济体及转型经济体			发达经济体		
ln*FC*	-0.015 (0.347)	-0.00009 (0.329)	-0.573 (0.384)	-0.131 (0.785)	0.155 (0.431)	-0.817 (0.676)
CD	-31.19*** (11.647)	-44.31*** (11.246)	-52.20*** (11.399)	-36.91*** (13.416)	-43.07*** (13.703)	-54.36*** (14.906)
ER	0.221*** (0.052)	-0.111 (0.138)	0.198*** (0.051)	0.194* (0.100)	-0.062 (0.173)	0.172* (0.095)
ln*VT*	0.093 (0.117)	0.028 (0.117)	-0.142 (0.127)	0.196 (0.169)	0.21 (0.168)	-0.331 (0.277)
ln*fc* × *CD*	0.337** (0.135)			0.219 (0.223)		
ln*fc* × *ER*		0.138*** (0.050)			0.117 (0.073)	
ln*FC* × ln*VT*			0.223*** (0.057)			0.286** (0.121)
ln*GDP*	1.718*** (0.227)	1.760*** (0.226)	1.694*** (0.223)	1.187* (0.699)	1.407** (0.682)	1.437** (0.674)
ln*RES*	-0.012 (0.145)	0.062 (0.146)	0.037 (0.142)	0.295 (0.490)	0.415 (0.477)	0.415 (0.472)
ln*TEC*	0.204 (0.169)	0.033 (0.157)	-0.169 (0.163)	-0.137 (0.549)	-0.391 (0.571)	-0.408 (0.553)
INSD	-0.299 (0.479)	-0.297 (0.478)	-0.223 (0.471)	-2.444** (1.160)	-2.461** (1.126)	-2.981*** (1.105)
ln*EF*	-2.364 (1.505)	-2.719 (1.493)	-3.380 (1.479)	5.099 (3.131)	3.316 (3.269)	4.144 (3.092)
常数项	63.88** (26.550)	92.78*** (25.648)	112.3*** (26.100)	111.9** (49.841)	142.2*** (52.247)	181.7*** (56.436)
样本数	283	283	283	152	152	152
R^2	0.693	0.694	0.704	0.515	0.521	0.531

注：括号内的值是 T 统计量，*、**、*** 分别表示在 10%、5%、1% 的置信水平上显著。

对发达国家而言，仅交互项 $\ln FC\times\ln VT$ 显著为正，说明相较于改善文化差异与两国政治关系而言，国际友好城市在扩大同发达国家的经贸往来方面优势更加明显。此外，控制变量 $\ln GDP$ 的系数显著为正，表明中国对“一带一路”沿线发达国家直接投资具有市场寻求动机。控制变量中 *INSD* 显著为负，表明中国企业更倾向于投向与中国制度相近的国家，规避制度差异带来的不确定性风险。

4.1.5 结论与建议

研究发现国际友好城市作为民间外交的一种重要方式，可以通过促进政治、经济、文化等领域的合作，有效促进我国对“一带一路”沿线国家直接投资。其作用主要体现在为文化交流提供平台，有效减弱文化差异对对外直接投资的抑制作用；加强与东道国的政治友好关系，为企业对外直接投资提供政策支持，减小对外直接投资面临的政治风险；扩大经贸往来，提高信息透明度与对外开放水平，降低企业对外直接投资成本，促进企业对外直接投资。全样本实证检验发现国际友好城市作为友好外交平台确实可以加大两国经贸合作、改善政治关系、减弱文化差异，进而促进我国对沿线国家直接投资。分样本检验发现国际友好城市对经贸关系、政治关系以及文化差异的影响效应在发展中经济体和转型经济体表现较为明显。基于上述分析，为进一步推进“一带一路”倡议，应进一步加强与“一带一路”沿线国家建立国际友好城市。充分发挥国际友好城市优势与作用，推动我国对沿线国家直接投资的进一步发展。基于上述分析，提出以下三点政策建议。

（1）发挥国际友好城市减小文化距离，促进对外直接投资的积极作用。有效整合和利用好已经建立的国际友好城市关系，进一步提升国际友好城市之间的交流质量和水平。同时，积极鼓励增加我国重要城市与“一带一路”沿线国家，尤其是沿线发展中经济体和转型经济体建立国际友好城市关系。国际友好城市各职能部门间可派代表进行交流与考察学习，通过建立中外城市交流平台，构建良好合作关系。举办专题论坛、展览演出等文化活动，使中国文化走出国门，加深对彼此文化的了解。进一步发挥国际友好城市促进文化交流，减小文化差异，提高文化认同感，减少文化冲突的作用。

（2）切实发挥国际友好城市外交平台优势，同沿线国家建立良好的政治关系。积极开展同沿线国家的政治外交活动，双边政府高层行政官员之间定期进行互访或召开双边会议，加深双方的联系，增进对彼此的了解，增强政治互信。通过国际友好城市关系，使两国政治友好关系更加深入人心，减小我国企业对沿线国家直接投资面临的政治风险。

（3）加强同“一带一路”沿线国家的互联互通及经贸合作。国际友好城市建立的区域间友好和信任关系有助于减少对外直接投资的风险和成本，促使投资双方在较长时间内保持互联互通和经贸往来。因此，应进一步发挥好国际友好城市促进和加强同沿线国家经贸合作的作用，以带动我国企业对沿线国家直接投资的发展。对于互联互通指数较高，且有国际友好城市关系的沿线国家，我国企业可加大对基础设施建设等大型项目的对外直接投资。

4.2 基础设施对中国对“一带一路”沿线国家直接投资区位选择影响研究

4.2.1 引言

基础设施建设是衡量东道国投资环境的一个重要指标，东道国基础设施建设情况关系到外来企业初始投资成本高低以及后期发展是否顺利等问题。鉴于《推动共建丝绸之路经济带与 21 世纪海上丝绸之路的愿景与行动》中指出“一带一路”倡议要促进政策沟通、设施联通、贸易畅通、资金融通和民心相通，其中，基础设施互联互通是优先建设领域。在大力推进“一带一路”倡议的背景下，各国基础设施建设的重要性逐渐凸显出来，东道国基础设施逐渐成为影响外商直接投资区位选择的重要因素。因此，有必要研究基础设施因素对中国对外直接投资区位选择的影响，以便厘清“一带一路”沿线国家不同类型的基础设施对中国对外直接投资区位选择的影响效应，进而提出中国企业对外直接投资区位选择的建议。

4.2.2 文献综述

东道国良好的投资环境是吸引外商直接投资的重要因素，在研究对外直接投资区位选择时该因素尤为重要。基础设施建设水平是投资环境中一个重要因素，国内外学者对其对外直接投资的影响进行了一定的研究。

4.2.2.1 国外相关研究

国外学者的研究关注了东道国基础设施对外商直接投资的影响。惠勒和莫迪（Wheeler and Mody，1992）指出基础设施发展对吸引外商直接投资具有显著正效应。洛里（Loree，1995）将基础设施作为非政策决定因素的一个代理变量，实证检验后发现，基础设施是影响美国对外直接投资的一个重要因素。基础设施对不同国家吸引外商直接投资的影响不同，相对于发达国家，发展中国家基础设施水平提高对吸引外商直接投资效果更显著（Asiedu，2006；Khadaroo and Seetanah，2010）。阿西都（Asiedu，2002）以每千人拥有的电话数量作为基础设施的代理变量，以非洲国家为样本，研究基础设施与吸引外商直接投资的关系，发现基础设施变量对于撒哈拉以南地区外商直接投资具有显著正效应，而对非撒哈拉以南地区外商直接投资无显著影响。雷曼（Rehman，2011）和贝赫纳姆（Behname，2012）也以每千人拥有的电话数量作为基础设施指标，分别研究了巴基斯坦和南亚基础设施与吸引外商直接投资的关系，发现基础设施对吸引外商直接投资具有显著正效应。菲特里安迪等（Fitriandi et al.，2014）选取电力分配、公路密度、人均水储量、人均水分配四个指标衡量基础设施发展水平，采用2000～2009年印度尼西亚省级面板数据，发现基础设施发展水平提高有助于吸引更多的外商直接投资。

4.2.2.2 国内相关研究

国内学者的研究也关注了中国基础设施对吸引外商直接投资的影响。但是涉及东道国基础设施与中国对外直接投资区位选择的研究还比较欠缺。周毓萍、崔秀丽（2004）选取铁路、公路、水运、航空货运量以及邮电业务总量和电话拥有量为基础设施代理变量，研究基础设施对外商在华直接投资的影响，发现铁路运输方式是影响外商在华直接投资最重要的因素。魏青山、王任飞（2005）通过构建基础设施代理变量，基于中国省际基础设施和外商直接投资数据进行回归分析，提出区域基础设施是影响外商直接投资的重要因素。宋维佳、许宏伟（2012）以东道国航空里程衡量基础设施变量，发现东道国基础设施对中国对外直接投资区位选择具有显著正影响。陈恩、陈博（2015）选取东道国每百人中接入国际互联网的人数作为基础设施的代理指标，实证检验后发现东道国基础设施对吸引中国企业投资具有正向影响。姜巍、陈万灵（2016）以每千人固定电话线、移动电话租用和互联网用户的总和衡量基础设施，探讨了东盟基础设施发展与外商直接投资流入区位选择之间的关系，发现基础设施的有效供给对外商直接投资流入影响效应最大。崔岩、于津平（2017）将基础设施划分为交通基础设施和电力电信基础设施两类，研究了“一带一路”国家基础设施质量与其利用中国对外直接投资的关系，发现改善“一带一路”国家基础设施质量能够促进中国对外直接投资。姜慧（2017）以东道国航空和铁路运输客运量总和衡量交通基础设施，以每百人拥有的电话线路数衡量通信基础设施，实证检验了东道国基础设施水平与中国对外直接投资的关系，发现提高东道国基础设施建设水平有利于吸引中国对外直接投资。

4.2.2.3 文献述评

以上学者从不同角度探讨了东道国基础设施对外商直接投资区位选择的影响，为分析“一带一路”沿线国家基础设施对中国对外直接投资区位选择影响提供了一定研究基础，但仍存在一些不足。主要表现在大多数学者选取某单一指标作为基础设施代理变量，例如，通信基础设施中的电话数量、交通运输基础设施等；也有部分学者将多个指标进行加权作为基础设施代理变量，但这往往忽略了不同基础设施变量影响对外直接投资区位选择的差异。拟按照《全球竞争力报告》中基础设施的划分标准，选取基础设施的具体衡量指标，以“一带一路”沿线国家为样本，分别从不同经济发展水平和不同地理位置视角，对“一带一路”沿线国家基础设施对中国对外直接投资区位选择的影响进行实证研究。

4.2.3 模型构建及变量选取

4.2.3.1 模型构建

为探讨东道国基础设施对中国对外直接投资区位选择的影响。构建中国对外直接投资区位选择的计量模型如下：

$$\ln OFDI_{it} = \beta_0 + \sum_{i=1}^{3}\beta_i \times INF_{it} + \sum_{k=4}^{7}\beta_k \times X_{kit} + \varepsilon_{it} \quad (4-6)$$

其中，$i=1$，2，3，$k=4$，5，…，7。$OFDI_{it}$为被解释变量，代表 t 年中国对 i 国的对外直接投资存量；INF_{it}为主要解释变量，即 t 年东道国 i 的基础设施变量指标，按照《全球竞争力报告》的分类标准，划分为以下三类：通信基础设施（*TEL*）、运输基础设施（*TRA*）和能源基础设施（*ENE*）；X_{kit}为控制变量，包括“一带一路”沿线国家市场规模（*GDP*）、劳动力供给（*LAB*）、自然资源禀赋（*RES*）以及科技发展水平（*TEC*）。

4.2.3.2 样本选取

基于数据的可获得性，选取“一带一路”沿线 46 个国家作为研究样本。为了研究经济发展水平不同的国家之间的差异，依据 2016 年《世界投资报告》经济体类型划分标准，将总样本划分为发达经济体、发展中经济体以及转型经济体三类国家分别进行讨论。其中，发达经济体共计 12 国、发展中经济体共计 22 国、转型经济体共计 12 国。

同时考虑到地理分布差异，按照周五七（2015）的分类方法，将样本国家分为蒙俄地区（1 国）、中东欧地区（17 国）、西亚中东地区（15 国）、中亚地区（2 国）、东南亚地区（7 国）以及南亚地区（4 国）。考虑到中亚地区、南亚地区及蒙俄地区样本国家较少，地理位置与中国毗邻，为了保证实证结果的科学性与合理性，将三个地区合并为一个地区进行实证检验（见表 4－6）。

表 4－6　　样本国家分类

分类标准	类别	国家
经济发展水平	发达经济体（12 国）	爱沙尼亚、保加利亚、波兰、捷克、克罗地亚、拉脱维亚、立陶宛、罗马尼亚、斯洛伐克、斯洛文尼亚、匈牙利、以色列
	发展中经济体（22 国）	阿联酋、阿曼、埃及、巴基斯坦、巴林、菲律宾、柬埔寨、卡塔尔、科威特、黎巴嫩、马来西亚、孟加拉国、沙特阿拉伯、斯里兰卡、泰国、土耳其、新加坡、也门、印度、印度尼西亚、约旦、越南
	转型经济体（12 国）	阿尔巴尼亚、阿塞拜疆、白俄罗斯、波黑、俄罗斯、格鲁吉亚、哈萨克斯坦、吉尔吉斯斯坦、马其顿、摩尔多瓦、乌克兰、亚美尼亚
地理位置	中东欧地区（17 国）	阿尔巴尼亚、爱沙尼亚、白俄罗斯、保加利亚、波黑、波兰、捷克、克罗地亚、拉脱维亚、立陶宛、罗马尼亚、马其顿、摩尔多瓦、斯洛伐克、斯洛文尼亚、乌克兰、匈牙利
	西亚中东地区（15 国）	阿联酋、阿曼、阿塞拜疆、埃及、巴林、格鲁吉亚、卡塔尔、科威特、黎巴嫩、沙特阿拉伯、土耳其、亚美尼亚、也门、以色列、约旦
	东南亚地区（7 国）	菲律宾、柬埔寨、马来西亚、泰国、新加坡、印度尼西亚、越南
	中亚、南亚及蒙俄地区（7 国）	巴基斯坦、孟加拉国、斯里兰卡、印度、哈萨克斯坦、吉尔吉斯斯坦、俄罗斯

4.2.3.3　变量选取

（1）被解释变量——中国对“一带一路”沿线国家对外直接投资存量。

为研究“一带一路”沿线国家基础设施建设对中国对外直接投资区位选择的影响，选取历年中国对样本国家对外直接投资存量作为被解释变量。考虑到研究的问题为中国对外直接投资区位选择偏好，而不是研究历年中国对外直接投资区位选择的变化趋势，故选择对外直接投资存量作为被解释变量。实证检验时为了消除异方差对检验结果的影响，将中国对各个国家对外直接存量进行对数化处理。

（2）主要解释变量——基础设施指标。

主要研究“一带一路”沿线国家基础设施建设对中国对外直接投资区位选择的影响，根据《全球竞争力报告》中对基础设施指标的衡量标准，选择通信基础设施（*TEL*）、运输基础设施（*TRA*）以及能源基础设施（*ENE*）指标作为解释变量，数据来自世界银行 WDI 数据库。参考曲智等（2018）、黄亮雄等（2018）构建基础设施水平指数的方法，同时基于数据可得性，选取每百人固定宽带用户和每百人固定电话用户之和作为衡量通信基础设施的代理指标。选取铁路百万吨公里货运量和航空百万吨公里货运量之和作为衡量运输基础设施的代理指标，同时考虑到异方差对检验结果的影响，实证检验时将该代理指标进行对数化处理。选取矿石和金属出口占商品出口的百分比与燃料出口占商品出口的百分比之和作为衡量能源基础设施的代理指标。

（3）控制变量。

企业进行对外直接投资时往往会伴随一定动机，不同的投资动机会促使企业选择不同国家进行对外直接投资。邓宁（Dunning，1993）将对外直接投资动机划分为以下四种类型：市场寻求型、效率寻求型、自然资源寻求型以及战略资产寻求型。其中，市场寻求型动机是为了扩大市场；效率寻求型动机是为了获取东道国相对廉价且丰富的劳动力；自然资源寻求型动机是为了获取东道国富裕的自然资源；战略资产寻求型动机是为了获取东道国高端技术或者先进经验。基于此，将四种不同对外直接投资动机作为控制变量，分别讨论其对中国对“一带一路”沿线国家直接投资区位选择的影响。

①东道国市场规模。近年来，中国一些行业出现产能过剩现象，中国企业可以通过对外直接投资的方式缓解该问题。这就要求相关企业进行对外直接投资时需要考虑东道国的市场规模。基于市场寻求型动机进行对外直接投资的企业，会优先选择市场规模较大的国家。于是提出以下假设：东道国的市场规模与中国对外直接投资区位选择正相关。参考已有研究（魏青山、王任飞，2005；付韶军，2018），选取国内生产总值（GDP）来衡量东道国市场规模大小。实证检验时为了消除异方差对检验结果的影响，将该指标进行对数化处理。

②东道国劳动力供给。根据国家统计局数据，中国劳动年龄人口自 2012 年以来连续六年净减少，2017 年全国劳动年龄人口为 90199 万人，占总人口的比重为 64.9%，比上一年减少了 548 万人。2022 年末，我国劳动年龄人口总量下降到约 8.8 亿人。随着劳动年龄人口不断减少，加之经济发展带来的

工资自然增长，导致劳动力成本不断上升。一些企业逐步走出国门，到劳动力资源富裕的国家进行直接投资。因此，获取东道国丰富的劳动力逐渐成为我国对外直接投资的动机之一。于是提出以下假设：东道国的劳动力供给与中国对外直接投资区位选择正相关。参考已有研究（付韶军，2018），选取劳动力数量（*LAB*）来衡量东道国劳动力供给情况。实证检验时为了消除异方差对检验结果的影响，将该指标进行对数化处理。

③东道国自然资源禀赋。现有研究中国对外直接投资区位选择的文献中，表明中国对外直接投资具有强烈的自然资源寻求型动机（Ramasamy et al.，2012；邱成立等，2015）。因此，自然资源越丰富的国家，吸引中国对外直接投资能力越强。在此基础上提出以下假设：东道国自然资源禀赋与中国对外直接投资区位选择正相关。采用东道国自然资源租金总额占国内生产总值（GDP）的比重来衡量该国自然资源禀赋。

④东道国科技发展水平。巴克利等（Buckley et al.，2007）认为中国企业基于获取高端技术或先进经验的目的，对拥有先进技术的国家进行对外直接投资。由于一些核心技术我国企业还未能独自研发，以至于相应产品的生产严重依赖控制核心技术的国家。中国整体实力较雄厚的企业往往到科技水平高的国家进行对外直接投资，通过逆向技术溢出效应带动国内科技水平提高。于是提出以下假设：东道国科技发展水平与中国对外直接投资区位选择正相关。选取东道国高科技出口占制成品出口的百分比这一指标衡量东道国的科技发展水平。

4.2.3.4 数据来源

研究的样本期间为2003～2016年。选取的数据主要来自历年中国对外直接投资统计公报、世界银行WDI数据库以及《国际统计年鉴》。变量选取和数据来源具体情况如表4－7所示。

表4－7　变量选取和数据来源

变量	变量名称	衡量指标	数据来源
因变量	中国对外直接投资存量（*OFDI*）	中国对样本国家对外直接投资存量	中国对外直接投资统计公报

续表

变量	变量名称	衡量指标	数据来源
解释变量	通信基础设施（*TEL*）	每百人固定宽带用户和每百人固定电话用户之和	世界银行 WDI 数据库
	运输基础设施（*TRA*）	铁路百万吨公里货运量和航空百万吨公里货运量之和	世界银行 WDI 数据库
	能源基础设施（*ENE*）	矿石和金属出口占商品出口的百分比与燃料出口占商品出口的百分比之和	世界银行 WDI 数据库
控制变量	东道国市场规模	国内生产总值（GDP）	《国际统计年鉴》
	东道国劳动力供给（*LAB*）	国内劳动力数量	世界银行 WDI 数据库
	自然资源禀赋（*RES*）	自然资源租金总额占国内生产总值的比重	世界银行 WDI 数据库
	东道国科技发展水平（*TEC*）	东道国高科技出口占制成品出口的百分比	世界银行 WDI 数据库

4.2.4 实证检验及结果分析

4.2.4.1 模型选择

面板数据模型分为混合效应模型、固定效应模型和随机效应模型三种类型。其中，混合效应模型假定所有个体之间不存在差别，不存在个体效应影响；固定效应模型和随机效应模型假定样本之间存在个体效应影响。首先，通过 F 检验的结果，发现拒绝原假设，即不存在混合效应。然后，通过 Hausman 检验来判断选择随机效应模型，还是固定效应模型。检验结果如表 4－8 所示，可以发现 Hausman 检验的统计量为 178.419293，伴随概率为 0.0000。因此，拒绝固定效应模型与随机效应模型不存在系统差异的原假设，建立固定效应模型。

表 4－8　　模型判定检验结果

项目	统计值	p 值
F 检验	35.915378	0.0000
Hausman 检验	178.419293	0.0000

4.2.4.2 全样本检验回归结果及分析

由前述讨论，建立固定效应模型进行分析。为了详细说明解释变量与被解释变量之间的关系，实证检验时先从基本模型开始，即只将主要解释变量与被解释变量进行回归，然后再逐一加入控制变量进行回归。利用 Eviews 8.0 软件进行固定效应模型估计，估计结果如表 4-9 所示。

表 4-9　　模型估计结果

变量	模型（1）	模型（2）	模型（3）	模型（4）	模型（5）	模型（6）
常数项	3.890*** (7.760)	-5.137*** (-8.917)	-19.719*** (-13.035)	3.915*** (7.681)	4.140*** (7.987)	-13.087*** (-9.139)
TEL	0.160*** (15.773)	0.045*** (4.778)	0.136*** (15.864)	0.160*** (15.565)	0.160*** (15.732)	0.061*** (6.419)
TRA	-0.009 (-0.193)	-0.055 (-1.547)	-0.053 (-1.350)	-0.009 (-0.186)	-0.005 (-0.108)	-0.061* (-1.753)
ENE	-0.400 (-0.542)	-0.538 (-0.959)	0.904 (1.459)	-0.307 (-0.379)	-0.500 (-0.678)	-0.011 (-0.019)
GDP		2.965*** (20.885)				2.275*** (12.929)
LAB			6.026*** (16.237)			2.610*** (6.213)
RES				-0.540 (-0.281)		
TEC					-2.462* (-1.844)	-1.708* (-1.735)
F 统计量	37.078	71.787	57.734	36.267	36.537	74.499
R^2	0.749	0.856	0.826	0.749	0.751	0.865
调整后 R^2	0.729	0.844	0.812	0.729	0.730	0.854

注：*、**、*** 分别表示在 10%、5%、1% 的显著水平上显著，括号内数值为对应检验的 t 值。

从整体来看，表4－9的模型（1）~模型（6）中，基础设施各变量中只有通信基础设施通过了1%的显著性水平检验，说明“一带一路”沿线国家通信基础设施是影响我国对其直接投资区位选择的重要变量。其中，通信基础设施与中国对外直接投资区位选择正相关，说明拥有完善的通信基础设施的国家更有利于吸引中国对外直接投资。运输基础设施除在模型（6）以外，均未通过显著性水平检验，说明“一带一路”沿线国家运输基础设施不是解释中国对外直接投资区位选择的有效因素。能源基础设施均未通过显著性水平检验，说明“一带一路”沿线国家能源基础设施不是解释中国对外直接投资区位选择的有效因素。

具体来看，模型（1）仅选择基础设施的三个具体变量进行回归，即通信基础设施、运输基础设施以及能源基础设施，模型调整后的拟合优度达到了0.729，说明东道国基础设施的变化可以解释中国对外直接投资区位选择变化的72.9%，能够有效解释中国对外直接投资区位选择的变化。其中，通信基础设施的回归系数为0.160，回归系数为正且在1%的水平下显著，表明“一带一路”沿线国家通信基础设施越完善，就越容易吸引中国到该国进行对外直接投资，即东道国通信基础设施每提高1个单位，中国对其进行对外直接投资存量就增加0.16个单位。

模型（2）是在模型（1）的基础上加入了东道国市场规模（GDP）变量，模型整体拟合优度提高，回归方程调整后的模型拟合优度达到了0.844，拟合效果良好，说明解释变量的变化可以解释中国对外直接投资区位选择变化的84.4%，能够有效解释中国对外直接投资区位选择的变化。该指标通过了1%的显著性水平检验，并且系数为正，符合预期假设，说明中国对“一带一路”沿线国家对外直接投资时，倾向于选择市场规模大的国家，即东道国市场规模每增加1%，中国对其进行对外直接投资存量就增加2.965%。

模型（3）在模型（1）的基础上加入劳动力供给变量，模型整体拟合优度提高，回归方程调整后的模型拟合优度达到了0.812，拟合效果良好，说明解释变量的变化可以解释中国对外直接投资区位选择变化的81.2%，能够有效解释中国对外直接投资区位选择的变化。而且该指标在1%的水平上显著，并且与中国对外直接投资正相关，符合预期假设，表明中国对“一带一路”沿线国家直接投资时，倾向于选择劳动力供给充足的国家，即东道国劳动力供给每增加1%，中国对其进行对外直接投资存量就增加6.026%。

模型（4）是在模型（1）的基础上加入自然资源禀赋变量，模型整体拟合优度没有提高，回归方程调整后的模型拟合优度达到了0.729，拟合效果良好，说明解释变量的变化可以解释中国对外直接投资区位选择变化的72.9%，能够有效解释中国对外直接投资区位选择的变化。该指标未通过显著性水平检验，表明中国对“一带一路”沿线国家进行对外直接投资时并没有基于自然资源寻求动机，东道国自然资源禀赋不是影响中国对外直接投资区位选择的有效因素。

模型（5）是在模型（1）的基础上增加了科技发展水平变量，回归方程调整后的模型拟合优度达到了0.730，拟合效果良好，说明解释变量的变化可以解释中国对外直接投资区位选择变化的73.0%，能够有效解释中国对外直接投资区位选择的变化。该指标通过10%的显著性水平检验，但系数符号为负，与预期相反，说明中国对“一带一路”沿线国家直接投资时，倾向于选择科技发展水平低的国家，即东道国科技发展水平每下降1个单位，中国对其进行对外直接投资存量就增加2.462个单位。这可能是由于“一带一路”国家大多为发展中国家，中国对其进行对外直接投资并没有强烈的战略资产寻求型动机。

模型（6）是在模型（1）~模型（5）的回归结果上，将控制变量中不显著的变量剔除，从而对剩余所有变量回归。其中，通信基础设施与中国对外直接投资区位选择显著正相关，且通过了1%的显著性水平检验，回归系数为0.061，表明东道国通信基础设施每提高1个单位，中国对其进行对外直接投资存量就增加0.061个单位。运输基础设施与中国对外直接投资区位选择负相关，且通过了10%的显著性水平检验，回归系数为-0.061，表明“一带一路”沿线国家运输基础设施越完善，就越不利于吸引中国到该国进行对外直接投资，即东道国通信运输基础设施每提高1个单位，中国对其进行对外直接投资存量就降低0.061个单位，这可能是与我国对“一带一路”沿线国家进行对外直接投资的领域选择有关，在推进“一带一路”建设初期，中国对沿线国家对外直接投资领域主要为铁路建设等基础设施方面，如果该国运输基础设施完善，则中国到该国进行对外直接投资的可能性就会减小。控制变量中的东道国市场规模和劳动力供给与中国对外直接投资区位选择显著正相关，均通过1%的显著性水平检验；科技发展水平与中国对外直接投资区位选择负相关，通过了10%的显著性水平检验。其中东道国市场规模回归系数为2.275，表明东道国市场规模每增加1%，中国对其进行对外直接投资存量就增加2.275%；劳动力供给回归系数为2.610，表明东道国劳动力供给每增加1%，中国对其进行对外直接投资存量就增加2.610%；科技发展水平回归系数为-1.708，表明东道国科技发展水平每下降1个单位，中国对其进行对外直接投资存量就增加1.708个单位。

4.2.4.3 分样本检验回归结果及分析

利用Eviews 8.0软件进行分样本情况下固定效应模型估计，估计结果如表4-10所示。

表4-10 分样本检验结果

变量	经济发展水平			地理位置分布			
	发达经济体	发展中经济体	转型经济体	中东欧地区	西亚中东地区	东南亚地区	中亚、南亚及蒙俄地区
常数项	-56.355*** (-6.201)	-13.416*** (-8.806)	-1.488 (-0.178)	-32.908*** (-3.465)	-11.495*** (-7.395)	-19.942*** (-4.080)	-1.737 (-2.177)
TEL	0.159*** (5.535)	-0.022 (-1.386)	0.101*** (6.541)	0.134*** (7.455)	0.016 (0.869)	-0.030* (-1.807)	-0.126*** (2.805)
TRA	-0.016 (-0.215)	-0.024 (-0.414)	-0.022 (-0.436)	-0.073 (-1.197)	-0.073 (-0.917)	-0.008 (-0.161)	0.004 (1.222)
ENE	-5.143 (-1.277)	0.940 (1.516)	-1.816 (-1.417)	-0.061 (-0.036)	0.005 (0.006)	-3.240** (-2.258)	1.365 (-0.509)
GDP	0.703 (1.004)	2.966*** (13.924)	1.518*** (4.834)	1.039** (2.203)	2.006*** (6.010)	2.413*** (10.064)	4.164*** (3.439)
LAB	15.639*** (5.605)	1.945*** (4.324)	0.449 (0.187)	9.210*** (3.306)	3.188*** (5.046)	3.881*** (3.723)	-1.048 (1.062)
RES	63.043* (1.774)	-0.616 (-0.417)	3.173 (1.068)	5.381 (0.480)	1.157 (0.633)	1.381 (0.451)	-12.660*** (2.539)
TEC	7.331 (1.653)	-1.540 (1.403)	-0.681 (-0.350)	2.828 (0.704)	-6.058** (-2.092)	-2.721*** (-4.399)	0.394 (0.652)

续表

变量	经济发展水平			地理位置分布			
	发达经济体	发展中经济体	转型经济体	中东欧地区	西亚中东地区	东南亚地区	中亚、南亚及蒙俄地区
F 统计量	25.668	78.434	69.955	30.188	36.132	127.520	67.082
R^2	0.756	0.887	0.894	0.764	0.801	0.952	0.912
调整后 R^2	0.727	0.876	0.881	0.739	0.779	0.944	0.899

注：*、**、*** 分别表示在 10%、5%、1% 的显著水平上显著，括号内数值为对应检验的 t 值。

（1）按照经济发展水平分类的检验结果分析。

由回归结果可知（见表 4－10），对于发达经济体国家而言，回归方程调整后的模型拟合优度达到了 0.727，拟合效果良好，说明解释变量的变化可以解释中国对外直接投资区位选择变化的 72.7%，能够有效解释中国对外直接投资区位选择的变化。其中，通信基础设施通过了 1% 的显著性水平检验，回归系数为 0.159，说明通信基础设施与中国对外直接投资区位选择显著正相关，东道国通信基础设施每提高 1 个单位，中国对其进行对外直接投资存量就增加 0.159 个单位。运输基础设施和能源基础设施均未通过显著性水平检验，说明对该区域的国家而言，运输基础设施和能源基础设施不是解释中国对外直接投资区位选择的有效因素。控制变量中劳动力供给通过了 1% 显著性水平检验，回归系数为 15.639，表明对于发达经济体国家来说，中国倾向于选择劳动力供给充足的国家进行对外直接投资，东道国劳动力供给每增加 1%，中国对其进行对外直接投资存量就增加 15.639%。自然资源禀赋通过了 10% 显著性水平检验，回归系数为 63.043，表明对于发达经济体国家来说，自然资源禀赋是影响中国对外直接投资区位选择的重要解释因素，东道国自然资源禀赋每增加 1 个单位，中国对其进行对外直接投资存量就增加 63.043 个单位。

对于发展中经济体国家而言，回归方程调整后的模型拟合优度达到了 0.876，拟合效果较好，说明解释变量的变化可以解释中国对外直接投资区位选择变化的 87.6%，能够有效解释中国对外直接投资区位选择的变化。基础设施各变量均未通过显著性水平检验，表明对于该样本国家而言，基础设施变量不是影响中国对外直接投资区位选择的有效解释因素。控制变量中东道国市场规模以及劳动力供给与中国对外直接投资区位选择正相关，且均通过1%的显著性水平检验。其中东道国市场规模回归系数为2.966，表明东道国市场规模每增加1%，中国对其进行对外直接投资存量就增加2.966%；劳动力供给回归系数为1.945，表明东道国劳动力供给每增加1%，中国对其进行对外直接投资存量就增加1.945%。

对于转型经济体国家而言，回归方程调整后的模型拟合优度达到了0.881，拟合效果较好，说明解释变量的变化可以解释中国对外直接投资区位选择变化的88.1%，能够有效解释中国对外直接投资区位选择的变化。其中，通信基础设施通过了1%的显著性水平检验，回归系数为0.101，说明通信基础设施与中国对外直接投资区位选择显著正相关，东道国通信基础设施每提高1个单位，中国对其进行对外直接投资存量就增加0.101个单位。运输基础设施和能源基础设施均未通过显著性水平检验，说明对于该区域的国家而言，运输基础设施和能源基础设施不是解释中国对外直接投资区位选择的有效因素。控制变量中东道国市场规模与中国对外直接投资区位选择显著正相关，回归系数为1.518，表明东道国市场规模每增加1%，中国对其进行对外直接投资存量就增加1.518%。

（2）按照国家地理位置分类的检验结果分析。

由回归结果可知（见表4-10），不同地理位置的国家基础设施对中国对外直接投资区位选择影响因素明显不同。对于中东欧地区国家而言，回归方程调整后的模型拟合优度达到了0.739，拟合效果良好，说明解释变量的变化可以解释中国对外直接投资区位选择变化的73.9%，能够有效解释中国对外直接投资区位选择的变化。其中，通信基础设施通过了1%的显著性水平检验，回归系数为0.134，说明通信基础设施与中国对外直接投资区位选择显著正相关，东道国通信基础设施每提高1个单位，中国对其进行对外直接投资存量就增加0.134个单位。运输基础设施和能源基础设施均未通过显著性水平检验，说明对于该区域的国家而言，运输基础设施和能源基础设施不是解释中国对外直接投资区位选择的有效因素。控制变量中东道国市场规模与中国对外直接投资区位选择正相关，且通过5%的显著性水平检验，回归系数为1.039，表明东道国市场规模每增加1%，中国对其进行对外直接投资存量就增加1.039%；劳动力供给与中国对外直接投资区位选择正相关，且通过1%的显著性水平检验，回归系数为9.210，表明东道国劳动力供给每增加 1%，中国对其进行对外直接投资存量就增加 9.210%。

对于西亚中东地区的国家而言，回归方程调整后的模型拟合优度达到了 0.779，拟合效果良好，说明解释变量的变化可以解释中国对外直接投资区位选择变化的 77.9%，能够有效解释中国对外直接投资区位选择的变化。东道国基础设施各变量均未通过显著性水平检验，说明对于该样本国家而言，基础设施变量不是影响中国对外直接投资区位选择的有效解释因素。控制变量中东道国市场规模和劳动力供给与中国对外直接投资区位选择正相关，均通过了 1% 的显著性水平检验，其中，东道国市场规模回归系数为 2.006，表明东道国市场规模每增加 1%，中国对其进行对外直接投资存量就增加 2.006%；劳动力供给回归系数为 3.188，表明东道国劳动力供给每增加 1%，中国对其进行对外直接投资存量就增加 3.188%。科技发展水平与中国对外直接投资区位选择负相关，且通过了 5% 的显著性水平检验，回归系数为 -6.058，表明东道国科技发展水平每提高 1 个单位，中国对其进行对外直接投资存量降低 6.058 个单位。

对于东南亚地区的国家而言，回归方程调整后的模型拟合优度达到了 0.944，拟合效果很好，说明解释变量的变化可以解释中国对外直接投资区位选择变化的 94.4%，能够有效解释中国对外直接投资区位选择的变化。其中，通信基础设施通过了 10% 的显著性水平检验，回归系数为 -0.030，说明通信基础设施与中国对外直接投资区位选择显著负相关，东道国通信基础设施每提高 1 个单位，中国对其进行对外直接投资存量就降低 0.030 个单位。东道国能源基础设施通过了 5% 的显著性水平检验，回归系数为 -3.240，说明能源基础设施与中国对外直接投资区位选择显著负相关，并且每下降 1 个单位，中国对该地区对外直接投资存量上升 3.240 个单位。运输基础设施未通过显著性水平检验，说明对于该区域的国家而言，运输基础设施不是解释中国对外直接投资区位选择的有效因素。控制变量中东道国市场规模和劳动力供给与中国对外直接投资区位选择正相关，均通过了 1% 的显著性水平检验，其中，东道国市场规模回归系数为 2.413，表明东道国市场规模每增加 1%，中国对其进行对外直接投资存量就增加 2.413%；劳动力供给回归系数为 3.881，表明东道国劳动力供给每增加 1%，中国对其进行对外直接投资存量就增加 3.881%。科技发展水平与中国对外直接投资区位选择负相关，且通过了 1% 的显著性水平检验，回归系数为 -2.721，表明东道国科技发展水平每提高 1 个单位，中国对其进行对外直接投资存量就降低 2. 721 个单位。

对于中亚、南亚及蒙俄地区的国家而言，回归方程调整后的模型拟合优度达到了 0. 899，拟合效果较好，说明解释变量的变化可以解释中国对外直接投资区位选择变化的 89. 9%，能够有效解释中国对外直接投资区位选择的变化。其中，通信基础设施通过了 1% 的显著性水平检验，回归系数为 -0. 126，说明通信基础设施与中国对外直接投资区位选择显著负相关，东道国通信基础设施每提高 1 个单位，中国对其进行对外直接投资存量就降低 0. 126 个单位。运输基础设施和能源基础设施均未通过显著性水平检验，说明对于该区域的国家而言，运输基础设施和能源基础设施不是解释中国对外直接投资区位选择的有效因素。控制变量中东道国市场规模与中国对外直接投资区位选择正相关，通过了 1% 的显著性水平检验，回归系数为 4. 164，表明东道国市场规模每增加 1%，中国对其进行对外直接投资存量就增加 4. 164%；自然资源禀赋与中国对外直接投资区位选择负相关，通过了 1% 的显著性水平检验，回归系数为 -12. 660，表明东道国自然资源禀赋每增加 1 个单位，中国对其进行对外直接投资存量就降低 12. 660 个单位。

4. 2. 5 结论及建议

选取 2003 ~2016 年中国对“一带一路”沿线 46 个主要国家对外直接投资数据，运用面板数据模型，实证检验了“一带一路”沿线国家基础设施对中国对外直接投资区位选择的影响，发现“一带一路”沿线国家基础设施是影响中国对外直接投资区位选择的重要因素，但不同基础设施对其影响程度不同。

4. 2. 5. 1 主要结论

（1）从全样本检验结果来看，各项基础设施变量中，通信基础设施对中国对外直接投资区位选择影响程度最大，该变量在所有模型中均与中国对外直接投资区位选择显著正相关。运输基础设施除在所有变量回归中通过显著性水平检验外，其余均未通过显著性水平检验。能源基础设施不是解释中国对外直接投资区位选择的有效因素。此外，东道国市场规模、劳动力供给以及科技发展水平是中国对外直接投资区位选择的重要影响因素。

（2）从分样本检验结果来看，中国对不同区域对外直接投资区位选择的影响因素不同。第一，对于发达经济体国家和转型经济体国家而言，通信基础设施是影响中国对外直接投资区位选择的重要因素，而运输基础设施和能源基础设施不是影响中国对外直接投资区位选择的重要因素；对于发展中经济体国家而言，基础设施并不是解释中国对外直接投资区位选择的有效因素。第二，对于不同地理位置的国家来说，通信基础设施是影响中国对中东欧国家、中南亚和蒙俄地区国家进行对外直接投资区位选择的重要因素；对于西亚、中东地区国家而言，基础设施不是解释中国对外直接投资区位选择的有效因素；对于东南亚地区国家而言，通信基础设施和能源基础设施是影响中国对外直接投资的重要因素。

4.2.5.2 建议

基于上述结论，从以下三个方面提出建议：

（1）中国应该优先选择拥有完善的通信基础设施的国家进行对外直接投资。完善的基础设施可以在一定程度上降低企业进入东道国的初始投资成本，如爱沙尼亚、俄罗斯和波兰等。其次，选择市场规模大、劳动力供给充足的国家进行对外直接投资，如巴基斯坦、马来西亚、孟加拉国、泰国、印度尼西亚、越南等。

（2）由于不同经济发展水平国家的基础设施影响中国对外直接投资区位选择的因素各异，提出以下建议：对于发达经济体而言，中国应优先选择通信基础设施完善的国家进行对外直接投资，如爱沙尼亚、立陶宛等；对于发展中经济体而言，中国应优先选择市场规模大、劳动力供给充足的国家进行对外直接投资，如泰国、越南等；对于转型经济体而言，中国应优先选择通信基础设施完善的国家进行对外直接投资，如俄罗斯、白俄罗斯等。

（3）对于不同地理位置的国家来说，中国到中东欧地区国家进行对外直接投资时，应优先选择通信设施完善的国家，如白俄罗斯、爱沙尼亚等；而对于西亚中东地区国家而言，中国应优先选择市场规模大、劳动力供给充足的国家，如土耳其、沙特阿拉伯等；对于东南亚地区国家而言，中国应优先选择通信基础设施和能源基础设施薄弱的国家进行对外直接投资，如柬埔寨、菲律宾等；对于中亚、南亚和蒙俄地区国家而言，由于其通信基础设施与中国企业对外直接投资区位选择负相关，中国应优先选择通信基础设施薄弱的国家进行对外直接投资，如孟加拉国、巴基斯坦等。

4.3 投资便利化对中国对“一带一路”沿线国家直接投资区位选择影响研究

4.3.1 引言

2021年实施的“十四五”规划中提到，要“推进贸易和投资便利化”“推动共建‘一带一路’高质量发展”。习近平总书记在2021年11月19日召开的第三次“一带一路”建设座谈会上，也对此进行了强调。投资便利化的内涵是简化和协调与对外直接投资活动有关的程序，涉及营造良好的宏观经济环境、优化营商环境等，减少投资壁垒，旨在为企业创造便捷、开放、透明和可预见的投资环境（张亚斌，2016）。有关投资便利化对中国对外直接投资区位选择的影响已引起学者关注，但是相关研究还较欠缺，我国企业对外直接投资区位选择对该因素的重视不够。中国对外直接投资区位选择应更加重视沿线国家投资便利化水平。

基于此，下文将研究投资便利化对中国对沿线国家直接投资区位选择的影响。首先，分析投资便利化影响对外直接投资区位选择的机理；其次，建立测评投资便利化指标体系，算得沿线国家投资便利化水平；再次，应用面板门槛模型进行实证分析，并进行异质性检验和门槛检验；最后，分别从宏观层面和微观层面提出政策建议。积极响应“十四五”规划，助推沿线国家投资便利化，提升中国对其直接投资的效率和质量。

4.3.2 文献综述

与本书研究相关的文献可分成两类：第一类是关于中国对外直接投资区位选择影响因素的文献；第二类是有关投资便利化研究的文献。

4.3.2.1 对外直接区位选择影响因素相关研究

与对外直接投资区位选择影响因素相关的文献较多，主要关注东道国因素、母国因素和企业自身因素三个方面。

第一，东道国因素。部分学者重点关注东道国经济因素，发现东道国市场规模、资本、经济增长率、城市化水平、数字经济发展水平等经济禀赋，在影响中国对外直接投资区位选择方面，发挥重要作用（Deng，2004；蒋冠宏、蒋殿春，2012；陈伟光、郭晴，2016；倪沙、王永兴、景维民，2016；彭继增、柳媛、范芝君，2017）。在东道国文化因素方面，部分学者以文化距离为主进行研究，但是所得研究结论不一致。有学者认为文化距离会阻碍对外直接投资（Drogendijk and Martin，2015；李俊久、丘俭裕、何彬，2020），也有文献得出文化距离对对外直接投资发挥积极作用（Stahl，2016；李嘉珊、任爽，2016）。近年来关注东道国政治因素的学者较多，研究多集中在东道国制度质量因素，并结合话语权与问责、政治稳定与恐怖主义、腐败指数等6个指标进行实证分析（Buckley，2007；Arslan and Larimo，2011；王培志、潘辛毅、张舒悦，2018；邵宇佳、刘文革、陈红，2020；张岳然、费瑾，2020；田毕飞、邓彩霞，2021）。关于政治因素对对外直接投资影响的结论也未形成统一观点。也有部分学者关注双边投资协定对中国对外直接投资区位选择的影响（Luo et al.，2010；易波、李玉洁，2012）。

第二，母国因素。包括母国制度因素（龚静，2014）、母国产业结构调整（杨英、刘彩霞，2015）、国家形象（孙国辉等，2019）等，均对跨国企业对外直接投资区位选择产生影响。

第三，企业自身因素。主要是企业异质性对对外直接投资区位选择的影响（Helpman et al.，2004；孙乾坤、包歌、郑玮，2021；高菠阳等，2019）。企业生产效率的提升与对外直接投资区位选择有关（Jose et al.，2018；刘晓宁，2018）。企业所有权会对对外直接投资区位选择产生影响（Huang et al.，2016；单娟、吴珂珂、董国位，2016）。不同投资动机对外直接投资区位选择偏好不同（Zhang，2019；文余源、杨钰倩，2021）。

4.3.2.2 投资便利化的相关研究

已有文献大多将贸易投资便利化融合在一起进行研究，构建贸易投资便利化指标体系，并从不同角度定量研究贸易投资便利化的经济效应（Wilson et al.，2003）；刘重力、杨宏，2014；林珊、林发彬，2017）。随着全球经济一体化程度日渐加深，两者的重合有所增加，但是两者仍存在显著差异。投资便利化强调企业实体投资环境的透明和便利程度，而贸易便利化侧重于国际贸易中货物流动的便利程度。目前对贸易便利化进行单独研究的文献较丰富（Felipe and Kumar，2010；王微微、谭咏琳，2019；葛纯宝、于津平，2020；闫奕荣、周翠翠、随洪光，2021；齐玮、彭晓亚、熊含瑜，2021），而对投资便利化进行专门研究的文献相对较少。

近年来，出现了针对投资便利化水平的定量分析，但关于其测评指标体系的构建以及测算方法尚未统一，大多数学者借鉴了威尔逊等（Wilson et al.，2003）构建贸易便利化指标体系的方法，实证分析贸易便利化产生的经济效应。参考世界银行公布的《营商环境报告》《世界投资报告》等相关报告中的有关指标，以建立和完善投资便利化测评体系。张亚斌（2016）建立了投资便利化测评体系，选用基础设施质量、商业投资环境、信息技术应用等 5 个一级指标和 24 个二级指标。乔敏健（2019）选用 5 个一级指标，包括基础设施、政府行为、营商环境、金融服务和市场状况，以及 30 个二级指标，以衡量沿线国家投资便利化程度。还有学者选用宏观经济条件、基础设施质量、科学教育供给水平等 6 个一级指标，结合相应的 36 个二级指标，建立了投资便利化指标体系（Chen et al.，2020）。

学者们通过定量研究，就投资便利化的经济效应进行实证分析。例如，张亚斌（2016）利用主成分分析法计算得到投资便利化水平，通过拓展引力模型，实证分析发现，“一带一路”沿线国家投资便利化水平，对中国对其直接投资存量有正向影响。乔敏健（2019）通过聚类固定效应模型，研究中国对外直接投资对沿线国家投资便利化的影响，并分析其产生的边际效应，发现该效应存在临界值。左思明、朱明侠（2019）基于“一带一路”倡议构建投资便利化评价指标体系，用 LSDV 法对模型进行检验，发现沿线国家基础设施建设水平对对外直接投资的促进作用最大。协天紫光、樊秀峰（2019）关注东道国异质性投资便利化对中国对外直接投资的影响，使用面板门限回归模型，发现中国对沿线国家直接投资较少关注其投资便利化因素。杨栋旭、于津平（2021）用熵值法，算得“一带一路”沿线国家投资便利化水平，应用拓展引力模型，发现制度质量对中国对外直接投资的影响最大。周杰琦、夏南新（2021）运用两阶段引力模型和面板门槛等模型，研究发现东道国投资便利化水平对中国对外直接投资区位选择影响较大。

4.3.2.3 文献述评

综上所述，根据传统的对外直接投资理论，例如，国际生产折衷理论、投资诱发要素组合理论等，对企业对外直接投资区位选择的影响因素进行分析的研究较多，但是主要集中于东道国经济环境、制度环境、文化环境等方面。已有研究发现投资便利化水平在影响中国对外直接投资区位选择方面发挥重要作用，跨国企业对该因素也愈加重视。提升沿线国家投资便利化水平，有利于降低中国企业对沿线国家直接投资成本，进一步吸引中国企业进入“一带一路”沿线国家进行跨国经营。

从投资便利化角度进行研究的文献仍相对较少。从定量层面构建投资便利化测评指标体系的方法尚未统一，大多数学者就东道国投资便利化总体水平与中国对外直接投资进行实证分析，对投资便利化一级指标以及东道国的异质性影响研究相对较少；基于宏观层面，分析东道国投资便利化水平对中国对外直接投资的影响，并提出相应政策建议的文献较多，从微观层面即中国企业对外直接投资动机视角分析并提出相关建议的文献较少。

下文首先结合“一带一路”互联互通政策，选取基础设施建设、营商环境、制度环境等 6 个一级指标，构建投资便利化测评指标体系，更加全面地衡量和测评沿线国家的投资便利化水平。其次，以 2013 年“一带一路”倡议提出为节点，分析倡议提出前后，沿线国家投资便利化水平对中国对外直接投资区位选择的影响；从不同投资动机视角，研究投资便利化对中国对外直接投资区位选择影响的异质性效应。最后，构建面板门槛模型，检验东道国经济规模、文化距离不同时，投资便利化对中国对外直接投资区位选择的异质性影响。

4.3.3 东道国投资便利化对 OFDI 区位选择的影响机理

东道国投资便利化影响对外直接投资区位选择，下面分析东道国投资便利化对对外直接投资区位选择的影响机理。

（1）东道国良好的宏观经济环境有利于吸引外资流入。东道国的宏观经济环境包括国内市场规模、通货膨胀率、公众对政治家的信任度、汇率波动等。首先，邓宁（Dunning）的区位优势理论中提到东道国要有足够的发展规模，以吸引国际企业进入。投资引力模型也指出，东道国的经济规模与其吸引外国直接投资规模成正比。因此，东道国的经济规模越大，跨国公司就越倾向于进入该国。其次，东道国的通货膨胀率反映该国物价稳定程度，该值较高则表示该国经济不稳定，对国际直接投资的流入产生负面影响。再其次，政府的绩效是公众对政府信任的重要来源，公众对政治家的信任，一定程度上可以反映东道国的经济环境质量。最后，汇率波动在一定程度上也可以反映东道国的宏观经济环境。东道国货币汇率稳定有利于吸引外资流入。

（2）东道国优质的营商环境有利于吸引外资流入。东道国的营商环境主要反映该国综合的环境管理质量，包括鼓励国际直接投资的环境质量和环境安全。一般来说，良好的营商环境有利于提高企业经营绩效，从而有利于吸引外商直接投资。但是营商环境对不同投资动机的对外直接投资的影响存在差异。市场寻求型对外直接投资和效率寻求型对外直接投资倾向于投资于营商环境好的东道国，而资源寻求型对外直接投资则对东道国营商环境关注较少。首先，税收对投资激励的影响，可以通过减少税款、减少缴纳次数等方式，降低企业的经营成本，吸引外商直接投资流入。其次，劳动力市场的效率和灵活性对于确保工人被分配到经济中最有效的用途，并激励他们在工作中尽最大努力至关重要。工资是影响东道国吸引外资的重要因素之一。工资和生产力是衡量东道国劳动市场质量的指标，完善的劳动力市场可以加快劳动供需双方匹配的效率，从而提升投资效率。再其次，市场支配程度、本地竞争的激烈程度、反垄断政策的有效性，反映了东道国市场竞争程度。健康的国内外市场竞争，推动优胜劣汰，也有利于提高市场效率和社会生产效率。最后，完善、良好的规则会减少外资进入的阻碍，促使东道国对外开放水平的提升。营造良好的营商环境，使得国际企业在东道国进行投资活动时的风险，得到了有效降低，在促进外商直接投资流入方面发挥积极作用。高效的政府可以缩短投资创业所需要的审批时间，有利于提高企业投资效率，吸引外商直接投资流入。

（3）东道国健全的基础设施建设有利于吸引外资流入。东道国的基础设施质量是投资便利化的硬环境，包括公路、铁路、航空、港口等基础设施，可以较大程度降低空间距离产生的运输成本，提高资源的获取能力。电力基础设施质量和移动网络覆盖，提高跨国企业信息传递的速度，降低企业在东道国投资经营活动中的信息不对称。因此，东道国基础设施质量是影响外国投资的重要因素，基础设施建设越完善，越有利于吸引外商直接投资流入。

（4）东道国高效的金融服务体系有利于吸引外资流入。东道国完善的金融服务体系、良好的金融服务效率能够吸引外商直接投资流入。东道国的金融服务效率是对外直接投资的软环境，包括银行的稳健性、风险资本的可用性、在本地股票市场融资能力、满足业务需求的金融服务能力等。首先，提升金融服务效率可以增加外商直接投资企业的融资方式和渠道，有效促进资金流动、降低企业在融资时的交易成本。其次，企业融资时，具有高效率的金融服务体系，促使相关流程和手续简化，从而为企业投资活动提供便捷的融资支持。最后，东道国良好的金融服务体系可以通过金融中介机构的参与，实现风险规避和风险分担。

（5）东道国较高的科学教育供给水平有利于吸引外资流入。根据投资诱发要素组合理论，吸引外商直接投资的内生动力在于东道国技术、资本、信息等方面的要素禀赋，东道国良好的科学教育供给水平能吸引外商直接投资流入。东道国的科学教育供给水平包括创新能力、政府采购先进技术产品的能力、科研机构质量、提供研究和培训服务的可获得性、企业研发支出、最新技术的可用性。在具有技术优势的东道国进行直接投资活动，会产生逆向技术溢出效应，使得国际企业获得先进技术，从而增强企业自身的国际竞争力，并有利于提升母国的技术水平。在发展水平较高的地区，外商直接投资逆向技术溢出效应更为明显。因此，东道国具有优质的科学教育供给水平时，能够吸引技术寻求型对外直接投资。

（6）东道国良好的制度环境有利于吸引外资流入。东道国制度环境属于投资便利化的软环境范畴，对企业对外直接投资区位选择有重要影响。东道国制度环境包括：司法独立、投资者保护力度、知识产权保护、政府决策的透明度、非常规支付和贿赂、审计和报告标准的实施力。解决纠纷的法律框架的效率指标反映的是东道国的法治建设。良好的制度环境以及健全的法制体系有利于保护市场主体的合法权益，降低企业对外直接投资风险，可以有效减少寻租、腐败等阻碍外商直接投资流入的行为，提高企业对外直接投资效率。

综上所述，东道国投资便利化水平提升，可以使外商投资企业提高效率、降低投资风险、减少运营成本，从而增强对外商直接投资的吸引力。

4.3.4 "一带一路"沿线国家投资便利化测算与分析

下面建立投资便利化指标体系，以52个"一带一路"沿线国家为研究对象，样本时间为2007～2019年，算得其投资便利化水平，并从整体层面和区域层面进行分析。

4.3.4.1 投资便利化测评指标体系构建

为使得测评投资便利化的指标体系更加科学、全面，基于已有文献，并结合"一带一路"互联互通高质量建设的目标，选择6个一级指标，分别是宏观经济环境、营商环境、基础设施质量、金融服务效率、科学教育供给水平和制度环境，细化为38个二级指标，见表4-11。其中，正向指标评分越高，投资便利化水平越高，逆向指标与之相反。

表4-11 投资便利化测评指标体系

一级指标	一级指标权重	二级指标	二级指标权重	数值范围	指标属性
宏观经济环境（M）	0.0969	公众对政治家的信任度（M_1）	0.0291	1～7	正向指标
		通货膨胀率（M_2）	0.0297	1～7	逆向指标
		国内市场规模指数（M_3）	0.0086	0～100	正向指标
		汇率波动（M_4）	0.0296	1～7	逆向指标
营商环境（I）	0.2589	税收对投资激励的影响（I_1）	0.0293	1～7	正向指标
		市场支配程度（I_2）	0.0293	1～7	正向指标
		决定工资的灵活性（I_3）	0.0295	1～7	正向指标
		工资和生产力（I_4）	0.0295	1～7	正向指标
		本地竞争的激烈程度（I_5）	0.0293	1～7	正向指标
		反垄断政策的有效性（I_6）	0.0293	1～7	正向指标
		FDI和技术转让（I_7）	0.0293	1～7	正向指标
		商业规则对FDI的影响（I_8）	0.0237	1～7	正向指标
		投资创业所需审批时间（I_9）	0.0296	1～100	逆向指标

续表

一级指标	一级指标权重	二级指标	二级指标权重	数值范围	指标属性
基础设施质量（Q）	0.1562	公路基础设施质量（Q_1）	0.0292	1～7	正向指标
		铁路基础设施质量（Q_2）	0.0239	1～7	正向指标
		航空运输基础设施质量（Q_3）	0.0241	1～7	正向指标
		港口基础设施质量（Q_4）	0.0239	1～7	正向指标
		电力基础设施质量（Q_5）	0.0280	1～7	正向指标
		移动网络覆盖（Q_6）	0.0270	1～7	正向指标
金融服务效率（F）	0.1586	银行稳健性（F_1）	0.0292	1～7	正向指标
		风险资本的可用性（F_2）	0.0292	1～7	正向指标
		在本地股票市场融资能力（F_3）	0.0230	1～7	正向指标
		满足业务需求的金融服务（F_4）	0.0293	1～7	正向指标
		获得贷款的便利性（F_5）	0.0230	1～7	正向指标
		金融服务负担能力（F_6）	0.0247	1～7	正向指标
科学教育供给水平（E）	0.1634	创新能力（E_1）	0.0294	1～7	正向指标
		政府采购先进技术产品的能力（E_2）	0.0283	1～7	正向指标
		科研机构质量（E_3）	0.0226	1～7	正向指标
		提供研究和培训服务的可获得性（E_4）	0.0294	1～7	正向指标
		企业研发支出（E_5）	0.0278	1～7	正向指标
		最新技术的可用性（E_6）	0.0259	1～7	正向指标
制度环境（R）	0.1957	司法独立（R_1）	0.0293	1～7	正向指标
		投资者保护力度（R_2）	0.0293	1～7	正向指标
		知识产权保护（R_3）	0.0293	0～10	正向指标
		政府决策透明度（R_4）	0.0242	1～7	正向指标
		非常规支付和贿赂（R_5）	0.0250	1～7	正向指标
		解决纠纷的法律框架的效率（R_6）	0.0292	1～7	正向指标
		审计和报告标准的实施力（R_7）	0.0293	1～7	正向指标

资料来源：2007～2019 年《全球竞争力报告》。

4.3.4.2 投资便利化水平测算

对于投资便利化水平的测算，现有文献采用客观赋权法，例如，有主成分分析法、熵值法、均方差法等。选择熵值法，对投资便利化指标赋权，使用 STATA 16.0 软件，计算出"一带一路"沿线国家的投资便利化水平。

（1）客观赋权法——熵值法。

借鉴威尔逊（Wilson，2003）的做法，采用熵值法，客观赋权于一、二级指标，算得沿线国家投资便利化水平。熵值法的计算步骤如下：

①无量纲化处理。因评价体系中各二级指标单位不同，需要通过无量纲化处理，从而消除指标数据单位不同带来的影响。选择极值法，使得指标数值在无量纲化处理后全部转化至 0～1 区间内。0 表示最小，1 表示最大。二级指标依据指标属性差异，将其分为正向指标和逆向指标，采用不同公式进行处理。

正向指标：

$$X'_{ij} = \frac{x_{ij} - m_j}{M_j - m_j} \tag{4-7}$$

逆向指标：

$$X'_{ij} = \frac{M_j - x_{ij}}{M_j - m_j} \tag{4-8}$$

其中，i 是国家个数，j 是指标个数，X'_{ij}是无量纲化处理后的数据，x_{ij}是初始数据，M_j 为 X_{ij}的最大值，m_j 为 X_{ij}的最小值。整体平移无量纲化后的数据，以规避零和负值的影响，即

$$X''_{ij} = X'_{ij} + \partial \tag{4-9}$$

但为不破坏初始数据的内在规律，平移 ∂ 的取值尽可能地小，取 $\partial = 0.0001$。

②计算指标权重。对初始数据无量纲化处理后，计算第 j 个指标，第 i 个国家的占比。

$$P_{ij} = \frac{X''_{ij}}{\sum_{i=1}^{n} x_{ij}} \tag{4-10}$$

其中，$i=1, 2, 3, \cdots, n$；$j=1, 2, \cdots, m$。

③计算熵值。计算第 j 项指标的熵值：

$$e_j = -\frac{1}{Inn}\sum_{i=1}^{n} p_{ij}\ln(p_{ij}),\ (0 \leqslant e_j \leqslant 1) \tag{4-11}$$

其中，n 是年份数。

④计算差异系数。计算第 j 项指标的差异系数：

$$g_j = 1 - e_j \tag{4-12}$$

⑤确定评价指标权重 w_j。

$$w_j = \frac{g_j}{\sum_{i=1}^{m} g_i},\ (j = 1, 2, 3, \cdots, m) \tag{4-13}$$

⑥综合指标计算。计算 i 国的投资便利化水平：

$$S = \sum_{j=1}^{m} w_j \times X_{ij} \tag{4-14}$$

（2）数据来源及样本选取。

投资便利化指标体系中，各级指标数据均来自《全球竞争力报告》。为确保数据完整、可得，选取2007～2019年52个“一带一路”沿线国家作为样本，计算投资便利化水平。为进行分组检验，再将样本国家分别按照经济发展水平和地理位置进行分组。以经济发展水平分组时，按照《世界投资报告》中经济体类型进行划分。以地理位置分组时，将地理距离相对较近的两个区放在一起，划分为四个区域。具体如表4－12所示。

表4－12　样本国家

类别	经济体	国家
经济发展水平	发达经济体（12国）	爱沙尼亚、保加利亚、波兰、捷克、克罗地亚、拉脱维亚、立陶宛、罗马尼亚、斯洛伐克、斯洛文尼亚、匈牙利、以色列
	发展中经济体（29国）	阿联酋、阿曼、埃及、巴基斯坦、巴林、菲律宾、黑山、柬埔寨、卡塔尔、科威特、老挝、黎巴嫩、马来西亚、蒙古、孟加拉国、尼泊尔、塞尔维亚、沙特阿拉伯、斯里兰卡、泰国、土耳其、文莱、新加坡、也门、伊朗、印度、印度尼西亚、约旦、越南
	转型经济体（11国）	阿尔巴尼亚、阿塞拜疆、波黑、俄罗斯、格鲁吉亚、哈萨克斯坦、吉尔吉斯斯坦、摩尔多瓦、塔吉克斯坦、乌克兰、亚美尼亚

续表

类别	经济体	国家
地理位置	东盟（9国）	菲律宾、柬埔寨、老挝、马来西亚、泰国、文莱、新加坡、印度尼西亚、越南
	南亚（5国）	巴基斯坦、孟加拉国、尼泊尔、斯里兰卡、印度
	西亚（13国）	阿联酋、阿曼、埃及、巴林、卡塔尔、科威特、黎巴嫩、沙特阿拉伯、土耳其、也门、伊朗、以色列、约旦
	中亚（3国）	哈萨克斯坦、吉尔吉斯斯坦、塔吉克斯坦
	中东欧地区（15国）	阿尔巴尼亚、爱沙尼亚、保加利亚、波黑、波兰、黑山、捷克、克罗地亚、拉脱维亚、立陶宛、罗马尼亚、塞尔维亚、斯洛伐克、斯洛文尼亚、匈牙利
	东亚及独联体（7国）	阿塞拜疆、俄罗斯、格鲁吉亚、蒙古、摩尔多瓦、乌克兰、亚美尼亚

4.3.5 “一带一路”沿线国家投资便利化水平分析

运用STATA 16.0软件测算出2007～2019年“一带一路”沿线52个国家的投资便利化水平，并从整体层面和区域层面进行分析，关注“一带一路”倡议实施前后该值的变化，并进行比较分析。

4.3.5.1 整体分析

应用熵值法，算得投资便利化测评体系中，一、二级指标的权重，如表4-11所示。根据公式（4-14），将计算得出的38个二级指标的权重，与标准化后的数据相乘，再求和得到2007～2019年沿线52个国家投资便利化水平的得分，见表4-13。投资便利化水平得分均在0～1之间，得分越接近1，则表明该国的投资便利化水平越高。

“一带一路”倡议提出后，沿线国家投资便利化水平均呈现较显著增长趋势。该倡议实施前，有10个国家投资便利化水平的年均增长率呈负值，包括阿联酋、爱沙尼亚、捷克等国家。该倡议实施后，所有国家投资便利化水平的年均增长率均为正值。倡议实施后，有27个沿线国家的年均增长率超过倡议实施前，包括拉脱维亚、印度、伊朗、斯洛文尼亚等国家。可见，该倡议的实施，很大程度上助推了沿线国家投资便利化水平的提高。

表 4－13　　2007～2019 年“一带一路”沿线国家投资便利化水平

国家	2007 年	2008 年	2009 年	2010 年	2011 年	2012 年	2013 年	2014 年	2015 年	2016 年	2017 年	2018 年	2019 年	平均值
新加坡	0. 624	0. 632	0. 637	0. 638	0. 672	0. 692	0. 686	0. 687	0. 690	0. 695	0. 698	0. 751	0. 784	0. 684
卡塔尔	0. 539	0. 540	0. 558	0. 594	0. 523	0. 558	0. 574	0. 570	0. 571	0. 559	0. 543	0. 626	0. 633	0. 568
阿联酋	0. 542	0. 526	0. 579	0. 574	0. 499	0. 526	0. 546	0. 566	0. 552	0. 568	0. 573	0. 651	0. 669	0. 567
马来西亚	0. 533	0. 555	0. 531	0. 555	0. 511	0. 517	0. 530	0. 548	0. 547	0. 529	0. 525	0. 659	0. 656	0. 554
以色列	0. 493	0. 503	0. 503	0. 535	0. 495	0. 488	0. 495	0. 491	0. 493	0. 520	0. 535	0. 670	0. 678	0. 531
沙特阿拉伯	0. 490	0. 489	0. 512	0. 572	0. 526	0. 527	0. 519	0. 508	0. 504	0. 498	0. 491	0. 603	0. 624	0. 528
爱沙尼亚	0. 525	0. 541	0. 530	0. 518	0. 485	0. 486	0. 498	0. 504	0. 511	0. 515	0. 517	0. 609	0. 607	0. 527
巴林	0. 502	0. 496	0. 527	0. 550	0. 513	0. 507	0. 508	0. 508	0. 516	0. 510	0. 510	0. 558	0. 591	0. 523
阿曼	0. 461	0. 459	0. 483	0. 509	0. 485	0. 497	0. 514	0. 495	0. 464	0. 472	0. 467	0. 607	0. 596	0. 501
捷克	0. 462	0. 463	0. 481	0. 461	0. 436	0. 441	0. 443	0. 457	0. 477	0. 482	0. 484	0. 593	0. 592	0. 482
印度	0. 491	0. 495	0. 507	0. 479	0. 437	0. 437	0. 445	0. 416	0. 430	0. 462	0. 461	0. 582	0. 562	0. 477
约旦	0. 462	0. 466	0. 478	0. 442	0. 436	0. 448	0. 460	0. 456	0. 462	0. 472	0. 467	0. 546	0. 560	0. 473
泰国	0. 428	0. 432	0. 445	0. 461	0. 430	0. 432	0. 448	0. 445	0. 443	0. 441	0. 451	0. 570	0. 577	0. 462
科威特	0. 430	0. 452	0. 429	0. 439	0. 438	0. 429	0. 441	0. 428	0. 440	0. 443	0. 433	0. 542	0. 552	0. 454
立陶宛	0. 404	0. 432	0. 396	0. 369	0. 420	0. 425	0. 447	0. 458	0. 468	0. 473	0. 466	0. 556	0. 569	0. 453
斯洛伐克	0. 449	0. 465	0. 454	0. 417	0. 419	0. 419	0. 425	0. 430	0. 440	0. 446	0. 446	0. 537	0. 535	0. 452
印度尼西亚	0. 410	0. 410	0. 429	0. 451	0. 419	0. 421	0. 442	0. 444	0. 435	0. 435	0. 460	0. 553	0. 566	0. 452
斯里兰卡	0. 417	0. 437	0. 418	0. 462	0. 441	0. 436	0. 454	0. 458	0. 466	0. 448	0. 426	0. 501	0. 499	0. 451

续表

国家	2007 年	2008 年	2009 年	2010 年	2011 年	2012 年	2013 年	2014 年	2015 年	2016 年	2017 年	2018 年	2019 年	平均值
文莱	0. 405	0. 405	0. 426	0. 440	0. 435	0. 456	0. 468	0. 468	0. 428	0. 428	0. 446	0. 485	0. 549	0. 449
斯洛文尼亚	0. 418	0. 414	0. 442	0. 403	0. 416	0. 411	0. 413	0. 407	0. 422	0. 440	0. 453	0. 579	0. 583	0. 446
波兰	0. 349	0. 339	0. 380	0. 404	0. 423	0. 434	0. 437	0. 443	0. 452	0. 451	0. 446	0. 545	0. 518	0. 432
阿塞拜疆	0. 377	0. 366	0. 409	0. 351	0. 408	0. 418	0. 436	0. 432	0. 431	0. 447	0. 469	0. 519	0. 521	0. 430
土耳其	0. 335	0. 338	0. 352	0. 398	0. 428	0. 435	0. 455	0. 447	0. 433	0. 436	0. 431	0. 522	0. 542	0. 427
匈牙利	0. 365	0. 379	0. 371	0. 386	0. 425	0. 412	0. 424	0. 429	0. 423	0. 416	0. 429	0. 525	0. 525	0. 424
拉脱维亚	0. 353	0. 385	0. 340	0. 317	0. 409	0. 335	0. 443	0. 456	0. 459	0. 444	0. 433	0. 534	0. 548	0. 420
黑山	0. 357	0. 347	0. 387	0. 403	0. 431	0. 417	0. 427	0. 423	0. 421	0. 416	0. 426	0. 492	0. 505	0. 419
埃及	0. 357	0. 356	0. 377	0. 386	0. 398	0. 390	0. 385	0. 378	0. 386	0. 390	0. 410	0. 501	0. 595	0. 408
伊朗	0. 507	0. 543	0. 491	0. 282	0. 367	0. 366	0. 354	0. 355	0. 375	0. 385	0. 397	0. 451	0. 436	0. 408
越南	0. 351	0. 348	0. 374	0. 390	0. 379	0. 377	0. 391	0. 393	0. 409	0. 412	0. 409	0. 487	0. 505	0. 402
哈萨克斯坦	0. 312	0. 334	0. 311	0. 303	0. 379	0. 416	0. 433	0. 430	0. 438	0. 432	0. 415	0. 486	0. 506	0. 400
罗马尼亚	0. 325	0. 332	0. 338	0. 311	0. 380	0. 367	0. 385	0. 409	0. 418	0. 409	0. 413	0. 533	0. 538	0. 397
菲律宾	0. 282	0. 310	0. 274	0. 286	0. 384	0. 397	0. 423	0. 434	0. 428	0. 417	0. 418	0. 537	0. 542	0. 395
格鲁吉亚	0. 296	0. 316	0. 296	0. 287	0. 392	0. 397	0. 416	0. 435	0. 425	0. 433	0. 429	0. 496	0. 501	0. 394
克罗地亚	0. 311	0. 347	0. 294	0. 278	0. 392	0. 383	0. 404	0. 407	0. 412	0. 413	0. 409	0. 496	0. 506	0. 389
巴基斯坦	0. 313	0. 319	0. 328	0. 329	0. 390	0. 396	0. 401	0. 403	0. 392	0. 391	0. 406	0. 475	0. 481	0. 386
保加利亚	0. 284	0. 295	0. 293	0. 282	0. 377	0. 386	0. 400	0. 405	0. 413	0. 428	0. 424	0. 500	0. 516	0. 385

续表

国家	2007 年	2008 年	2009 年	2010 年	2011 年	2012 年	2013 年	2014 年	2015 年	2016 年	2017 年	2018 年	2019 年	平均值
俄罗斯	0.275	0.302	0.268	0.264	0.364	0.368	0.389	0.407	0.411	0.405	0.414	0.519	0.529	0.378
黎巴嫩	0.218	0.213	0.242	0.349	0.405	0.398	0.405	0.406	0.422	0.429	0.422	0.484	0.471	0.374
塔吉克斯坦	0.246	0.257	0.255	0.290	0.392	0.399	0.404	0.404	0.409	0.426	0.414	0.471	0.477	0.373
亚美尼亚	0.226	0.234	0.237	0.247	0.373	0.402	0.424	0.413	0.407	0.424	0.431	0.505	0.521	0.373
阿尔巴尼亚	0.229	0.205	0.272	0.322	0.398	0.387	0.390	0.392	0.401	0.412	0.427	0.484	0.462	0.368
老挝	0.265	0.266	0.284	0.227	0.347	0.335	0.413	0.402	0.391	0.393	0.398	0.471	0.460	0.358
柬埔寨	0.251	0.243	0.280	0.320	0.394	0.405	0.400	0.373	0.370	0.379	0.379	0.422	0.430	0.357
摩尔多瓦	0.289	0.261	0.337	0.246	0.360	0.354	0.366	0.375	0.369	0.355	0.370	0.451	0.467	0.354
塞尔维亚	0.235	0.258	0.231	0.208	0.350	0.347	0.360	0.370	0.375	0.383	0.396	0.488	0.492	0.346
孟加拉国	0.210	0.211	0.230	0.268	0.373	0.363	0.366	0.369	0.361	0.369	0.383	0.455	0.450	0.339
乌克兰	0.241	0.272	0.230	0.216	0.340	0.357	0.356	0.364	0.368	0.349	0.366	0.458	0.472	0.338
蒙古	0.201	0.215	0.206	0.244	0.362	0.369	0.372	0.373	0.382	0.372	0.365	0.431	0.440	0.333
吉尔吉斯斯坦	0.186	0.203	0.190	0.193	0.349	0.344	0.363	0.377	0.380	0.380	0.385	0.445	0.444	0.326
尼泊尔	0.183	0.202	0.184	0.185	0.343	0.350	0.355	0.365	0.374	0.373	0.375	0.462	0.469	0.325
波黑	0.154	0.177	0.151	0.176	0.347	0.363	0.390	0.390	0.365	0.369	0.367	0.435	0.435	0.317
也门	0.120	0.145	0.115	0.137	0.313	0.32	0.328	0.322	0.303	0.303	0.306	0.365	0.354	0.264

资料来源：根据《全球竞争力报告》计算而得。

投资便利化水平被分成四个等级，投资便利化水平得分处于0.6~1.0为非常便利，0.5~0.6为比较便利，0.3~0.5为一般便利，0.3以下为不便利。由表4-14可知，投资便利化水平达到非常便利等级的国家，由2007年和2013年仅有新加坡1个国家，到2019年增加至7个，包括新加坡、以色列、阿联酋、马来西亚、卡塔尔、沙特阿拉伯和爱沙尼亚，占比为13.5%。比较便利等级的国家从2007年和2013年的6个增加至2019年的28个。巴林、埃及、捷克、斯洛文尼亚等国家的投资便利化水平有所提高。处于一般投资便利化水平的沿线国家较多，2007年该等级的国家占比为50.0%，2013年该等级的国家占比为86.5%，2019年的占比下降为32.7%，下降了53.8个百分点；处于不便利等级的国家从2007年的19个国家减少至2013年的0个国家，表明沿线国家投资便利化水平有较大提升。

表4-14　2007年、2013年、2019年“一带一路”沿线国家投资便利化水平等级

等级	2007年		2013年		2019年	
	国家（个）	占比（%）	国家（个）	占比（%）	国家（个）	占比（%）
非常便利（0.6~1.0）	1	1.9	1	1.9	7	13.5
比较便利（0.5~0.6）	6	11.5	6	11.5	28	53.8
一般便利（0.3~0.5）	26	50.0	45	86.5	17	32.7
不便利（0.3以下）	19	36.5	0	0	0	0

从整体层面分析发现，52个沿线样本国家的投资便利化水平，在2007~2019年均呈现增长趋势。尤其在“一带一路”倡议提出后，增长更为显著。但是由52个国家在该时间段的投资便利化水平平均得分可知，不同国家间有较大差异。其中，年均投资便利化水平最高的是新加坡，为0.684；位列第二的是卡塔尔，为0.568；阿联酋位居第三，为0.567；排名靠后的是尼泊尔、波黑和也门。

4.3.5.2　区域分析

根据上文划分好的6个“一带一路”沿线地区，计算出各区域投资便利化水平平均值，如表4-15所示。由表4-15可见，2007~2019年“一带一路”沿线各区域的投资便利化水平均呈上升趋势。“一带一路”倡议提出后，

表4－15　2007～2019年“一带一路”沿线各区域投资便利化水平

地区	2007年	2008年	2009年	2010年	2011年	2012年	2013年	2014年	2015年	2016年	2017年	2018年	2019年	均值
东盟	0.394	0.400	0.409	0.419	0.441	0.448	0.467	0.466	0.460	0.459	0.465	0.548	0.563	0.457
西亚	0.420	0.425	0.434	0.444	0.448	0.453	0.460	0.456	0.455	0.460	0.460	0.548	0.562	0.464
南亚	0.323	0.333	0.333	0.345	0.397	0.396	0.404	0.402	0.405	0.409	0.410	0.495	0.492	0.396
中亚	0.248	0.265	0.252	0.262	0.373	0.386	0.400	0.404	0.409	0.413	0.405	0.467	0.476	0.366
中东欧	0.344	0.354	0.354	0.349	0.407	0.401	0.420	0.427	0.432	0.434	0.437	0.522	0.524	0.416
东亚及独联体	0.272	0.281	0.283	0.265	0.371	0.381	0.394	0.400	0.399	0.398	0.406	0.483	0.493	0.371

资料来源：根据《全球竞争力报告》计算所得。

东盟、西亚、中东欧地区投资便利化水平的年均增长率有较大提升。其中，西亚地区投资便利化水平的年均增长率从“一带一路”倡议前的1.3%增至倡议后的3.1%。而其他地区投资便利化水平的年均增长率放缓。2007～2019年沿线各区域平均投资便利化水平最高的是西亚，东盟紧随其后。中东欧位居第三、南亚位列第四。东亚及独联体、中亚的平均得分相近，但中亚的投资便利化水平平均得分最低。

4.3.6 投资便利化对中国对“一带一路”沿线国家直接投资区位选择影响实证研究

4.3.6.1 模型设定、变量选取与数据来源

首先，对投资引力模型进行构建和拓展，确定该模型的核心解释变量和被解释变量，分别是投资便利化水平和中国对沿线国家对外直接投资存量，并选取其他合适的变量作为控制变量。

构建的具体模型如公式（4－15）所示：

$$\ln OFDI_{jt} = \beta_0 + \beta_1 \ln TWIFI_{jt} + \beta_2 \ln GDP_{jt} + \beta_3 \ln DIST_j + \beta_4 \ln LABOR_{jt} + \beta_5 \ln OPEN_{jt} + \beta_6 \ln CD_{jt} + \beta_7 \ln BIT_{jt} + \varepsilon_{jt} \quad (4-15)$$

其中，j 表示“一带一路”沿线国家，$j=1$，2，…，52；t 表示年份，$t=$ 2007，2008，…，2019；β_0，…，β_7 为模型的回归系数；ε_{jt} 为随机扰动项。变量选取与数据来源情况如表4－16所示。

表4－16 变量选取与数据来源

变量	变量名称	衡量指标	预期符号	数据来源
被解释变量	中国对外直接投资存量（$OFDI_{jt}$）	t 年中国对 j 国 OFDI 存量	+	《中国对外直接投资统计公报》
解释变量	投资便利化水平（$TWIFI_{jt}$）	t 年 j 国投资便利化水平	+	前文测算所得

续表

变量	变量名称	衡量指标	预期符号	数据来源
控制变量	沿线国家经济规模（GDP_{jt}）	t 年 j 国国内生产总值	+	世界银行数据库
	双边地理距离（$DIST_j$）	中国与 j 国首都之间的地理距离	-	世界银行数据库
	沿线国家劳动力规模（$LABOR_{jt}$）	t 年 j 国劳动力总数	+	世界银行数据库
	沿线国家对外开放程度（$OPEN_{jt}$）	t 年 j 国的进出口额占本国 GDP 的比重	+	世界银行数据库
	双边文化距离（CD_{jt}）	Hofstede 网站 4 个一级指标衡量 t 年 j 国文化距离	+	Hofstede 网站（https：//geerthostede.com）
	投资合作信任度（BIT_{jt}）	t 年中国与 j 国签订双边投资协定生效年份数	+	联合国贸发会议数据库

注：“预期符号”中“+”代表正向影响，“-”代表负向影响。

（1）$OFDI_{jt}$表示 t 时期中国对沿线国 j 国的 OFDI 存量。选取其为被解释变量，并对该变量取对数，以缓解异方差问题。

（2）$TWIFI_{jt}$表示 t 时期沿线国 j 国的投资便利化水平，是该模型的核心解释变量，由前文测算所得。其分指标宏观经济环境（M）、营商环境（I）、基础设施质量（Q）、金融服务效率（F）、科学教育供给水平（E）、制度环境（R）同样由前文测算所得。沿线国家投资便利化水平越高，越有利于吸引外资流入，对中国对外直接投资产生正向影响。

（3）GDP_{jt}表示 t 时期沿线国家 j 的经济规模，以沿线国家的 GDP 衡量。市场寻求型对外直接投资多投资于市场规模较大的国家。因此，沿线国家的市场规模与中国对外直接投资正相关。

（4）$DIST_j$ 表示中国与沿线国家 j 之间的地理距离，以两国首都间地理距离衡量。地理距离较大，会使得运输、投资等成本增加。因此，双边地理距离与中国对外直接投资负相关。

（5）$LABOR_{jt}$表示 t 时期沿线国家 j 的劳动力规模，用劳动力总数衡量。沿线国家劳动力规模越大，劳动力成本越低，越有利于其吸引外资流入。因此，沿线国家劳动力规模与中国对外直接投资正相关。

（6）$OPEN_{jt}$表示 t 时期沿线国家 j 的对外开放程度，由进出口贸易额占 GDP 的百分比衡量。对外开放程度越高，就越易使沿线国家吸引外资流入。因此，沿线国家的对外开放程度与中国对外直接投资正相关。

（7）CD_{jt}表示 t 时期中国与“一带一路”沿线国家 j 的文化距离。测算文化距离的方法参考綦建红、杨丽（2012），利用 Hofstede 网站的相关数据计算所得。文化距离反映两国的文化差异。从已有研究来看，关于文化距离对于对外直接投资区位选择的影响得出的结论并不一致。有学者的研究得出文化距离对于对外直接投资的影响为负，也有学者认为，从微观层面来看，文化差异在跨国企业对外直接投资时有一定的积极作用，多元化思想有利于企业发展。因此，从微观层面来看，两国的文化距离与中国对外直接投资正相关。

（8）BIT_{jt}表示 t 时期中国与“一带一路”沿线国家 j 的投资合作度。参考协天紫光（2019）的衡量方法，以两国签订双边投资协定生效年份数衡量。生效年份数越长，中国与该国家的投资合作度越高，越有利于吸引外资流入。因此，双方的投资合作度与中国对外直接投资正相关。

各变量的描述性统计分析，如表 4－17 所示。

表 4－17　　各变量描述性统计分析

变量	样本容量（个）	均值	标准差	最小值	最大值
OFDI	676	150726	436365	32	5.264e+06
TWIFI	676	0.423	0.0985	0.115	0.783
GDP	676	2.240e+07	3.890e+07	368071	2.870e+08
DIST	676	5680	1763	1166	8928
LABOR	676	2.300e+07	6.710e+07	181974	4.950e+08
OPEN	676	100.5	53.20	25.28	437.3
CD	676	1.934	1.017	0.475	5.046
BIT	676	15.21	8.960	－10	34
M	676	0.0617	0.00856	0.0153	0.0829
I	676	0.150	0.0294	0.0399	0.230
Q	676	0.0297	0.0173	－0.00410	0.105
F	676	0.0562	0.0225	0.00120	0.141
E	676	0.0386	0.0118	0.000400	0.104

4.3.6.2 实证检验与结果分析

使用 STATAT 16.0 软件进行实证研究。首先进行模型检验，然后依据检验结果构建相应模型，检验沿线国家的投资便利化水平对中国对外直接投资的影响。

（1）算得各解释变量的方差膨胀因子（VIF）均小于 10，可知数据间无多重共线性，见表 4－18。为确定面板数据模型，首先，进行 F 检验，以确定是混合效应模型，还是固定效应模型。结果显示 F 统计量为 97.46，p 值为 0.0000，拒绝原假设，即没有混合效应。其次，进行 Hausman 检验，以便在随机效应模型和固定效应模型中选择。结果显示其统计量为 116.40，伴随概率为 0.0000，则拒绝原假设，即没有随机效应。因此，选择固定效应模型，对沿线国家的投资便利化总水平和 6 个一级指标进行实证分析。

表 4－18　　各解释变量 VIF 检验结果

变量	VIF	1/VIF
ln*LABOR*	6.25	0.160115
ln*GDP*	5.31	0.188146
ln*OPEN*	1.84	0.544359
ln*TWIFI*	1.65	0.604432
ln*DIST*	1.61	0.620063
ln*CD*	1.31	0.761433
ln*BIT*	1.10	0.911328
VIF 均值	2.73	

（2）运用 STATA 16.0 软件，应用 2007～2019 年“一带一路”沿线 52 个国家的面板数据，就沿线国家投资便利化水平对中国对外直接投资区位选择的影响进行实证分析。回归结果如表 4－19 所示。

表 4-19　　投资引力模型全样本回归结果

变量	(1)	(2)	(3)	(4)	(5)	(6)	(7)
ln*GDP*	0.437*** (3.81)	0.600*** (5.77)	0.595*** (5.15)	0.411*** (4.22)	0.528*** (4.86)	0.645*** (5.38)	0.447*** (4.09)
ln*DIST*	-3.298*** (-19.97)	-3.385*** (-19.69)	-3.366*** (-18.92)	-3.437*** (-20.70)	-3.410*** (-19.64)	-3.396*** (-18.30)	-3.231*** (-19.93)
ln*LABOR*	0.587*** (5.06)	0.480*** (4.17)	0.466*** (3.92)	0.629*** (5.75)	0.510*** (4.45)	0.430*** (3.52)	0.605*** (5.25)
ln*OPEN*	0.0471 (0.24)	0.0647 (0.32)	0.0656 (0.32)	0.135 (0.70)	0.117 (0.59)	0.121 (0.60)	0.144 (0.74)
ln*CD*	0.458*** (3.06)	0.470*** (3.12)	0.445*** (2.93)	0.417*** (2.88)	0.465*** (3.10)	0.451*** (2.96)	0.458*** (3.06)
ln*BIT*	0.786*** (5.71)	0.865*** (6.56)	0.847*** (6.21)	0.594*** (4.26)	0.803*** (5.92)	0.861*** (6.43)	0.772*** (5.59)
ln*TWIFI*	1.492*** (3.30)						
ln*M*		1.193* (1.78)					
ln*I*			0.652* (1.84)				
ln*Q*				0.787*** (7.96)			
ln*F*					0.516*** (3.14)		
ln*E*						0.111* (1.73)	
ln*R*							0.921*** (3.28)
常数项	20.63*** (8.65)	22.19*** (6.93)	20.29*** (7.59)	23.37*** (10.12)	21.22*** (8.48)	19.14*** (7.68)	20.27*** (8.68)
样本数	589	589	589	588	589	589	589
R^2	0.6275	0.6200	0.6180	0.6514	0.6236	0.6164	0.6307

注：括号内的值是T统计量，*、**、***分别表示在10%、5%、1%的置信水平上显著。

首先，对回归结果进行分析。所有解释变量回归系数的符号与理论预期相符。具体分析如下：

①投资便利化水平（ln*TWIFI*）：该变量与中国对外直接投资呈现正相关关系。1.492是其回归系数，在1%置信水平上显著。当该变量提升1%，会促使中国对沿线国家的直接投资增加1.492%。表明沿线国家投资便利化水平的提升，是吸引中国对外直接投资的正向影响因素。

②沿线国家经济规模（ln*GDP*）：“一带一路”沿线国家的经济规模与中国对外直接投资呈现正相关关系。0.437为其回归系数，在1%置信水平上显著。当沿线国家经济规模提升1%，会促使中国对沿线国家对外直接投资增加0.437%。表明沿线国家经济规模扩大，是吸引中国对外直接投资的正向影响因素。

③国家间地理距离（ln*DIST*）：该变量与中国对外直接投资呈现负相关关系。-3.298是其回归系数，在1%置信水平上显著。每增加1%的地理距离，中国对沿线国家直接投资会减少3.298%。表明双方地理距离阻碍中国对其直接投资。

④劳动力规模（ln*LABOR*）：沿线国家劳动力规模与中国直接投资呈现正相关关系。0.587是其回归系数，在1%置信水平上显著。沿线国家的劳动力规模每增加1%，中国对沿线国家或地区的对外直接投资会增加0.587%。这表明沿线国家的劳动力规模对中国对沿线国家对外直接投资有正向影响，劳动力规模越大的沿线国家，意味着更低的劳动力价格，越有利于吸引中国外向型劳动密集型制造业对外直接投资。

⑤对外开放度（ln*OPEN*）：沿线国家对外开放度与中国对外直接投资正相关。0.0471是该变量的回归系数，影响较小且不显著。沿线国家对外开放度增加1%，中国对沿线国家对外直接投资增加0.0471%。

⑥国家间文化距离（ln*CD*）：国家间文化距离与中国对外直接投资呈正相关关系。0.458是其回归系数，在1%置信水平上显著。当该变量增加1%，中国对沿线国家对外直接投资会增加0.458%。这表明国家间的文化距离对中国对沿线国家对外直接投资产生正向影响，与李等（Li et al.，2016）的结论一致。文化差异带来的多元化思想促进了中国对沿线国家直接投资。

⑦投资合作度（ln*BIT*）：国家间的投资合作度与中国对外直接投资呈正相关关系，0.786是其回归系数，在1%置信水平上显著。国家间的投资合作

度增加 1%，中国对沿线国家或地区的对外直接投资会增加 0.786%。这表明国家间的投资合作度，对中国对沿线国家对外直接投资产生正向影响。

4.3.6.3 投资便利化一级指标全样本回归结果分析

为了研究“一带一路”沿线国家投资便利化各一级指标，即宏观经济环境（M）、营商环境（I）、基础设施环境（Q）、金融服务效率（F）、科学教育供给水平（E）、制度环境（R）对中国对外直接投资区位选择的影响，将公式（4－15）中的投资便利化总水平替换成投资便利化 6 个一级指标，各一级指标的预期符号为正。回归结果如表 4－19 所示，具体结果分析如下：

（1）宏观经济环境（M）指标在 10% 的置信水平上显著为正，沿线国家的宏观经济环境每改善 1%，中国对沿线国家对外直接投资增加 1.193%。沿线国家良好的宏观经济环境与中国对外直接投资呈正相关关系。

（2）营商环境（I）指标在 10% 的置信水平上显著为正，沿线国家的营商环境每优化 1%，中国对沿线国家对外直接投资增加 0.652%。沿线国家优质的营商环境与中国对外直接投资呈正相关关系。

（3）基础设施环境（Q）在 1% 的置信水平上显著为正，沿线国家的基础设施环境每改善 1%，中国对沿线国家对外直接投资增加 0.787%。沿线国家健全的基础设施建设与中国对外直接投资呈正相关关系。

（4）金融服务效率（F）在 1% 的置信水平上显著为正，沿线国家的金融服务效率每提高 1%，中国对沿线国家对外直接投资增加 0.516%。沿线国家高效的金融服务体系与中国对外直接投资呈正相关关系。

（5）科学教育供给水平（E）在 10% 的置信水平上显著为正，沿线国家的科学教育供给水平每提高 1%，中国对沿线国家对外直接投资增加 0.111%。虽然该指标回归结果显著，但是其回归系数较小。其主要原因是沿线国家中发展中国家居多，中国对外直接投资时对沿线国家的科学教育供给水平并非重点考察因素。沿线国家较高的科学教育供给水平与中国对外直接投资呈正相关关系。

（6）制度环境（R）在 1% 的置信水平上显著为正，沿线国家制度环境每改善 1%，中国对其直接投资增加 0.921%。沿线国家良好的制度环境，与中国对外直接投资呈正相关关系。

4.3.6.4 稳健性检验

由于沿线国家在经济发展方面有较大差异，本书所涉及的样本国家众多，各国的投资便利化水平差别较大，为了检验模型结果的非随机性，将样本国家以经济发展水平和地理位置为依据，进行分组回归。具体分组情况如表4-12所示。进一步研究时变条件下，分样本国家的投资便利化水平对中国对外直接投资区位选择的影响。

运用STATA 16.0软件研究不同样本国家的投资便利化水平对中国对外直接投资区位选择的影响，结果如表4-20所示。

表4-20　分样本回归检验结果

变量	经济发展水平			地理位置分布			
	发达经济体	发展中经济体	转型经济体	东盟及南亚	西亚及中亚	中东欧	独联体及东亚
ln*GDP*	1.505*** (10.83)	0.864*** (8.50)	0.938*** (7.39)	0.256*** (3.31)	0.990*** (10.98)	1.165*** (9.12)	2.003*** (10.60)
ln*DIST*	-5.834*** (-2.78)	-2.352*** (-6.66)	-6.640*** (-15.89)	-0.544 (-1.29)	-7.581*** (-16.04)	-3.977** (-2.37)	-3.921*** (-11.10)
ln*LABOR*	0.193** (2.28)	0.185*** (3.76)	0.050 (0.61)	0.161*** (3.67)	0.072** (2.25)	0.181*** (2.93)	0.227* (1.95)
ln*OPEN*	0.187 (0.38)	0.493 (1.86)	2.101*** (3.07)	0.406** (2.09)	1.142*** (3.03)	0.428 (1.08)	2.793** (2.59)
ln*CD*	1.030** (2.51)	0.296 (1.44)	1.986 (1.58)	1.111*** (5.92)	2.272*** (11.42)	1.192*** (3.48)	8.456*** (6.23)
ln*BIT*	0.780*** (5.14)	1.121*** (6.48)	1.421*** (5.10)	0.889*** (4.65)	0.894*** (3.87)	0.791*** (4.64)	1.702*** (4.64)
ln*TWIFI*	2.271*** (2.60)	1.727** (1.91)	0.569 (0.42)	2.080*** (3.10)	2.004** (2.01)	1.541* (1.69)	1.003* (1.87)
常数项	-79.799*** (-4.56)	5.034 (1.36)	51.887*** (10.26)	-0.797 (-0.15)	55.087*** (11.71)	-58.975*** (-3.79)	-3.059 (-0.30)
F统计量	70.13	39.34	78.90	75.18	95.78	25.11	111.69
R^2	0.7363	0.5655	0.8034	0.7092	0.7755	0.6731	0.8668

注：括号内的值是T统计量，*、**、***分别表示在10%、5%、1%的置信水平上显著。

（1）按照经济发展水平分类的检验结果分析。

投资便利化水平对不同经济发展水平的国家影响不同。对“一带一路”沿线的发达经济体来说，拟合优度为0.7363，表明解释变量的变化可以解释中国OFDI区位选择变化的73.63%，能够有效解释中国对外直接投资的变化。投资便利化水平在发达经济体国家的回归系数是2.271，并且在1%的水平上显著，说明发达经济体的投资便利化水平与中国对外直接投资显著正相关，投资便利化水平每提升1%，中国对外直接投资就增长2.271%。

对“一带一路”沿线的发展中经济体来说，拟合优度为0.5655，表明解释变量的变化可以解释中国对外直接投资区位选择变化的56.55%，能够较有效解释中国对外直接投资区位选择的变化。投资便利化水平在发展中经济体国家的回归系数是1.727，并且在5%的水平上显著，说明发展中经济体国家的投资便利化水平与中国对外直接投资显著正相关，投资便利化水平每提升1%，中国对外直接投资就增长1.727%。

对“一带一路”沿线的转型经济体来说，拟合优度为0.8034，表明解释变量的变化可以解释中国对外直接投资变化的80.34%，能够有效解释中国对外直接投资区位选择的变化。投资便利化水平在转型经济体国家的回归系数是0.569，未通过显著性检验，说明转型经济体的投资便利化水平，不是中国对其直接投资区位选择的重点影响因素。

（2）按照地理位置分类的检验结果分析。

东盟及南亚地区回归结果拟合优度为0.7092，表明解释变量的变化可以解释中国对外直接投资变化的70.92%，能够较有效解释中国对外直接投资的变化。投资便利化水平在东盟及南亚地区的回归系数是2.080，并且在1%的水平上显著，说明东盟及南亚地区的投资便利化水平与中国对外直接投资显著正相关，投资便利化水平每提升1%，中国对外直接投资就增长2.080%。

西亚及中亚地区回归结果拟合优度为0.7755，表明解释变量的变化可以解释中国对外直接投资区位选择变化的77.55%，能够有效解释中国对外直接投资的变化。投资便利化水平在西亚及中亚地区的回归系数是2.004，并且在5%的水平上显著，说明西亚及中亚地区的投资便利化水平与中国对外直接投资显著正相关，投资便利化水平每提升1%，中国对外直接投资就增长2.004%。

中东欧地区回归结果拟合优度为0.6731，表明解释变量的变化可以解释中国对外直接投资区位选择变化的67.31%，能够较有效解释中国对外直接投资区位选择的变化。投资便利化水平在中东欧地区的回归系数是 1.541，并且在 10% 的水平上显著，说明中东欧地区的投资便利化水平与中国对外直接投资呈正相关关系，投资便利化水平每提升 1%，中国对外直接投资就增长 1.541%。

独联体及东亚地区回归结果拟合优度为 0.8668，表明解释变量的变化可以解释中国对外直接投资区位选择变化的 86.68%，能够有效解释中国对外直接投资区位选择的变化。投资便利化水平在独联体及东亚地区的回归系数是 1.003，并且在 10% 的水平上显著，说明独联体及东亚地区的投资便利化水平与中国对外直接投资呈正相关关系，投资便利化水平每提升 1%，中国对外直接投资就增长 1.003%。

4.3.6.5 异质性检验

为了进一步研究“一带一路”倡议以及对外直接投资动机对投资便利化对中国对外直接投资的异质性影响，下面分别从倡议提出前后及不同投资动机视角进行回归检验。

（1）“一带一路”倡议提出前后回归检验。

“一带一路”倡议有益于推动沿线各区域协调发展，从而促进沿线国家经济发展。该倡议提出后，沿线国家投资便利化水平对中国对外直接投资的影响有较大可能会发生变化。表 4-21 的回归结果对该结论进行了验证。沿线国家投资便利化水平系数，在该倡议提出前为 0.257，倡议提出后为 1.941，升高了 1.684，表明该倡议使得我国 OFDI 更倾向于投资便利化水平较高的沿线国家。

表 4-21　“一带一路”倡议提出前后投资便利化对我国 OFDI 区位选择影响的回归结果

变量	“一带一路”倡议前	“一带一路”倡议后
ln*TWIFI*	0.257* (1.65)	1.941*** (2.60)
ln*GDP*	0.528*** (3.33)	0.531*** (3.63)
ln*DIST*	-3.350*** (-13.39)	-3.297*** (-14.98)

续表

变量	“一带一路”倡议前	“一带一路”倡议后
ln*LABOR*	0.613*** (4.03)	0.468*** (3.00)
ln*OPEN*	0.768*** (2.57)	0.141 (0.56)
ln*CD*	0.569*** (2.85)	0.327 (1.58)
ln*BIT*	0.398*** (2.31)	0.641*** (3.08)
常数项	14.738*** (4.19)	23.023*** (7.59)

注：括号内的值是T统计量，*、**、***分别表示在10%、5%、1%的置信水平上显著。

（2）企业投资动机回归检验。

投资动机不同时，沿线国家投资便利化对中国OFDI的影响可能会有所差异。采用如下实证模型，进行回归检验：

$$\ln OFDI_{ijt} = \phi_0 + \phi_1 \ln TWIFI_{jt} + \phi_2 \ln Moti_{it} + \phi_3 \ln TWIFI_{jt} \times \ln Moti_{it} + \phi_4 \sum X_{jt} + \varepsilon_{ijt} \quad (4-16)$$

其中，$Moti_{it}$表示中国企业在时期t的投资动机，如市场寻求型动机（*GDPP*）、资源寻求型动机（*RES*）和技术寻求型动机（*TEC*），分别以沿线国家人均GDP、矿物金属和燃料在出口中的占比以及高科技产品在出口中的占比来衡量。X表示控制变量。此外，构建沿线国家投资便利化水平与企业对外直接投资动机的交互项，由此分析企业投资动机的调节效应。数据来源于世界银行数据库。

实证结果见表4-22，投资便利化与市场寻求型动机（$\ln TWIFI \times \ln GDPP$）和技术寻求型动机（$\ln TWIFI \times \ln TEC$）的交互项回归系数，在1%的水平下显著为正，而投资便利化与资源寻求型动机（$\ln TWIFI \times \ln RES$）的交互项回归系数不显著。表明沿线国家投资便利化水平对以市场和技术寻求为动机的中国企业OFDI区位选择有较显著调节效应。

表 4-22　　投资便利化对不同投资动机 OFDI 区位选择影响检验

	(1)	(2)	(3)	(4)	(5)	(6)
	市场寻求型		资源寻求型		技术寻求型	
ln*TWIFI*	13.176*** (9.09)	14.946*** (10.79)	1.382*** (3.08)	0.551 (1.32)	1.251*** (2.80)	0.794* (1.93)
ln*TWIFI*×ln*GDPP*	1.814*** (10.11)	1.822*** (10.13)				
ln*TWIFI*×ln*RES*			0.089 (1.43)	0.076 (1.44)		
ln*TWIFI*×ln*TEC*					0.164*** (2.79)	0.194*** (3.68)
控制变量	Y	Y	Y	Y	Y	Y
时间固定效应	N	Y	N	Y	N	Y
样本数	589	589	588	588	589	589
R^2	0.6741	0.7218	0.6306	0.6792	0.6329	0.6848

注：括号内的值是 T 统计量，*、**、*** 分别表示在 10%、5%、1% 的置信水平上显著。

（3）门槛回归结果分析。

通过分样本检验发现，异质性的沿线国家提高投资便利化水平时，对中国对外直接投资区位选择产生的影响可能是非线性的。因此，建立面板门槛模型，进一步检验沿线国家投资便利化水平对中国对外直接投资区位选择，是否会因为沿线国家的经济规模和文化距离位于不同范围而产生不同的影响。借鉴 Hansen（1999）的研究，选取沿线国家经济规模和文化距离作为门槛变量，构建面板门槛模型，以研究其非线性门槛效应，如公式（4-17）所示。

$$\ln OFDI_{it} = \alpha_0 + \alpha_1 TWIFI_{it} \times I(thr \leqslant \gamma) + \alpha_2 TWIFI_{it} \times I(thr > \gamma) + \sum \beta_i X_{it} + \mu_i + \varepsilon_{it} \tag{4-17}$$

公式（4-17）中，thr 是门槛变量，γ 是特定门槛值，其余变量与上文相同。

首先，检验门槛效应是否存在，以此明确门槛个数和模型形式。使用 STATA 16.0 软件，反复抽样 300 次后计算，结果如表 4-23 所示。结果表明，沿线国家的经济规模和文化距离的单一门槛效应存在于 5% 的显著性水平上，测算所得的门槛值分别是22.2480和0.6347，p值均为0.0000。

表4-23　　门槛显著性检验结果

门槛变量	门槛类型	F统计量	p值	门槛值	95%置信区间
ln*GDP*	单一门槛	88.79	0.0000	22.2480	[22.2198，22.3036]
ln*CD*	单一门槛	70.43	0.0000	0.6347	[0.6340，0.6352]

其次，构建面板门槛模型，回归结果如表4-24所示。当沿线国家经济规模的对数值在门槛值22.248之下时，投资便利化系数是4.827，且沿线国家投资便利化水平对中国对外直接投资区位选择的影响，在1%的水平上显著为正；当沿线国家的经济规模的对数值在门槛值22.248之上时，系数为0.967，该影响在5%的水平上显著。表明在经济规模相对较小的沿线国家，投资便利化水平的提高便于有效吸引中国对外直接投资。当双边文化距离的对数值低于门槛值0.635时，沿线国家投资便利化水平对中国对外直接投资的影响不显著，系数为0.856。当双边文化距离的对数值高于门槛值0.635时，该影响在1%的水平上显著，系数为3.799。表明双边文化距离较大时，沿线国家投资便利化水平提升有利于吸引中国对外直接投资。

表4-24　　门槛模型回归结果

解释变量	ln*GDP*		ln*CD*	
	门槛区间	估计系数	门槛区间	估计系数
ln*TWIFI*	ln*GDP*≤22.248	4.827*** (7.71)	ln*CD*≤0.635	0.856 (1.84)
	ln*GDP*>22.248	0.967** (2.22)	ln*CD*>0.635	3.799*** (8.13)
年份变量	Yes		Yes	
样本数	589		589	
R^2	0.4380		0.3345	

注：括号内的值是T统计量，*、**、***分别表示在10%、5%、1%的置信水平上显著。

4.3.7 结论与建议

根据前文对沿线国家投资便利化水平的测评，构建模型研究投资便利化水平对中国对“一带一路”沿线国家对外直接投资区位选择的影响，得到以下结论，并据此提出相关政策建议。

4.3.7.1 主要结论

首先对投资便利化对对外直接投资区位选择的影响进行理论分析，然后建立投资便利化水平测评指标体系，用熵值法，求得沿线国家投资便利化水平。再选取 2007 ~ 2019 年 52 个沿线国家的相关数据，构建投资引力模型和面板门槛回归模型，就沿线国家投资便利化水平对中国对外直接投资区位选择的影响进行实证分析。得出的主要结论如下：

（1）从整体来看，2007 ~ 2019 年“一带一路”沿线国家的投资便利化水平呈增长趋势。尤其是在“一带一路”倡议提出后，增长尤为显著。但是，沿线不同区域国家间的投资便利化水平存在较大差异。2019 年，有 7 个国家处于非常便利等级，包括新加坡、以色列、阿联酋等，处于比较便利等级和一般便利等级的国家数量有较大增长，占比分别为 53.7% 和 14.8%。到 2019 年已经不存在不便利等级的国家。从区域方面来看，西亚地区的投资便利化水平最高，平均得分为 0.464。位居第二的是东盟国家，平均得分为 0.457。中东欧地区位列第三，平均得分 0.416。南亚、独联体及东亚地区国家紧随其后，平均得分在 0.371 左右。最低的是中亚地区，平均得分为 0.366。

（2）“一带一路”沿线国家投资便利化水平对中国对外直接投资产生正影响。沿线国家的经济规模、劳动力规模、对外开放度、双边文化距离、双边投资合作度以及投资便利化总水平与中国对外直接投资呈正相关关系。双边地理距离与中国对外直接投资呈负相关关系。此外，沿线国家的投资便利化水平每提高 1%，中国对其对外直接投资存量会增加 1.492%。投资便利化 6 个一级指标，均对中国对外直接投资产生正影响，但是影响程度不同。其中，影响最大的是沿线国家宏观经济环境，制度环境的影响次之，然后是基础设施建设和营商环境，金融服务效率和科学教育供给水平的影响较小。

（3）分样本稳健性检验结果，验证了投资便利化水平对中国对外直接投资仍产生正影响。通过分样本国家研究，不同经济发展水平国家的投资便利化水平均与中国对外直接投资正相关，发达经济体国家、发展中经济体国家投资便利化水平对中国对外直接投资的影响较大，转型经济体国家的影响不显著。不同地理位置国家的投资便利化水平均与中国对外直接投资正相关，东盟及南亚地区、西亚及中亚地区的投资便利化水平对中国对外直接投资的影响较大，中东欧地区的投资便利化水平对中国对外直接投资影响较小，独联体及东亚地区的投资便利化水平对中国对外直接投资的影响最小。

（4）异质性检验结果表明，“一带一路”倡议提出后，沿线国家投资便利化水平提升，使得投资便利化水平对中国对外直接投资的影响更大。“一带一路”沿线国家投资便利化水平对市场寻求型对外直接投资和技术寻求型对外直接投资的影响较大，对资源寻求型对外直接投资的影响不显著。

（5）面板门槛模型检验结果表明，“一带一路”沿线国家的经济规模和双边文化距离位于不同范围时，投资便利化水平对中国对外直接投资区位选择的影响不同。当沿线国家经济规模的对数小于门槛值 22.248 时，投资便利化水平的系数为 4.827；当沿线国家经济规模的对数大于门槛值 22.248 时，该系数为 0.967。当双边文化距离的对数值小于门槛值 0.635 时，沿线国家投资便利化水平的系数为 0.856；当双边文化距离的对数值大于门槛值 0.635 时，该系数为 3.799。

4.3.7.2 政策建议

（1）我国应积极推动有关投资便利化规则的双边、多边和区域谈判，也要不断加深同“一带一路”沿线各国的投资便利化建设和合作。中国政府要坚持求同存异理念，加强与“一带一路”沿线国家的文化交流，促使两国民心相通，为我国企业对沿线国家直接投资营造良好的投资环境。中国企业应不断提升自身的核心竞争力，积极参与“一带一路”建设，推动沿线国家投资便利化水平提高。

（2）我国政府应与沿线国家加强双边谈判，就政策透明、利益分配等问题达成一致，帮助沿线国家认识到投资便利化对吸引外资流入的重要影响，从而促进沿线国家完善宏观经济环境、制度环境、基础设施建设，构建公平、透明、优质的营商环境，以弥补其投资便利化建设的短板，推动对外直接投资区位分布优化。发挥我国在基础设施建设方面的竞争优势，在该领域加强同沿线国家的投资合作，促进我国基建企业在该国投资；协助沿线国家构建完善的金融市场体系，搭建投资融资平台，从而提高投融资的透明度和便捷度。努力推进人民币的跨境支付，有效减少金融服务成本，降低资金流通风险；加强与沿线国家的科技人文交流，建立科技合作园区；加强双边的政策沟通，帮助沿线国家完善对投资者的法律保护。

（3）中国企业对“一带一路”沿线国家直接投资，不仅要充分考虑其投资便利化水平，也要关注沿线国家在经济规模和文化距离等方面的差异。“一带一路”沿线国家在经济发展水平、地理位置等方面有较大差异。中国企业在对“一带一路”沿线国家直接投资时，要关注其投资环境。“一带一路”沿线国家处于投资便利化一般水平的国家众多，对外直接投资风险较大。因此，中国企业对“一带一路”沿线国家直接投资要进行充分的项目评估，高度重视投资前的准备工作。对“一带一路”沿线国家经济、政治、法律、社会、文化等进行系统考察，评估其投资便利化水平，以便有效降低投资风险。政府和相关部门应建立健全对外直接投资风险防控体系，将被投资国家投资便利化水平、制度环境等详细资料进行及时更新，以供企业对外直接投资决策参考。

4.4 企业异质性对中国对“一带一路”沿线国家直接投资区位选择影响研究
——以北京企业为例

母公司特征会影响对外直接投资决策。本节研究企业异质性对中国对“一带一路”沿线国家直接投资区位选择的影响，运用北京企业对“一带一路”沿线国家直接投资数据进行实证研究，力图为企业根据国家经济发展战略规划、东道国的实际情况及企业自身特点制定适宜的对外直接投资区位选择策略提供参考。在分析对外直接投资区位选择影响因素的基础上，运用北京企业对“一带一路”沿线国家直接投资数据进行实证研究，分析企业异质性对北京企业对沿线国家直接投资区位选择的影响。

4.4.1 文献综述

经典的对外直接投资理论主要关注东道国因素对企业对外直接投资区位选择的影响。随着21世纪后新新贸易理论的提出，企业异质性得到学者们的关注。企业异质性展示了企业资源与能力的差异性（赵云辉等，2020）。关于企业异质性研究最多的是企业生产率异质性。梅利兹等（Melitz et al.，2004）指出只有生产率最高的企业从事国际直接投资。在企业对外直接投资区位选择中，不仅应考虑东道国因素，也应考虑企业异质性对企业对外直接投资的影响。

4.4.1.1 企业异质性

已有研究指出企业的生产率、资本结构、企业规模、对外投资经验等因素对企业对外直接投资区位选择具有影响。

首先，奥塔维亚诺（Ottaviano，2010）指出企业异质性会对企业对外直接投资区位选择产生影响。生产率提高可以削弱东道国市场潜力降低，对企业对外直接投资带来的负面效应（Shao and Shang，2016）。比起对外直接投资，规模较小及生产效率较低的意大利跨国公司更喜欢通过子公司进行出口业务（Federico and Tosti，2017）。高生产率的中国企业对外直接投资多流向高收入国家而非低收入国家（Tian and Yu，2020）。肖慧敏、刘辉煌（2012）基于新新经济地理视角，得出东道国与母国的地理距离越远，企业对外直接投资进入东道国所需的门槛生产率会越高，并且生产率较低的企业投资于邻近的、需求较大的市场。生产率较高的企业更有可能投资于市场需求较小的东道国，拥有更多境外子公司和更广阔的地理空间分布。戴翔（2014）发现生产率对制造业企业“走出去”有显著正影响，而对服务业企业“走出去”则呈现出“生产率悖论”现象。蒋冠宏（2015）发现投资高收入国家的企业相比投资中低收入国家的企业，其生产率不一定高；若对外直接投资目的国为中低收入国家，投资越多国家的企业，其生产率不一定越高。苏小莉、孙玉琴（2017）发现企业生产率上升会显著提高企业对发达国家投资的可能性，显著降低其对发展中国家投资的可能性。

其次，企业的资本结构会影响对外直接投资。葛顺奇、罗伟（2013）发现资本密集度对企业对外直接投资具有促进作用。严兵等（2014）发现资本密集度等企业异质性因素并未对国有企业对外直接投资决策产生显著影响，但资本密集度越高的私有企业对外投资额也越大。李磊等（2017）研究了资本密集度对制造业和服务业对外直接投资的影响，发现其对制造业对外直接投资正向影响高于服务业。赵君丽、闫园园（2018）发现资本密集度越高的企业对外直接投资的概率也越大。

最后，企业的国际投资经验会影响对外直接投资区位选择。陈景华（2014）发现规模越大，跨国投资经验越丰富的企业对外直接投资规模越大。薛求知、帅佳旖（2019）认为企业由对外直接投资所获得的知识和经验是企业异质性的重要来源。对外直接投资经验丰富会提高企业进入东道国的概率，削弱两国制度差异带来的负面影响。赵云辉等（2020）认为具有丰富国际投资经验的企业会向与我国有制度差异的国家进行对外直接投资。跨国公司海外直接投资经验和公司自身的创新能力会影响其对外直接投资区位选择（Arvanitis et al.，2015）。

4.4.1.2 东道国因素

东道国的经济因素、自然地理因素、政治因素、文化因素等也是中国企业对外直接投资区位选择的重要影响因素。

（1）经济因素。东道国的经济发展会增加中国对其直接投资（Basile and Kayam，2015；Wang and Pan，2017；Ren and Yang，2020）。东道国市场潜力和劳动力成本会对中国对外直接投资区位选择产生影响（Ma et al.，2020；Ninni et al.，2020）。王晖、仲鑫（2020）认为东道国的市场规模、对外开放程度和技术水平等因素是影响中国制造业对外直接投资的重要因素。埃米赫尼、热贝罗蒂和圣菲利波（Amighini，Rabellotti and Sanfilippo，2011）将中国对外直接投资行业分为制造业、自然资源行业和服务业三类，针对东道国环境特征分析了我国对外直接投资区位选择，指出制造业对外直接投资应选择市场规模较大、技术较为先进的国家，自然资源行业对外直接投资应选择自然资源丰富的国家，而服务业对外直接投资应选择技术水平较高和基础设施较为完善的国家。

（2）自然地理因素。张亚斌（2016）发现东道国劳动力规模、自然资源禀赋等因素对中国对外直接投资有显著促进作用。中国对外直接投资有很强的资源寻求动机，其强烈程度甚至可以削弱文化和地理距离带来的负面影响（Wang and Pan，2017；Ren and Yang，2020）。但杨丽君（2017）认为地理距离与我国对沿线国家直接投资区位选择负相关。王晖、仲鑫（2020）提出劳动力总量、资源禀赋也影响中国制造业对外直接投资区位选择。

（3）政治因素。刘华芹（2015）认为“一带一路”沿线国家政治不稳定及走私贩毒、恐怖活动等安全风险越大，就越会制约我国对沿线国家及地区的投资。凌丹、张玉芳（2017）指出需高度重视政治关系在引导、支持和保障企业跨国投资中所起的重要作用。但陈明华等（2020）认为由于中国对外直接投资水平的提高，“一带一路”倡议、东道国投资风险等因素对中国对外直接投资的影响逐渐降低。东道国制度质量的提升有利于他国直接投资的进入（Belkhodja et al.，2017；Lv et al.，2018）。张岳然、费瑾（2020）认为中国对外直接投资具有“制度风险偏好”的特征，即我国对外直接投资倾向于流入与本国制度环境差异更大的国家。但有学者认为东道国与母国间的制度差异对母国企业对外直接投资有明显负面影响（Wang and Pan，2017；Ren and Yang，2020；赵云辉等，2020）。还有学者发现经济因素和制度因素都会影响中国跨国公司对外直接投资区位选择。与经济因素相比，制度因素在决定外国直接投资区位选择方面表现出更高的显著性、复杂性和多样性。中国企业对外直接投资区位选择具有动态性，对不同经济群体和不同时期对外直接投资区位选择具有异质性（Kang and Jiang，2012）。

（4）文化因素。东道国与中国的文化差距会对对外直接投资产生负面影响，但影响在逐步减弱（Ren and Yang，2020）。韩民春、江聪聪（2017）发现中国对“一带一路”沿线国家直接投资一般集中于文化距离近的国家。王霞等（2020）、李俊久等（2020）发现文化差异会抑制我国对“一带一路”沿线国家直接投资。孙俊新（2020）发现在考虑双边对外文化贸易后，文化距离对中国对外直接投资的制约作用下降。

关于对外直接投资区位选择的研究已取得一定成果。有关对外直接投资区位选择影响因素的研究较多关注东道国因素，国外的研究较多关注文化因素，国内研究较多关注经济因素和政治因素。近年来，企业异质性因素对对外直接投资区位选择的影响受到关注。如何在“一带一路”倡议背景下制定适宜的对外直接投资区位选择策略，对于中国企业“走出去”战略的成功实施至关重要。本书拟运用二元 Logit 选择模型考察企业异质性对“一带一路”下中国企业对外直接投资区位选择的影响。下文将研究样本从投资主体和投资东道国两个角度进行分类，多视角探讨企业异质性对中国企业对外直接投资区位选择的影响，为政府部门推进“一带一路”倡议，制定对外直接投资政策提供参考，也为中国企业对“一带一路”沿线国家对外直接投资具体实践提供借鉴。

4.4.2 对外直接投资区位选择影响因素分析

下面从企业自身因素和东道国因素两个方面来分析对外直接投资区位选择影响因素。

4.4.2.1 企业自身因素

（1）企业生产率。根据企业异质性理论，出口的沉没成本使得较高生产率的企业才能进入出口市场。高生产率使得企业在进入外国市场时具有更高竞争优势，更容易存活并进行对外直接投资。梅利茨和耶普尔（Melitz and Yeaple，2003）发现贸易能够引发生产率较高的企业进入出口市场，而生产率较低的企业只能继续为本土市场生产，甚至退出市场。由于特定区位特征的存在，具有相同生产力水平的公司很可能在某些国家成功地进行了国际化，而在其他国家则难以承受国际竞争。因此，企业生产率对不同国家企业对外直接投资区位选择的影响存在一定的不确定性。

（2）企业资本结构。指企业各种资本的价值构成及其比例关系，是企业一定时期筹资组合的结果。根据修正的米勒－莫迪利安尼模型（Modigliani Miller models），在有公司税的情况下由于负债利息支付可以用于抵税，财务杠杆降低了公司税后的加权平均资金成本。因此，企业总价值与其资本结构有关，随负债的增加而增加。企业总价值越大代表其规模越大，越容易进入国外市场进行对外直接投资。企业负债比率的增加还会使其经营者更易进行高风险活动，选择对外直接投资项目。

（3）企业的国际投资经验。相对稀缺的国际化经验成为企业异质性的重要体现（赵云辉等，2020）。丰富的国际投资经验有助于企业增强对外直接投资的信心。企业在进行国际直接投资时，可以学习国外先进的管理经验和技术水平，提升企业自身实力与国际竞争力，有利于企业更好地进入国际市场，削弱制度文化环境差异给企业对外直接投资带来的风险。

4.4.2.2 东道国因素

（1）经济因素。东道国的市场规模是吸引母国企业对其进行直接投资的重要原因之一。市场规模大的国家具有更大的投资潜力。特别是对市场寻求型对外直接投资的主要动机便是寻求更大市场以销售产品，增加企业利润，因此市场规模大的国家更能吸引外商直接投资进入。

（2）自然地理因素。东道国与母国间的距离、自然资源存量等自然地理因素也会影响企业对外直接投资区位选择。东道国与母国间的距离一定程度上衡量了企业进行对外直接投资时的运输费用和运输风险。两国间相距越远，运输风险越大、费用越高。发展中国家企业在刚开始进行对外直接投资时，会优先选择周边国家进行对外直接投资。东道国的资源存量，特别是自然资源和人力资源也是吸引国际直接投资的因素之一。

（3）政治因素。东道国的政治因素关系到企业对外直接投资项目的成功概率。一国的政治因素与在东道国直接投资所面临的政治风险相关。政治风险是一个综合指标，它与一国的宗教信仰、内外部冲突等有关。在政治风险较大的国家投资要承担资产被没收、损毁等风险。因此，一国政治风险大会抑制他国企业对其进行直接投资。东道国与母国间的政治制度差异也会抑制企业对外直接投资。

（4）文化因素。东道国与母国间的文化差异越大，母国企业进行对外直接投资时面临的挑战和风险越大。文化差异的存在使得企业不易融入当地环境，由此产生投资管理上的困难。文化差异大，还会使得企业跨国并购后的整合难度增大，不利于企业在当地进行跨国并购。因此，两国间文化差异会抑制母国企业对东道国对外直接投资。

4.4.3 企业异质性对北京企业对“一带一路”沿线国家直接投资区位选择影响实证研究

作为首都，北京是全国政治、文化、国际交往和科技创新中心，北京具有独特的战略优势。“四个中心”的城市战略地位赋予了北京独一无二的区域优势，也对其职责履行提出了高要求。在国际交往中心的定位下，企业逐渐加强对外经贸往来和投资活动，做好“一带一路”建设中的排头兵，努力将北京打造成具有国际影响力的都市。北京是我国拥有世界500强企业数量最多的城市。一大批国企与央企将总部设立在北京，这些企业在响应政府政策号召、带动北京企业“走出去”的进程中发挥了举足轻重的作用。根据北京市商务局公布的统计数据显示，2013～2019年北京境外投资规模呈增长趋势，年均增长率达12.3%。2019年，北京市参与海外投资企业共计394家，新增投资额72.63亿美元，覆盖国民经济行业共18类。

2020年，为克服新冠疫情的影响，北京制定了对于投身“一带一路”建设企业的资金支持实施方案。为投资合作企业提供一系列直接或间接补助，助力企业海外投资项目的顺利实施。政府鼓励企业积极建立同海外国家的良好合作伙伴关系，推动高质量合作项目的落成，提升互联互通水平，也为北京产业升级与经济高质量发展形成新的推动力。截至2022年，北京境外直接投资存量突破1000亿美元，其中2022年北京企业非金融类对外直接投资69.29亿美元，同比增长5.3%。①

下文采用北京企业对外直接投资数据，运用Logit模型，对企业异质性对北京企业对“一带一路”沿线国家对外直接投资区位选择的影响进行实证研究。

4.4.3.1 计量模型

Logit模型是将逻辑分布作为随机误差项的概率分布，逻辑分布的概率密度分布函数为：

$$f(t)=\frac{e^{-t}}{(1+e^{-t})^2} \tag{4-18}$$

① 京投会搭建境内外双向投资新平台［N］. 新京报，2023-03-22.

在已有研究基础上，构建如下企业对外直接投资区位选择模型：

$$Entry_{kit} = \beta_1 EP_{kt} + \beta_2 IIE_{kt} + \beta_3 CAP_{kt} + \gamma_1 GEO_{it} + \gamma_2 IDST_{it} + \gamma_3 CDST_{it} + \gamma_4 GDP_{it} + \gamma_5 HR_{it} + \gamma_6 NR_{it} + \gamma_7 POL_{it} + \mu_{kit} \quad (4-19)$$

其中，$Entry_{kit}$表示第 k 个企业在第 t 年是否会选择进入 i 国；EP_{kt}、IIE_{kt}、CAP_{kt}分别表示第 k 个企业在第 t 年的生产率、国际投资经验和资本结构；GEO_{it}、$IDST_{it}$和 $CDST_{it}$分别表示东道国 i 与母国间的地理距离及第 t 年的制度距离和文化距离；GDP_{it}、HR_{it}、NR_{it}和 POL_{it}分别表示东道国 i 在第 t 年的市场规模、劳动力规模、自然资源总量和政治风险指标。μ_{kit}是随机误差项。

4.4.3.2 变量选取与数据来源

鉴于国泰安数据库和国际国家风险指南（ICRG）的时间范围，研究的样本期为 2007 ~2018 年。此外，由于制度和文化距离指标的部分缺失以及部分企业生产率指标的缺失，最终选择了 77 家北京上市企业和“一带一路”沿线 41 个国家作为样本。变量选取和资料来源情况如表 4 –25 所示，当有企业数据缺失时，采用移动平均法补全。

表 4 –25　　变量选取与资料来源

变量类型	变量范畴		变量名称	变量含义	变量说明	资料来源
被解释变量	企业区位选择	进入与否	*ENTEY*	0：企业不在此区位进行对外直接投资 1：企业在此区位进行对外直接投资	企业是否在此区位进行对外直接投资	商务部境外投资企业名录、国泰安数据库和中国研究数据服务平台（CNRDS）
解释变量	企业异质性	企业生产率	*EP*	企业净资产收益率	衡量企业生产率	东方财富 Choice 金融数据库、各企业主页和中国研究数据服务平台（CNRDS）
		资本结构	*CAP*	企业资产负债率	衡量企业的资本结构	
		国际投资经验	*IIE*	在观测年度之前，中国企业在国外设立子公司的初始年份与当期投资年份的时间差	衡量企业的国际投资经验	

续表

<table>
<tr><th>变量类型</th><th colspan="3">变量范畴</th><th>变量名称</th><th>变量含义</th><th>变量说明</th><th>数据来源</th></tr>
<tr><td rowspan="7">解释变量</td><td rowspan="7">东道国自身因素</td><td rowspan="2">经济因素</td><td>国内生产总值</td><td>GDP</td><td>东道国 GDP</td><td>衡量东道国市场规模</td><td rowspan="3">世界银行数据库</td></tr>
<tr><td>劳动力数量</td><td>HR</td><td>东道国的劳动力总数</td><td>衡量东道国的劳动力规模</td></tr>
<tr><td rowspan="2">自然地理因素</td><td>自然资源数量</td><td>NR</td><td>东道国的自然租金占 GDP 的比例</td><td>衡量东道国的自然资源规模</td></tr>
<tr><td>地理距离</td><td>GEO</td><td>中国到东道国首都的直线距离（千米）</td><td>衡量母国与东道国间的地理距离</td><td>CEPII 数据库</td></tr>
<tr><td rowspan="2">政治因素</td><td>政治风险</td><td>POL</td><td>东道国的政治风险指标</td><td>1 = 高至 100 = 低</td><td>国际国家风险指南（ICRG）</td></tr>
<tr><td>制度差异</td><td>IDST</td><td>中国制度质量与东道国制度质量之差的绝对值</td><td>衡量母国与东道国间的制度差异</td><td>世界银行全球治理指数（WGI）</td></tr>
<tr><td>文化因素</td><td>文化距离</td><td>CDST</td><td>中国与东道国的文化距离指数</td><td>衡量母国与东道国的文化差异</td><td>HOFSTE-DEG</td></tr>
</table>

制度差异（*IDST*）通过世界银行发布的全球治理指数（WGI）数据，根据薛求知、帅佳旖（2019）构建的制度质量计算公式求得。文化距离（*CDST*）由霍夫斯泰德（Hofstede G）的网站获得的数据采用 KSI 指数计算方法所得。所有变量中企业生产率（*EP*）、资本结构（*CAP*）和国际投资经验（*IIE*）为核心解释变量，其余为控制变量。

4.4.3.3 样本选取

为更好研究企业对外直接投资区位选择影响因素，将研究样本分别按照对外直接投资主体和对外直接投资东道国进行分类。

（1）按照对外直接投资主体分类。

将 77 家北京企业对外直接投资样本从所有制形式和产业属性两个方面进行

划分。所有制形式为国营或国有控股企业均分类为国有企业，所有制形式为外资或中外合资企业划分为外资企业，其余划分为民营企业，如表4-26所示。

表4-26　样本企业划分

划分形式	类别	样本企业
按所有制形式划分	国有企业（45个）	ST中鲁、北方国际、大唐发电、东方网力、福田汽车、工商银行、光大银行、国电清新、国投电力、合众思壮、华联股份、华能国际、建设银行、京东方A、农发种业、人民网、首创股份、四维图新、同方股份、同仁堂、新兴铸管、王府井、易华录、长江电力、中材节能、中工国际、中国北车、中国电建、中国化学、中国建筑、中国交建、中国铝业、中国神华、中国石化、中国石油、中国铁建、中国外运、中国卫星、中国银河、中国中铁、中铝国际、中色股份、中水渔业、中泰桥梁、中信银行
	民营企业（26个）	奥赛康、北信源、高能环境、广联达、合纵科技、华联综超、恒泰艾普、华锐风电、华胜天成、嘉友国际、江河创建、金诚信、科锐国际、蓝色光标、利亚德、梅泰诺、三一重工、神州泰岳、石基信息、探路者、万达院线、万通发展、信威集团、银信科技、中矿资源、众信旅游
	外资企业（6个）	博彦科技、吉艾科技、嘉寓股份、长百集团、兆易创新、中科创达
按产业属性划分	第一产业（2个）	农发种业、中水渔业
	第二产业（34个）	ST中鲁、奥赛康、北方国际、大唐发电、福田汽车、国投电力、恒泰艾普、华能国际、华锐风电、嘉寓股份、江河创建、金诚信、三一重工、首创股份、探路者、同仁堂、新兴铸管、长百集团、长江电力、中工国际、中国北车、中国电建、中国化学、中国建筑、中国交建、中国铝业、中国神华、中国石化、中国石油、中国铁建、中国中铁、中矿资源、中色股份、中铝国际
	第三产业（41个）	北信源、博彦科技、东方网力、高能环境、工商银行、光大银行、广联达、国电清新、合众思壮、合纵科技、华联股份、华联综超、华胜天成、吉艾科技、嘉友国际、建设银行、京东方A、科锐国际、蓝色光标、利亚德、梅泰诺、人民网、神州泰岳、石基信息、四维图新、同方股份、万达院线、万通发展、王府井、信威集团、易华录、银信科技、兆易创新、中材节能、中国外运、中国卫星、中国银河、中科创达、中泰桥梁、中信银行、众信旅游

（2）按照投资东道国分类。

将41个样本国家分别按经济发展程度和地理位置进行分类。其中，按照东道国经济发展程度，依据国际货币经济组织2021年发布的《世界经济展望报告》对倪沙等（2016）对发展中国家和发达国家的分类进行调整，将新加坡归为发达国家。具体分类情况如表 4－27 所示。

表 4－27　　样本国家分类

分类标准	类别	国家
按经济发展程度划分	发展中国家（30 个）	阿尔巴尼亚、阿联酋、亚美尼亚、阿塞拜疆、孟加拉国、保加利亚、白俄罗斯、埃及、克罗地亚、印度尼西亚、印度、伊拉克、伊朗、约旦、哈萨克斯坦、科威特、黎巴嫩、斯里兰卡、摩尔多瓦、马来西亚、巴基斯坦、菲律宾、卡塔尔、罗马尼亚、俄罗斯、沙特阿拉伯、泰国、土耳其、乌克兰、越南
	发达国家（11 个）	捷克、爱沙尼亚、希腊、匈牙利、以色列、立陶宛、波兰、新加坡、斯洛伐克、斯洛文尼亚、卢森堡
按地理位置划分	东盟（6 个）	泰国、印度尼西亚、马来西亚、菲律宾、新加坡、越南
	独联体（6 个）	亚美尼亚、阿塞拜疆、白俄罗斯、摩尔多瓦、俄罗斯、乌克兰
	南亚（4 个）	孟加拉国、印度、斯里兰卡、巴基斯坦
	西亚（12 个）	阿联酋、埃及、希腊、伊朗、伊拉克、以色列、约旦、科威特、黎巴嫩、卡塔尔、沙特阿拉伯、土耳其
	中亚（1 个）	哈萨克斯坦
	中东欧（12 个）	阿尔巴尼亚、保加利亚、捷克、爱沙尼亚、克罗地亚、匈牙利、立陶宛、波兰、罗马尼亚、斯洛伐克、斯洛文尼亚、卢森堡

4.4.3.4　实证检验与结果分析

（1）企业异质性对不同投资主体对外直接投资区位选择影响实证检验。

①企业异质性对不同所有制北京企业对外直接投资区位选择影响实证研究。将企业异质性与不同所有制企业对外直接投资进行 Logit 回归。表 4－28 中，数值表示 Logit 回归系数，括号里的数值为假设检验的 p 值，若其小于 0.05 即为在 95% 的置信水平下显著，小于 0.1 则为在 90% 的置信水平下显著。由表 4－28 可得，企业生产率在加入控制变量前后对北京外资企业对外直接投资的回归结果均不显著，对国有企业和民营企业对外直接投资回归结果显著为负，说明企业生产率与外资企业对外直接投资间无明显关系，对国有企业和民营企业对外直接投资有负向影响。企业资产负债率越高，民营企业对

“一带一路”沿线国家直接投资的概率越大。企业的国际投资经验对所有企业对外直接投资均有促进作用。两国间地理距离、文化距离和东道国劳动力规模对国有企业对外直接投资有抑制作用，制度距离和东道国市场规模对国有企业对外直接投资有促进作用。文化距离和东道国人力资源对民营企业对外直接投资有抑制作用，制度距离和东道国市场规模对民营企业对外直接投资有促进作用，但东道国人力资源与市场规模的作用非常小。制度距离和东道国市场规模对外资企业对外直接投资有促进作用。自然资源数量和政治风险因素对三类企业对外直接投资影响均不显著。

表 4-28　企业异质性对不同所有制北京企业对外直接投资影响的 Logit 回归结果

变量	无控制变量			加入控制变量		
	国有企业	民营企业	外资企业	国有企业	民营企业	外资企业
EP	-0.020 (0.000)	-0.009 (0.022)	-0.015 (0.159)	-0.017 (0.002)	-0.008 (0.061)	-0.015 (0.170)
CAP	0.001 (0.747)	0.040 (0.000)	0.013 (0.151)	0.000 (0.908)	0.042 (0.000)	0.014 (0.116)
IIE	0.016 (0.000)	0.146 (0.000)	0.111 (0.019)	0.015 (0.000)	0.146 (0.000)	0.127 (0.011)
GEO				-0.000 (0.047)	-0.000 (0.141)	+0.000 (0.943)
CDST				-0.579 (0.000)	-0.598 (0.000)	-0.003 (0.990)
IDST				0.085 (0.000)	0.130 (0.000)	0.330 (0.000)
GDP				+0.000 (0.000)	+0.000 (0.000)	+0.000 (0.000)
HR				-0.000 (0.001)	-0.000 (0.002)	-0.000 (0.114)

续表

变量	无控制变量			加入控制变量		
	国有企业	民营企业	外资企业	国有企业	民营企业	外资企业
NR				-0.003 (0.625)	-0.004 (0.638)	0.017 (0.304)
POL				-0.007 (0.694)	-0.014 (0.590)	-0.030 (0.550)

②企业异质性对不同产业北京企业对外直接投资区位选择影响实证研究。如表 4-29 所示，企业生产率对第二产业和第三产业对外直接投资有显著负影响，对第一产业对外直接投资无显著影响。企业资产负债率越高，对“一带一路”沿线国家第三产业对外直接投资的概率越大，但对第一产业、第二产业对外直接投资无明显影响。企业国际投资经验会促进所有产业对外直接投资。地理距离会抑制所有产业对外直接投资；文化距离会显著抑制第一产业、第二产业、第三产业对外直接投资；制度距离对第一产业、第三产业对外直接投资有促进作用，但对第二产业对外直接投资无显著影响。东道国市场规模对各个产业对外直接投资均有促进作用；劳动力规模对第一产业、第三产业对外直接投资有抑制作用；自然资源规模对第一产业、第二产业对外直接投资影响不显著，对第三产业对外直接投资有负向影响；东道国政治风险对第一产业、第三产业对外直接投资有显著抑制作用，但对第二产业对外直接投资无显著影响。

表 4-29　企业异质性对不同产业北京企业对外直接投资的 Logit 回归结果

变量	无控制变量			加入控制变量		
	第一产业	第二产业	第三产业	第一产业	第二产业	第三产业
EP	0.003 (0.915)	-0.008 (0.009)	-0.041 (0.000)	0.008 (0.859)	-0.007 (0.037)	-0.041 (0.000)
CAP	-0.013 (0.623)	0.002 (0.484)	0.007 (0.033)	0.057 (0.266)	0.002 (0.575)	0.008 (0.024)

续表

变量	无控制变量			加入控制变量		
	第一产业	第二产业	第三产业	第一产业	第二产业	第三产业
IIE	0.793 (0.017)	0.014 (0.000)	0.025 (0.004)	0.131 (0.006)	0.014 (0.000)	0.025 (0.006)
GEO				-0.001 (0.027)	-0.000 (0.000)	+0.000 (0.018)
CDST				-5.570 (0.005)	-0.316 (0.001)	-0.821 (0.000)
IDST				0.772 (0.024)	0.032 (0.122)	0.277 (0.000)
GDP				0.000 (0.036)	0.000 (0.000)	0.000 (0.000)
HR				-0.000 (0.049)	-0.000 (0.549)	-0.000 (0.000)
NR				-0.550 (0.340)	-0.001 (0.788)	-0.014 (0.088)
POL				-0.600 (0.012)	0.020 (0.227)	-0.100 (0.000)

（2）企业异质性对北京企业对不同东道国对外直接投资区位选择影响实证研究。

①企业异质性对北京企业对不同发展程度东道国对外直接投资区位选择影响实证研究。由表4-30可得，北京企业的生产率对其对发展中国家和发达国家对外直接投资有显著抑制作用。北京企业资产负债率和国际投资经验会促进其对发展中国家对外直接投资，但对其对发达国家对外直接投资无显著影响。当北京企业考虑对“一带一路”沿线发展中国家投资时，两国间地理距离、文化距离会产生负向影响；制度距离和东道国市场规模会产生正向影响。东道国的制度距离、市场规模对北京企业对“一带一路”沿线发达国

家对外直接投资有正向影响，自然资源总量对其有负向影响。

表 4 - 30　企业异质性对北京企业对不同经济发展水平东道国对外直接投资影响的 Logit 回归结果

变量	无控制变量		加入控制变量	
	发展中国家	发达国家	发展中国家	发达国家
EP	-0.011 (0.002)	-0.027 (0.000)	-0.009 (0.020)	-0.031 (0.000)
CAP	0.012 (0.000)	0.000 (0.940)	0.012 (0.000)	-0.000 (0.970)
IIE	0.028 (0.000)	0.008 (0.240)	0.028 (0.000)	0.003 (0.665)
GEO			-0.000 (0.000)	-0.000 (0.880)
CDST			-0.272 (0.019)	0.048 (0.813)
IDST			0.134 (0.000)	0.215 (0.032)
GDP			+0.000 (0.000)	+0.000 (0.000)
HR			-0.000 (0.308)	-0.000 (0.142)
NR			-0.003 (0.515)	-1.513 (0.008)
POL			0.021 (0.181)	0.124 (0.107)

②企业异质性对北京企业对不同地理位置东道国对外直接投资区位选择影响实证研究。由表 4 - 31 和表 4 - 32 可得，将东道国按地理位置划分后，企业生产率会抑制北京企业对东盟和中东欧国家对外直接投资，但对其余地区无显著影响。北京企业资产负债率提高会促使其对独联体、南亚、西亚和中亚国家进行对外直接投资，对东盟和中东欧国家对外直接投资无显著影响。

国际投资经验会促进北京企业对“一带一路”沿线国家直接投资。两国间地理距离对北京企业对独联体国家和中东欧国家对外直接投资有负向影响，对其他地区对外直接投资无显著影响。文化距离会促进北京企业对独联体和中东欧国家对外直接投资，对其他地区对外直接投资不产生显著影响。制度距离对北京企业对东盟、南亚和西亚地区国家对外直接投资有正向影响。东道国市场规模对北京企业对东盟和中东欧国家对外直接投资有正向影响。东道国劳动力规模对北京企业对独联体国家对外直接投资有负向影响，但对西亚国家对外直接投资有正影响。东道国自然资源总量会抑制北京企业对中东欧地区国家对外直接投资，对其余地区对外直接投资影响不显著。东道国政治风险对北京企业对东盟国家对外直接投资有负向影响。

表4-31　企业异质性对北京企业对不同地理位置东道国对外直接投资的 Logit 回归结果（无控制变量）

变量	东盟	独联体	南亚	西亚	中亚	中东欧
EP	-0.019 (0.011)	0.000 (0.948)	-0.012 (0.179)	-0.010 (0.224)	-0.013 (0.865)	-0.034 (0.000)
CAP	-0.005 (0.101)	0.013 (0.049)	0.018 (0.005)	0.012 (0.035)	0.034 (0.049)	0.008 (0.249)
IIE	0.025 (0.000)	0.020 (0.049)	0.025 (0.007)	0.027 (0.000)	0.067 (0.000)	-0.043 (0.112)

表4-32　企业异质性对北京企业对不同地理位置东道国对外直接投资的 Logit 回归结果（有控制变量）

变量	东盟	独联体	南亚	西亚	中亚	中东欧
EP	-0.017 (0.000)	0.008 (0.319)	0.007 (0.517)	-0.012 (0.153)	-0.007 (0.778)	-0.034 (0.000)
CAP	0.004 (0.120)	0.012 (0.061)	0.018 (0.007)	0.012 (0.033)	0.033 (0.056)	0.008 (0.259)
IIE	0.024 (0.000)	0.016 (0.156)	0.016 (0.164)	0.028 (0.000)	0.067 (0.000)	-0.068 (0.043)

续表

变量	东盟	独联体	南亚	西亚	中亚	中东欧
GEO	-0.000 (0.657)	-0.172 (0.061)	-0.002 (0.747)	+0.000 (0.674)	0.000 (/)	-0.000 (0.027)
CDST	0.311 (0.650)	120.528 (0.065)	-0.268 (0.961)	-0.217 (0.283)	0.000 (/)	0.329 (0.081)
IDST	0.298 (0.000)	-0.994 (0.193)	2.134 (0.038)	0.297 (0.000)	-2.420 (0.179)	-0.077 (0.487)
GDP	+0.000 (0.006)	+0.000 (0.566)	+0.000 (0.232)	+0.000 (0.102)	+0.000 (0.848)	+0.000 (0.088)
HR	-0.000 (0.584)	-0.000 (0.069)	+0.000 (0.269)	+0.000 (0.089)	-0.000 (0.710)	-0.000 (0.686)
NR	0.003 (0.945)	-0.094 (0.159)	-0.073 (0.526)	0.014 (0.102)	-0.020 (0.835)	-1.258 (0.014)
POL	-0.170 (0.000)	-0.095 (0.610)	-0.198 (0.615)	0.058 (0.118)	-0.173 (0.718)	-0.001 (0.990)

4.4.4 结论与政策建议

综上所述，企业生产率对国有企业和民营企业对外直接投资有显著负影响，但不影响外资企业对外直接投资。资本结构只对民营企业对外直接投资产生显著促进作用。国际投资经验有利于各所有制企业对外直接投资。企业生产率对第三产业对外直接投资有负影响，企业资本结构和国际投资经验对第三产业对外直接投资有正影响。无论东道国是发达国家还是发展中国家，企业生产率均对北京企业对外直接投资有负影响；资本结构和国际投资经验只会显著影响北京企业对发展中国家对外直接投资。可见，进行对外直接投资的北京企业不一定是高生产率企业。北京企业对外直接投资是为了寻求国外先进技术和管理经验，通过逆向技术溢出效应提升自身企业生产率。文化距离除了会促进北京企业对独联体和中东欧国家对外直接投资外，不论是从不同投资主体，还是不同东道国角度来看，均会对北京企业对外直接投资产生负影响，即北京企业对外直接投资倾向于与我国文化差异小的国家。除个别回归结果不显著的情况，两国间制度差异会促进北京企业对“一带一路”沿线国家直接投资，即北京企业对外直接投资偏好于与我国制度差异大的国家。可见，北京企业倾向于对与我国文化差异小，制度差异大的国家（如新加坡、泰国），进行直接投资。资本结构中负债占比越高、国际投资经验越丰富的北京民营企业越易进行对外直接投资。国际投资经验有利于所有类型和产业的企业进行对外直接投资。东道国政治风险因素只会影响并且是负向影响第一产业、第三产业企业对外直接投资。基于此，提出以下政策建议。

（1）鼓励企业间进行对外直接投资经验交流。国际投资经验有助于减弱他国不利因素对企业对外直接投资的影响，帮助其更快地进入一个新市场。企业应重视总结国际投资经验，政府积极为企业搭建线上和线下平台，创造条件，鼓励企业积极进行国际投资经验交流。首先，通过建立对外直接投资行业协会，帮助企业搭建国际直接投资经验交流平台。其次，通过税收奖励鼓励国际投资经验丰富的企业帮助没有对外直接投资经验或经验少的企业了解国外市场，提高其进行对外直接投资的可能性。通过国际投资经验交流，使企业更加了解其新进入或有意向进入的国际市场，增强企业对外直接投资信心，降低对外直接投资风险。

（2）引导民营企业积极调整资本结构。较高的资产负债率会增加民营企业的市场价值，增强其对外直接投资信心，促进民营企业对外直接投资。对此，应以政策鼓励引导民营企业积极进行资本结构调整。在不影响其偿债能力的情况下，结合民营企业自身状况和所处行业，寻找适合的资产负债率，提高企业市场价值，促进其对外直接投资。

（3）促进与“一带一路”沿线国家的文化交流，扩大中国国际友好城市圈。中国企业对外直接投资更倾向于与我国文化差异小的国家。东道国与母国之间的文化差异越大，企业对外直接投资面临的文化风险越大。我国政府应增强与“一带一路”沿线国家的文化交流，特别是那些与我国文化差异较大的国家。在尊重他国文化的基础上，积极宣扬中华文化，加强文化交流与理解。中国要积极与“一带一路”沿线国家重要城市建立国际友好城市，扩大中国国际友好城市圈，大力支持国际友好组织、友好团体和友好人士来华交流，鼓励企业间进行持续深入的合作，从而促进企业对外直接投资。

4.5 本章小结

本章研究了国际友好城市、基础设施、投资便利化、企业异质性对中国对“一带一路”沿线国家直接投资区位选择的影响。

首先，研究了建立国际友好城市对中国对“一带一路”沿线国家直接投资的影响，分析了国际友好城市影响中国对“一带一路”沿线国家直接投资的机理。选取中国对“一带一路”沿线国家直接投资数据，运用面板数据模型，对国际友好城市对中国对沿线国家直接投资的影响进行研究，发现国际友好城市对中国对沿线国家直接投资具有促进作用。分样本检验表明，国际友好城市对中国企业对沿线发展中国家和转型经济体直接投资的影响效应更为明显。提出为更好地发挥国际友好城市外交平台优势，应进一步加强同“一带一路”沿线国家的国际友好城市建设等政策建议。

其次，东道国基础设施是对外直接投资区位选择的重要影响因素。将基础设施划分为通信基础设施、运输基础设施及能源基础设施，运用面板数据模型，分别从不同经济发展水平和不同地理位置视角，对“一带一路”沿线主要国家基础设施对中国对外直接投资区位选择的影响进行了实证研究。发现通信基础设施是影响中国对“一带一路”沿线发达国家和转型经济国家对外直接投资区位选择的重要因素；中东欧国家、南亚、中亚和蒙俄地区国家的通信基础设施与中国对外直接投资区位选择正相关；东南亚地区国家的通信基础设施和能源基础设施与中国对外直接投资区位选择负相关。

再次，选取宏观经济环境、营商环境、基础设施建设、金融服务效率、科学教育供给水平以及制度环境6个一级指标和38个二级指标，建立了测评投资便利化水平的指标体系。应用熵值法，算得52个“一带一路”沿线国家的投资便利化水平。然后，运用拓展投资引力模型和面板门槛模型进行实证研究，再分别从“一带一路”倡议提出前后及不同投资动机视角进行异质性检验。最后，提出中国应积极推动有关投资便利化规则的多边和区域谈判，不断加深同沿线各国的投资便利化建设与合作，促使其投资便利化水平提高，助推“一带一路”高质量发展。

最后，用企业生产率、资本结构和国际投资经验衡量企业异质性。运用

77家北京上市企业对“一带一路”沿线国家直接投资的数据，研究企业异质性对北京企业对“一带一路”沿线国家直接投资区位选择的影响。发现企业生产率对国有企业和民营企业对外直接投资有显著负向影响，但不影响外资企业对外直接投资。民营企业中资本结构中负债占比越高、国际投资经验越丰富的企业越易进行对外直接投资。国际投资经验有利于所有企业进行对外直接投资。北京企业倾向于对与我国文化差异小，制度差异大的国家如新加坡、泰国等进行对外直接投资。

第5章

中国对“一带一路”沿线国家直接投资进入模式选择研究

进入模式的选择对于企业对外直接投资面临的风险，对于子公司的控制程度，企业的经营绩效和投资回报均有重要影响。对外直接投资进入模式的选择是企业对外直接投资策略选择的重要内容。

5.1 文献综述

对外直接投资进入模式分为绿地投资和跨国并购。近年来国内外学者对于对外直接投资进入模式选择已有一定研究。李晓飞（2002）发现我国对外直接投资方式由以绿地投资为主转向以跨国并购为主。学者们主要是在分析对外直接投资进入模式选择影响因素的基础上，运用 Probit 或者 Logit 模型对对外直接投资进入模式选择进行实证研究，最后提出政策建议。

5.1.1 对外直接投资进入模式选择影响因素相关研究

国内外学者主要从东道国因素和企业自身因素两方面，对对外直接投资进入模式选择影响因素进行了研究。

5.1.1.1 东道国因素相关研究

埃兰戈（Elango，2004）指出东道国环境是对外直接投资进入模式选择的重要影响因素。东道国的经济发展水平、市场规模、制度因素、文化距离、东道国政策管制和国家风险等会影响对外直接投资进入模式选择（Ahmed，2002；Gilroy and Lukas，2006；Dikova，2009；李善民、李昶，2013）。李平、徐登峰（2010）通过132份有效调查问卷研究中国企业对外直接投资进入模式选择问题，发现东道国资本市场发展水平越高，母国企业越倾向于跨国并购的进入模式，但文化距离、产业壁垒对进入模式没有显著影响。李善民和李昶（2013）发现东道国工程建设速度、经济增长率、市场需求的不确定性影响对外直接投资进入模式选择。白仲林、尹彦辉（2017）发现中国企业对外直接投资更倾向于采取并购的策略进入技术水平发达、市场规模大、开放度高的东道国，而对于税率水平低、信息透明度高的国家，则更倾向于选择绿地投资方式。东道国市场规模越大、经济发展水平和技术水平越高、开放程度越高或劳动力成本越低时，中国企业越倾向于选择跨国并购的模式开展对外直接投资活动（方慧等，2017；程时雄等，2018；许立伟等，2018；刘晓宁，2019；尹华等，2020；Po-Hsuan Hsu et al.，2021）。

绿地投资与东道国政策高度相关，东道国经济政策不确定性越大，中国企业选择绿地投资的可能性越大（Zhou et al.，2021；曲国明、潘镇，2022）。叶广宇（2022）指出当东道国对绿地投资提供政策支持（减免税等优惠）时，我国企业倾向于选择绿地投资。

有关制度距离和文化距离对对外直接投资进入模式选择影响的已有研究得到的结论并不一致。迈克尔（Michael，2006）认为企业为了规避文化距离带来的不确定性和风险，不宜采用跨境并购，同时东道国的制度安排也会影响企业的进入模式。迪科娃（Dikova，2009）研究了东道国正式或非正式制度对企业跨国并购战略及其子公司运营的影响，得出制度距离与跨国并购成功率呈反向变动关系。李国学（2013）指出东道国制度因素影响了国际投资模式的选择空间及相对成本，从而影响中国企业对外直接投资模式选择。刘晓宁（2019）发现随着东道国关税水平和制度环境的改善，企业进行跨国并购的概率提高。然而，萨米拉（Sameera，2020）指出两国政治距离、文化距离越大，中国企业越倾向于选择跨国并购的方式进行直接投资。

5.1.1.2 企业自身因素相关研究

企业自身因素影响对外直接投资进入模式选择。贝尔德博斯（Belderbos，2003）发现如果日本母公司在国内缺乏强大的研发能力，收购子公司的研发强度会大大超过全资拥有的绿地分支机构，同时许多日本企业积极利用外资并购和合资企业以更快的步伐寻求海外技术和建立海外研发机构。李平、徐登峰（2010）发现技术优势、公司国际化程度对企业采用并购方式有负向影响。刘渝琳、梅新想（2013）基于企业异质性，利用一般均衡产业模型，显示跨国公司进入特定行业会选择其中一种投资模式，且绿地投资模式与跨国并购之间存在唯一一个边际成本之比的门槛值，当低于门槛值时投资者选择的投资模式是跨国并购，当高于门槛值时选择的是绿地投资。投资方式与企业发展阶段有关，在海外市场拥有丰富投资经验的企业倾向于选择跨国并购方式，处于成长初期阶段的企业倾向于选择绿地投资（林莎等，2014；Alon，Elia and Li，2020）。蒋冠宏、蒋殿春（2017）发现规模大、生产率高、资本密集、研发密度高且流动资产比重高的企业选择跨国并购方式的可能性大，而选择绿地投资方式的企业通常是出口量大的企业。刘晓宁（2019）发现随着企业规模、研发投入，以及东道国市场规模、文化距离的增大，企业选择绿地投资的概率提高；非国有企业、资本密集型企业和具有国际化经验的企业对各类影响因素更加敏感，在对外直接投资模式选择中受到的影响程度更大。还有学者认为企业规模较大、负债率较低、资本密集度较高、融资约束较低及科技水平较低的企业选择跨国并购的可能性较大（Keith and Lance，2000；周茂等，2015；海力皮提木·艾比卜拉等，2017；蒋冠宏、曾靓，2020）。

5.1.2 对外直接投资进入模式选择相关实证研究

已有研究主要采取 Probit 模型、Logit 模型对对外直接投资进入模式选择进行实证研究。程时雄（2018）建立 Logistic 二元选择模型研究企业自身因素对中国对外直接投资进入模式的影响。钱旭（2020）通过 Logit 模型研究东道国制度质量对中国对外直接投资进入模式的影响。李亚芳（2022）通过设置 Logit 模型检验发现，企业异质性因素会影响中国企业对外直接投资进入方式选择，主要体现在企业规模上。蒋冠宏（2022）通过 Probit 模型研究企业生产率和融资约束对中国对外直接投资进入模式选择的影响，发现企业生产率和融资约束可以直接影响对外直接投资的方式。程时雄（2018）使用 Zephyr 数据库，建立 Logistic 二元选择模型进行实证分析发现，企业规模较大和研发水平较高的中国企业倾向于选择绿地投资的模式开展对外直接投资活动；而企业战略资产水平、企业经营管理水平、企业生产率以及东道国创建企业成本对中国企业对外直接投资两种模式的选择无显著影响。艾哈迈德等（Ahmed et al.，2002）结合折衷范式和制度理论，使用负二项式回归模型考察了中国企业在发达经济体和发展中经济体的跨境并购和绿地投资的关键决定因素，发现尽管经济和制度因素都会影响中国企业的选址战略，制度环境具有更大的调节作用。

5.1.3 文献述评

综上所述，关于对外直接投资进入模式选择的已有研究，主要是在分析对外直接投资进入模式选择影响因素的基础上，运用 Logit 和 Probit 模型进行实证研究，提出对外直接投资进入模式选择策略。有关对外直接投资进入模式选择影响因素的研究主要关注东道国因素和企业自身因素，也有研究涉及母国因素。有关中国对“一带一路”沿线国家直接投资进入模式选择的研究还需要进一步深入。

5.2 北京企业对东南亚国家直接投资进入模式选择实证研究

东南亚国家在北京企业对外直接投资中占有重要地位。东南亚国家经济快速增长，劳动力和自然资源丰富，且社会文化与中国相似。近年来，东南亚国家与我国的友好互助关系日益紧密。东南亚国家一直是北京企业对外直接投资的主要地区。北京企业在东南亚国家对外直接投资中应该如何选择进入模式，以取得较好的投资效果，对于北京企业对外直接投资具体实践具有重要意义。

专门针对北京企业对东南亚国家对外直接投资进入模式选择的研究相对较少。拟运用 Logistic 模型进行计量分析，并提出北京企业对东南亚国家对外直接投资进入模式选择的政策建议。为北京企业对外直接投资的具体实践提供借鉴，为相关政府部门制定促进北京企业对外直接投资政策提供参考。

5. 2. 1 机理分析与研究假设

研究假设 1：东道国经济政策越完善和规范，企业越倾向于选择绿地投资方式。

东道国的投资政策能反映东道国对外国直接投资的态度。若东道国通过高关税等限制性政策打压海外投资，那么企业将会尽量选择跨国并购方式进入。而拥有更积极财政政策的东道国往往能吸引更多新建形式的对外直接投资。如果东道国政府并未给跨国公司提供优惠政策，会导致投资企业审批流程复杂，税收金额高等困难；资金风险，外币汇率的急剧波动也会导致企业资金流失。这会导致部分经营规模较小、融资渠道少、抗风险能力差的中小型企业现金流被破坏，影响企业正常运营。东道国对市场的监管政策也会影响投资环境，从而影响对外直接投资进入模式选择。假如东道国的外资政策较为完善规范，外资企业则倾向于选择绿地投资模式；反之，则企业倾向于选择跨国并购方式。

研究假设 2：东道国社会环境越差，企业越倾向于选择跨国并购方式。

东南亚部分国家存在政权不稳定的现象，政权变动、行政效率低、腐败等都会影响外商投资企业经营绩效。东道国的政治、宗教冲突可能会直接影响跨国企业的经营。东道国民众对外来资本的接纳和包容程度也会影响跨国公司对外直接投资方式选择。东道国社会过强的抵触情绪会使跨国企业市场开拓受阻。中国企业在缅甸油气管道、铁路、密松水电站、太平江水电站等工程，都曾多次遭受破坏而导致停工。为了减轻在东道国受到的阻碍，跨国企业往往选择并购方式，以求尽快融入当地市场。拥有开放、包容社会氛围的东道国更能吸引新建投资。因此，假设东道国社会环境越差，越倾向于选择跨国并购方式。

研究假设3：东道国劳动力水平越高，企业越倾向于选择绿地投资方式。

由于东南亚国家劳动力充足，人力成本较低，因此跨国投资企业通常在当地直接招收员工。劳动力水平在一定程度上影响所投资企业的运营水平。劳动力水平越高，越能适应跨国公司的需求，也使跨国公司能够更加容易运用新技术，从而更能吸引高科技企业在东道国进行绿地投资。因此，假设东道国劳动力水平越高，越倾向于选择绿地投资方式。

研究假设4：东道国市场对高新技术产品需求越高，企业越倾向于选择绿地新建；东道国对传统产业产品需求越高，企业越倾向于选择跨国并购。

东道国市场需求结构会影响对外直接投资进入模式选择。东道国市场需求结构会影响跨国公司的投资领域和投资方式。如东道国市场对高新技术产品需求越高，外商投资企业越倾向于选择绿地投资；如东道国对传统产业产品需求越高，外商投资企业越倾向于选择跨国并购。东道国市场需求的稳定性也会影响跨国公司直接投资方式。若市场需求变动较大，跨国并购能够帮助企业尽快融入和熟悉东道国需求变化；若东道国市场需求较稳定，且是母国企业具备成熟技术的产业，那么跨国公司倾向于选择绿地投资模式。

研究假设5：如企业属于新兴产业则倾向于选择绿地投资，属于传统产业则倾向于选择跨国并购。

企业所处产业不同会对企业选择对外直接投资方式产生影响。企业所属产业科技含量越高，一般越倾向于选择绿地投资方式。北京市作为一线大城市和政治经济中心，与全国其他省份相比，其制造业、纺织业、传统服务业等低效率产业企业更容易面临市场过饱和和需求减少的情况。为了延长产业生命周期，这些企业会考虑通过对外直接投资向海外转移。利用成熟的技术在东道国拓展市场。不同产业所需技术水平不同，技术要求不高的产业通常采用跨国并购的方式，以获取东道国企业已有的技术和团队；而新兴科技产业为了保护知识产权，防止在投资过程中被盗取，则会选择绿地新建的方式保护技术。

5.2.2 实证研究

5.2.2.1 计量模型

运用 Logistic 模型对北京企业对外直接投资方式选择 Y（Y 是取 0 或 1 的随机变量）与“影响因素 X_i”之间的相关性进行计量分析。计量分析采用的模型如下所示：

$$P = E(y) = f(\alpha + \beta_1 X_{1j} + \beta_2 X_{2j} + \cdots + \beta_i X_{ij}) = \frac{e^{\alpha + \beta_1 X_{1j} + \beta_2 X_{2j} + \cdots + \beta_i X_{ij}}}{1 + e^{\alpha + \beta_1 X_{1j} + \beta_2 X_{2j} + \cdots + \beta_i X_{ij}}} \tag{5-1}$$

其中，y 代表中国企业对外直接投资方式。当 $y=0$ 时，企业选择跨国并购方式；当 $y=1$ 时，企业选择绿地新建。Xi 代表第 i 个影响因素；j 表示样本个数。

5.2.2.2 样本选取

选取对东南亚国家进行对外直接投资的北京企业作为研究样本，数据来自中国国际电子商务中心（CIECC）“走出去”导航网站。[①] 再通过天眼查商业查询平台确定其对外直接投资方式和经营状况。筛选出 1998 ~2018 年在东南亚国家进行过对外直接投资的北京跨国公司及其海外子公司共 130 家（见本书附录）。

5.2.2.3 变量选取和数据来源

（1）东道国经济政策。

①财政政策评级（*FIP*）：衡量东道国对跨国公司的限制程度。

②企业监管环境评级（*ERE*）：衡量企业是否处在高效率、低腐败的良好投资环境。

（2）东道国社会环境。

①社会包容性/公平政策集群平均值（*SOI*）：由于社会环境可能受到宗

① https：//www. investgo. cn/channel/jwtzjgList. shtml。

教、种族、男女比例等多方面因素影响，数据难以衡量，因此选择社会包容性衡量东道国群众对外来投资的接纳程度。

②公共管理评级（*PUA*）：由于企业容易受到当地环境动荡的冲击，但暴动发生的次数和影响程度难以准确衡量，因此选取公共管理评级衡量东道国社会安定程度的标准。

（3）东道国劳动力水平。

采用劳动力受教育水平（*EA*）衡量东道国劳动力水平，能够较好地反映劳动者是否能胜任在科技含量高的产业中工作。

（4）东道国市场需求。

①信息和通信技术产品占产品出口总量的比例（*ICT*）：衡量当地新兴科技产业在总体中的占比。

②基础设施建设水平（*INC*）：衡量当地对基础设施建设的需求状况。

③燃料占商品出口额比重（*FEX*）、化石燃料能耗占总量的百分比（*FOF*）：衡量传统产业在东道国所占比例，前者反映出口需求，后者反映国内需求。化石燃料能耗占总量的百分比代表东道国对传统燃料能源的开采需求和能源储备情况。

④国际旅游收入占总出口的百分比（*TOR*）：由于教育、文化等市场需求难以衡量，因此用国际旅游收入占总出口的百分比来衡量。

（5）企业所属产业。

将企业所属产业分为传统产业和新兴科技产业。传统产业指劳动密集型的、以制造加工为主的行业，包括制造业、传统服务业、纺织业等。新兴科技产业指随着新的科研成果和新兴技术的诞生并应用而出现的新的经济部门或行业，包括教育文化产业、电子信息及通信产业等。

变量选取和数据来源情况如表 5－1 所示。

表 5－1　　变量选取和数据来源

类别	变量名称	衡量指标	数据来源
被解释变量	中国企业对外直接投资方式（*Y*）	模型中采用二分量代表，*Y*＝0 时，选择跨国并购；*Y*＝1 时，选择绿地新建。	商务部“走出去”导航网站和天眼查

续表

类别		变量名称	衡量指标	数据来源
解释变量	企业自身因素	企业所属产业（*IND*）	当 *IND* = 0 时，企业所处产业属于传统产业；当 *IND* = 1 时，企业所处产业属于新兴科技产业。	CIECC“走出去”导航网站
	东道国因素	东道国经济政策	财政政策评级（*FIP*）	世界银行数据库
			企业监管环境评级（*ERE*）	
		东道国社会环境	社会包容性/公平政策集群平均值（*SOI*）	
			公共管理评级（*PUA*）	
		东道国劳动力受教育水平	完成中学教育人口占 25 岁以上人口比例（*EA*）	
		东道国市场需求	信息和通信技术产品占产品出口总量比例（*ICT*）	
			基础设施建设水平（*INC*）	
			燃料出口占商品出口总额的比重（*FEX*）	
			化石燃料能耗占总量的百分比（*FOF*）	
			国际旅游收入占总出口的百分比（*TOR*）	

选择“一带一路”沿线 11 个东南亚国家（泰国、老挝、越南、印度尼西亚、马来西亚、菲律宾、柬埔寨、缅甸、文莱、新加坡、东帝汶）进行分析。样本国家 2018 年对外直接投资进入模式影响因素如表 5－2 所示。

表 5－2　2018 年东南亚国家对外直接投资进入模式选择东道国影响因素

国家	财政政策评级（*FIP*）	企业监管环境评级（*ERE*）	社会包容性/公平政策集群平均值（*SOI*）	公共管理评级（*PUA*）	完成中学教育人口占 25 岁以上人口比例（*EA*）	信息和通信技术产品占产品出口总量比例（*ICT*）	基础设施建设水平（*INC*）	燃料占商品出口额比重（*FEX*）	化石燃料能耗占总量的百分比（*FOF*）	国际旅游收入占总出口的百分比（*TOR*）
泰国	3.6	2.7	2.8	2.9	0.129	0.158	4.3	0.04	0.798	0.196
老挝	3	3	3.5	3	0.153	0.1	2.3	0.01	0.723	0.122

续表

国家	财政政策评级（*FIP*）	企业监管环境评级（*ERE*）	社会包容性/公平政策集群平均值（*SOI*）	公共管理评级（*PUA*）	完成中学教育人口占25岁以上人口比例（*EA*）	信息和通信技术产品占产品出口总量比例（*ICT*）	基础设施建设水平（*INC*）	燃料占商品出口额比重（*FEX*）	化石燃料能耗占总量的百分比（*FOF*）	国际旅游收入占总出口的百分比（*TOR*）
越南	3.5	3.5	4.1	3.5	0.121	0.312	3.7	0.02	0.698	0.039
印度尼西亚	4	3	3.3	3.5	0.1	0.03	4	0.23	0.661	0.075
马来西亚	4.2	3.7	3.6	3.6	0.209	0.31	5.4	0.15	0.966	0.088
菲律宾	3.7	3.8	4.2	3.4	0.201	0.359	2.9	0.03	0.624	0.108
柬埔寨	2.8	2.5	3.4	2.5	0.58	0.019	3.7	0.01	0.306	0.262
缅甸	3.5	2.5	2.6	2.5	0.02	0.002	2.6	0.22	0.443	0.106
文莱	3.1	3.5	3.6	3.6	0.095	0.001	4.2	0.96	0.99	0.027
新加坡	4.8	4.6	4.3	4.6	0.558	0.32	6.7	0.13	0.906	0.032
东帝汶	2.5	3	2.9	2	0.099	0.001	2.2	0.02	0.01	0.64

注：*INC*，1 = 十分欠发达，7 = 十分发达；*FIP*、*ERE*、*SOI*、*PUA* 均是 1 = 低，6 = 高。
资料来源：世界银行数据库。

5.2.2.4 计量分析

（1）Logistic 分析。

利用 STATA 对数据进行 Logistic 分析，通过 Z 值进行显著性检验，从而初步筛选具有显著性影响的因素；再根据其系数判断因素对被解释变量的影响，系数为正代表具有正向影响，系数的绝对值越大代表该因素对解释变量产生的影响越大。将对外直接投资进入模式作为被解释变量，对解释变量进行描述性统计，结果如表 5-3 所示。

表 5-3　　样本描述性统计结果

项目	*IND*	*FIP*	*ERE*	*SOI*	*PUA*	*EA*	*ICT*	*INC*	*FEX*	*FOF*	*TOR*
平均	0.331	0.218	4.975	4.023	3.652	3.715	3.687	29.554	0.130	0.786	0.094
标准误差	0.041	0.011	0.134	0.062	0.072	0.051	0.069	1.965	0.014	0.018	0.008

续表

项目	*IND*	*FIP*	*ERE*	*SOI*	*PUA*	*EA*	*ICT*	*INC*	*FEX*	*FOF*	*TOR*
中位数	0.000	0.310	4.300	4.000	3.700	3.600	3.600	20.900	0.130	0.906	0.075
众数	0.000	0.320	6.700	4.800	4.600	4.300	4.600	55.800	0.130	0.906	0.032
标准差	0.472	0.129	1.525	0.703	0.817	0.584	0.782	21.700	0.164	0.204	0.087
方差	0.223	0.017	2.325	0.494	0.667	0.341	0.612	470.878	0.027	0.042	0.008
最小值	0.000	0.000	2.200	2.500	2.500	2.600	2.000	2.000	0.000	0.000	0.027
最大值	1.000	0.359	6.700	4.800	4.600	4.300	4.600	55.800	0.960	1.000	0.640
观测数	130	130	130	130	130	130	130	122	130	123	130

利用 STATA 对 130 个样本数据进行 Logistic 分析，得出结果如表 5－4 所示。

表 5－4　　Logistic 模型分析结果

变量	系数	标准差	Z 值	p > |Z|	95% 置信区间
IND	2.402432***	0.4565453	5.26	0.000	[1.507619, 3.297244]
FIP	1.586756	7.287897	0.22	0.828	[－12.69726, 15.870770]
ERE	3.93517	9.958638	0.40	0.693	[－15.583400, 23.453740]
SOI	－2.262202	8.324063	－0.27	0.786	[－18.577070, 14.052660]
PUA	－.2506448	10.01142	－0.03	0.980	[－19.87268, 19.37139]
EA	2.307535**	1.030817	2.24	0.025	[0.2871699, 4.327900]
ICT	3.933251**	1.84374	2.13	0.033	[0.3195864, 7.546916]
INC	2.538718**	1.057682	2.40	0.016	[0.4656995, 4.611736]
FEX	－1.475535	1.57832	－0.93	0.350	[－4.568984, 1.617915]
FOF	2.501527*	1.290022	1.94	0.052	[－0.0268697, 5.029924]
TOR	0.070467	4.044177	0.02	0.986	[－7.855974, 7.996908]

注：*、**、*** 分别代表在 10%、5%、1% 水平上显著。

（2）计量结论。

企业所属产业通过了 1% 水平上的显著性检验；东道国劳动力受教育水

平、信息和通信产品出口占总出口产品比例、基础设施建设水平通过了5%水平上的显著性检验；化石燃料能耗占总燃料比例通过了10%水平上的显著性检验。

表5-5显示了各影响因素对被解释变量的影响方向及程度。“+”代表该因素数据增加，被解释变量也增加；“-”表示该因素数据减小，被解释变量增加；“/”表示在实证中该因素未通过显著性检验，在此模型中影响不大。

表5-5　　各因素影响方向及程度

变量	预期影响方向	实际影响方向	影响程度
IND	+	+	2.4024
FIP	+	/	
ERE	+	/	
SOI	-	/	
PUA	-	/	
EA	+	+	2.3075
ICT	+	+	3.9332
INC	-	+	2.5387
FEX	-	/	
FOF	-	+	2.5015
TOR	+	/	

注：“+”代表正向影响，“-”代表负向影响，“/”代表无影响。

由表5-5可看出，研究假设1、研究假设2未通过显著性检验。但在模型计算出的系数中可以看出，经济政策的两个指标产生了正向影响，社会需求两个指标产生了负向影响。尽管未通过显著性水平检测，但仍然可以在一定程度上看出，东道国经济政策越规范完善，监管环境越好，越能吸引新建投资。

研究假设3基本成立，东道国劳动力受教育水平越高，越能吸引新建投资。假设5明显成立，如企业属于新兴产业，越倾向于选择绿地投资；属于传统产业，企业则更倾向于选择跨国并购。

与研究假设4相关的5个变量中，有3个变量通过了显著性检验。燃料出口占出口总额的比重（*FEX*）和国际旅游收入占出口百分比（*TOR*）对该被解释变量影响不明显。化石燃料能耗占总量的百分比（*FOF*）的影响方向与预期相反，东道国对化石燃料的依赖程度越低，越能吸引母国新建方式的对外直接投资。这可能是由于随着化石能源的消耗以及新能源的开发需求上涨，东南亚国家越来越需要向新能源转型。随着新能源占比提高，东道国更需要跨国公司以新建投资的方式进行技术支持。

5.2.3 政策建议

（1）注重分析东道国市场需求，选择合适的对外直接投资进入模式。基础设施建设和完善是加强合作的基础保障。部分东南亚国家基础设施完善程度不够，公共设施如铁路、公路等仍需加强建设。凭借持续稳定而旺盛的市场需求，东南亚地区基础设施发展一直领跑“一带一路”沿线基础设施建设。《“一带一路”国家基础设施发展指数（2022）》指出东盟国家政治和营商环境持续改善，基建发展指数排名继续居领先地位。而我国国内的交通运输产业、传统服务业已经逐渐饱和，且积累了大量成熟技术和资源，急需向国外拓展市场。中国企业可以通过绿地投资方式，承建大型基础设施项目。可以选择民心、政策、贸易互通指数较高但当地设施连通少的国家，如印度尼西亚、柬埔寨、菲律宾、老挝，越南，进行基础设施建设投资。对于部分“五通”指数已经达到较高水平的东南亚国家（如新加坡、马来西亚），技术密集型产业的资本正逐渐饱和，本土文化产业发达，可采取跨国并购方式进行投资。对于社会文化和教育程度较低的国家，应通过有影响力的文化品牌活动，设立人才培养基地和专项基金，扶持相关文化投资，可以采取绿地新建的模式，在东道国注入中国文化品牌。

（2）如中国企业属于新兴产业，则优先选择绿地投资模式，属于传统产业则优先选择跨国并购模式进行对外直接投资。东南亚国家普遍具有较丰富的自然资源，是区域性能源出口大国。很多国家存在资源探明储量低、需求大，或能源精炼技术低、缺乏新增投资等情况。为了保持稳定增长和可持续输出，东南亚国家需要新的技术和投资。同时，我国采矿业需求正在逐渐下降，但资金和技术相对完善，可以选择跨国并购的方式对资源型行业进行对外直接投资。

(3) 东南亚国家虽然在自然资源、劳动力等生产要素方面有比较优势，但缺乏高新技术和知识产权，不能高效地发展新兴产业，可通过绿地投资方式对东南亚国家的新兴产业进行投资。如在新能源方面，东南亚国家日照充足，且多数具有临海，有风力、水利、太阳能发电的多重优势。但由于技术落后，不足以开发利用新能源，可以在东南亚国家选择绿地投资方式对新能源产业进行直接投资，以保护我国新技术知识产权。

(4) 重视境外经贸合作园区建设。党的十九大报告指出，我国要创新对外投资方式，促进国际产能合作，加快培育国际经济合作和竞争新优势。通过在东南亚国家建设工业园区，一方面，为当地提供招商引资平台，降低投资风险。另一方面，工业园区对资本的聚集性能够很好地促进当地经济发展，也能够增强投资企业的经营风险抵御能力。设立沿海开放城市、经济特区以及中外经贸合作区是中国改革开放取得成功的重要措施。中国企业在经贸合作园区建设上具有丰富经验。随着“一带一路”倡议的推进，中国企业将经验带到东南亚国家，设立境外经贸合作园区，创新中国与东南亚国家的经济合作模式。中国企业已在东南亚国家建立缅甸皎漂特区工业园、印度马哈拉施特拉邦汽车产业园。以经验和技术作为投资方式，为东南亚国家提供园区设计、招商服务和运营管理。为促进经贸合作园区的建设和进一步发展，应进一步重视境外经贸合作园区建设，帮助企业解决园区建设中遇到的风险，同东南亚国家保持持久稳定的外交关系，以保证园区的顺利建设和长远发展。

5.3 中国对“一带一路”沿线国家直接投资进入模式选择实证研究

“一带一路”沿线国家多为发展中国家，多个国家内部或国家之间存在战乱冲突等问题。“一带一路”沿线国家的政治经济情况复杂，中国对其直接投资面临机遇，也面临挑战。在此背景下，中国企业进入“一带一路”沿线国家，选择合适的对外直接投资进入模式至关重要。相关研究取得了一定进展，但是较少将对外直接投资行业与对外直接投资进入模式相结合，未证实对外直接投资进入模式的选择是否与投资行业相关。基于此，从企业自身因素和东道国因素两方面，分析中国对“一带一路”沿线国家直接投资进入模式选择的影响因素，然后构建 Logit 模型进行实证研究，再将对外直接投资行业分为资源型行业和技术型行业进行异质性分析，研究中国企业对“一带一路”沿线国家直接投资进入模式选择。

5.3.1 机理分析与研究假设

基于已有研究，将对外直接投资进入模式选择的影响因素分为东道国因素和企业自身因素两个方面。其中，东道国因素主要包括东道国的经济发展水平、东道国与我国的制度距离及文化距离，企业自身因素主要包括企业生产率、企业规模及企业性质。

研究假设 6：生产率较高企业对外直接投资更倾向于跨国并购。

企业生产率会影响中国对“一带一路”沿线国家直接投资进入模式选择。根据企业异质性理论，生产率可以较为综合地体现企业异质性。企业生产率是企业特定优势中的“可转移优势”，企业对外直接投资时可以伴随企业转移到东道国。生产率较高的企业进行跨国并购能够产生较大的协同效应，更能接受较高的交易成本。因此，生产率较高的企业倾向于用跨国并购的方式进行对外直接投资，生产率较低的企业则倾向于绿地投资。基于此，提出研究假设 6。

研究假设 7：规模较大企业对外直接投资更倾向于采用跨国并购。

企业规模是中国对“一带一路”沿线国家直接投资进入模式选择的重要影响因素。企业规模直接影响中国企业在海外市场上的竞争力，根据规模经济理论，企业规模越大，产品的平均生产成本会下降，边际成本递减效应越明显。规模较大的企业往往拥有更大规模的有形资产及设备，可利用的资源及海外经验也更丰富，倾向于选择跨国并购的方式。规模较小的企业则倾向于绿地投资。基于此，提出研究假设 7。

研究假设 8：资本密集度较高企业对外直接投资更倾向于采用跨国并购。

企业资本密集度是中国对“一带一路”沿线国家直接投资进入模式选择的重要影响因素。企业资本密度反映企业聚集资本的能力，在一定程度上可以显示出企业的经营情况，资本较为密集的企业可利用的资本充足，向国外开拓市场有助于提升企业的国际竞争力。在资金充裕的情况下，选择跨国并购的进入方式能够让并购企业在短时间内获取被并购企业的技术、设备以及管理经验。基于此，提出研究假设8。

研究假设9：东道国经济发展水平越高，中国企业对外直接投资越倾向于采用跨国并购。

东道国经济发展水平影响中国对“一带一路”沿线国家直接投资进入模式选择。东道国经济发展水平越高，可以为外商投资企业提供更好的投资机会。一方面，东道国的经济发展水平越高，意味着其市场潜力较大，有助于企业通过对外直接投资开拓海外市场。另一方面，经济发展水平较高的国家，其外商直接投资制度和法律往往更加规范，也有利于外商投资企业采用并购的方式进入东道国市场。基于此，提出研究假设9。

研究假设10：东道国与我国的制度距离越小，中国企业对外直接投资越倾向于采用跨国并购方式。

东道国与我国的制度距离影响对外直接投资进入模式选择。根据世界银行发布的全球治理指数，东道国的制度质量主要包括话语权和问责、政治稳定性与非暴乱、政府有效性、管制质量、法治制度、腐败控制六个维度。东道国与我国的制度距离越小，越有利于企业并购后的整合。因此，东道国与我国的制度距离越小，中国企业对外直接投资越倾向于采用跨国并购方式。基于此，提出研究假设10。

研究假设11：东道国与我国的文化距离越小，中国企业对外直接投资越倾向于采用跨国并购的方式。

东道国与我国的文化距离影响中国对“一带一路”沿线国家直接投资进入模式选择。东道国与中国的文化距离越大，双方在文化方面的差异就会越大，双方的交流就会越困难，这会导致双方关系紧张，从而影响到中国企业在“一带一路”沿线国家进行直接投资时采取的方式。“一带一路”沿线国家与中国文化差距越小，企业并购后的整合成本越低。一般来说，东道国与我国文化距离较小时，我国企业更倾向于选择跨国并购的方式进行直接投资。基于此，提出研究假设11。

5.3.2 实证研究

5.3.2.1 模型设定

我国对“一带一路”沿线国家直接投资进入模式为被解释变量，采用跨国并购的方式，取值为 1，采用绿地投资的方式，取值为 0。由于被解释变量为二分位变量，选用二元 Logit 模型进行参数估计。具体模型如下：

$$\mathrm{logit}(d_{it}^{MA}=1)=\beta_0+\beta_1 LP_{it}+\beta_2 Size_{it}+\beta_3 Capital_{it}+\sum\varphi_n X_{it}^n+\xi_{it} \tag{5-2}$$

其中，i、t 分别表示中国对外直接投资企业与投资时间，$d_{it}^{MA}=1$ 表示企业选择跨国并购的方式进行对外直接投资，LP 表示我国对外直接投资企业的生产率，$Size$ 表示企业规模，$Capital$ 代表资本密集度，$\sum\varphi_n X_{it}^n$ 为控制变量，表示对外直接投资进入模式选择受东道国经济发展水平、东道国与我国的制度距离及文化距离影响的总集合。β 为各变量的回归系数，ξ_{it}代表模型的误差项。

5.3.2.2 变量选取、指标选取与数据来源

被解释变量为我国企业对“一带一路”沿线国家直接投资进入模式（MA）。通过整理 2005～2021 年，中国全球投资跟踪（China Global Investment Tracker）数据库中的中国企业对外直接投资数据，包括投资金额、投资区位、投资行业、进入模式等，筛选出投资区位为“一带一路”沿线国家的数据，对其进入模式选择情况进行整理，共得到 265 条进入模式选择的相关数据。解释变量为企业生产率（LP）、企业规模（$Size$）及企业资本密集度（$Capital$）。其中，企业生产率（LP）用净利润/总资产平均余额表示，企业规模（$Size$）用企业年总资产的自然对数表示，企业资本密集度（$Capital$）用固定资产/员工人数表示。

选取东道国因素作为控制变量，包括东道国的经济发展水平（$\ln GDP$）、东道国与我国的制度距离（ID）、东道国与我国的文化距离（CD）。用东道国的 GDP（2010 年不变价美元）衡量东道国的经济发展水平（$\ln GDP$），为消除异方差并缩小数据值范围，对东道国的 GDP 进行取对数处理。用《全球治理指数报告》中的全球政府治理指标来测度东道国与我国的制度距离（ID），具体包括公众话语权与问责制、政治稳定与杜绝暴力及恐怖主义、政府效率、监管质量、法治水平、腐败控制这 6 类制度性因素。计算如公式（5－3）所示，其中，ID_j 指中国与东道国 j 的制度距离，I_k 代表我国在制度维度 k 上的得分，I_{kj}代表 j 国在制度维度 k 上的得分，N 代表制度环境的维度数。用霍夫斯泰德（Holfstede）文化维度数据库中的相关指标测度东道国

与我国的文化距离（*CD*），具体包括权力距离、不确定性规避程度、个人主义倾向、社会男性气质程度、经济目标长期取向程度、社会成员自身放纵程度6个维度。计算如公式（5-4）所示，I_{ij}代表东道国j在i维度上的具体数值，I_i是我国在i维度上的具体数值，V_i是i维度上具体数值的方差。具体的变量、指标选取及数据来源如表5-6所示。

$$ID_j = \{\sum_{k=1}^{N} |I_k - I_{kj}|\}/N \tag{5-3}$$

$$CD_j = \frac{1}{6}\left[\sum_{i=1}^{6}\frac{(I_{ij} - I_i)^2}{V_i}\right] \tag{5-4}$$

表5-6　　　　变量选取、指标选取与数据来源

变量类型	变量名称	变量描述	指标选取	数据来源
被解释变量	*MA*	对“一带一路”国家直接投资进入模式	采用跨国并购的方式，取值为1；采用绿地投资的方式，取值为0。	China Global Investment Tracker
解释变量	*LP*	企业生产率	净利润/总资产平均余额	国泰安数据库
	Size	企业规模	企业年总资产的自然对数	国泰安数据库
	Capital	企业资本密集度	固定资产/员工人数	国泰安数据库
控制变量	ln*GDP*	东道国的经济发展水平	东道国的GDP（2010年不变价美元）取对数	WDI数据库
	ID	东道国与我国的制度距离	选取公众话语权与问责制、政治稳定与杜绝暴力及恐怖主义、政府效率、监管质量、法治水平及腐败控制进行计算	全球治理指数报告
	CD	东道国与我国的文化距离	选取权力距离、不确定性规避程度、个人主义倾向、社会男性气质程度、经济目标长期取向程度及社会成员自身放纵程度进行计算	Holfstede官网

5.3.2.3　回归结果分析

运用STATA进行实证检验，回归结果如表5-7所示。模型（1）只考虑解释变量对“一带一路”沿线国家直接投资进入模式选择的影响。模型（2）

在解释变量的基础上，加入了控制变量的指标：东道国的经济发展水平（ln*GDP*）、东道国与我国的制度距离（*ID*）及东道国与我国的文化距离（*CD*）。

表 5－7　　　　Logit 模型检验结果

指标	变量名称	模型（1）	模型（2）
企业生产率	*LP*	0.315247*** （0.1046675）	0.4981142*** （0.1523576）
企业规模	*Size*	0.3191632 （0.2149589）	0.5614106* （0.3100409）
企业资本密集度	*Capital*	1.943505 （1.564095）	1.428852 （1.675014）
东道国经济发展水平	ln*GDP*		－1.527814** （0.7603705）
东道国与中国的制度距离	*ID*		－1.034772** （0.4839151）
东道国与中国的文化距离	*CD*		－1.63708* （0.8398455）
常数项	—	－13.70413** （6.207661）	23.67344 （17.02755）

注：括号内的值是 T 统计量，*、**、*** 分别表示在 10%、5%、1% 的置信水平上显著。

从企业层面的影响因素来看，模型（1）和模型（2）中，企业生产率（*LP*）的系数均为正，且在 1% 的水平上显著，说明企业生产率越高，选择跨国并购方式的可能性越大，验证了理论假设 6 的预想。企业规模（*Size*）的系数为正，且在模型（2）中通过了 10% 的显著性水平检验，说明企业规模越大，越倾向于选择跨国并购的方式，研究假设 7 成立。企业资本密集度（*Capital*）前的系数虽为正，但未通过显著性检验，说明企业资本密集度对对外直接投资进入模式选择的影响不显著。

从东道国层面的影响因素来看，模型（2）中，东道国的经济发展水平（ln*GDP*）的系数为负，且在 5% 的水平上显著，说明东道国的经济发展水平越低，选择跨国并购方式的可能性越大，与研究假设 9 的假定相反。东道国与我国的制度距离（*ID*）的系数为负，且在5%的水平上显著，说明东道国与我国的制度距离越小，选择跨国并购方式的可能性越大，验证了研究假设10。东道国与我国的文化距离（*CD*）的系数为负，且在10%的水平上显著，说明东道国与我国的文化距离越小，选择跨国并购方式的可能性越大，验证了理论假设11。

5.3.2.4 稳健性检验

为进一步检验Logit模型下的回归分析是否具有稳健性，选择Probit模型进行回归检验。回归结果如表5-8所示，模型（1）和模型（2）中，企业生产率（*LP*）的系数均为正，且在1%的水平上显著，结果与理论假设6一致；企业规模（*Size*）的系数为正，且在模型（2）中通过了10%的显著性水平检验，结果与研究假设7一致；企业资本密集度（*Capital*）前的系数依然未通过显著性检验；东道国的经济发展水平（ln*GDP*）的系数为负，且在5%的水平上显著，与研究假设9的预想相反；东道国与我国的制度距离（*ID*）的系数为负，且在5%的水平上显著，结果与研究假设10一致；东道国与我国的文化距离（*CD*）的系数为负，且在5%的水平上显著，结果与研究假设11一致。Probit模型下的检验结果与Logit模型下的实证结果基本一致，结果稳健。

表5-8　Probit模型检验结果

指标	变量名称	模型（1）	模型（2）
企业生产率	*LP*	0.1377398*** (0.0479941)	0.2379353*** (0.0760174)
企业规模	*Size*	0.1323722 (0.0961447)	0.2664882* (0.1582484)
企业资本密集度	*Capital*	0.7870385 (0.647217)	0.6669022 (0.7483372)
东道国经济发展水平	ln*GDP*		0.6959248** (0.3552358)
东道国与中国的制度距离	*ID*		-0.5062817** (0.2392567)

续表

指标	变量名称	模型（1）	模型（2）
东道国与中国的文化距离	*CD*		-0.8016275 ** (0.4071009)
常数项	—	-6.095101 ** (2.729702)	10.36001 (8.207124)

注：括号内的值是 T 统计量，*、**、*** 分别表示在 10%、5%、1% 的置信水平上显著。

5.3.2.5 异质性分析

参考钱旭（2020）的做法，将对外直接投资行业分为资源型行业和技术型行业进行异质性分析。被解释变量为我国企业资源型行业和技术型行业对外直接投资进入模式。解释变量依然选取企业自身因素，包括：企业生产率（*LP*）、企业规模（*Size*）、企业资本密集度（*Capital*）。控制变量为东道国因素，包括：东道国的经济发展水平（ln*GDP*）、东道国与我国的制度距离（*ID*）、东道国与我国的文化距离（*CD*）。

（1）中国资源型行业对“一带一路”沿线国家直接投资进入模式选择实证研究。

资源型行业主要包括金属制品业、黑色金属、有色金属冶炼及压延加工业等。将资源型行业对“一带一路”沿线国家直接投资进入模式选择进行汇总，共得到 174 条数据。资源型行业对外直接投资主要是为了获取铁矿石、煤炭、石油等资源，这部分投资大部分流向了不发达国家。为进一步研究资源型行业对外直接投资进入模式选择，选取 Logit 模型进行实证分析，回归结果如表 5-9 所示。

表 5-9 资源型行业对“一带一路”沿线国家直接投资进入模式选择 Logit 检验结果

指标	变量名称	模型（1）	模型（2）
企业生产率	*LP*	0.3181326 *** (0.1154694)	0.5651737 *** (0.1992588)

续表

指标	变量名称	模型（1）	模型（2）
企业规模	*Size*	0.3198757 （0.2293606）	0.6501226* （0.393726）
企业资本密集度	*Capital*	2.317141 （1.853452）	1.75197 （2.251972）
东道国经济发展水平	ln*GDP*		-2.169781** （1.000655）
东道国与中国的制度距离	*ID*		-1.064741* （0.5618373）
东道国与中国的文化距离	*CD*		-2.163525* （1.149246）
常数项	—	-13.70184** （6.692759）	38.38861* （22.05232）

注：括号内的值是T统计量，*、**、***分别表示在10%、5%、1%的置信水平上显著。

由表5-9可知，我国资源型行业对“一带一路”沿线国家直接投资进入模式选择的影响因素中，模型（1）和模型（2）中，企业生产率（*LP*）的系数均为正，且在1%的水平上显著；企业规模（*Size*）的系数为正，且在模型（2）中通过了10%的显著性水平检验；东道国的经济发展水平（ln*GDP*）的系数为负，且在5%的水平上显著；东道国与我国的制度距离（*ID*）的系数为负，且在10%的水平上显著；东道国与我国的文化距离（*CD*）的系数为负，且在10%的水平上显著。就系数大小来看，企业因素和东道国因素的系数均有所提升，因此，资源型行业对外直接投资进入模式更易受到企业自身因素及东道国因素的影响。

（2）中国技术型行业对“一带一路”沿线国家直接投资进入模式选择实证研究。

技术型行业主要包括航空航天、生物、医药和医疗器械等。将技术型行业对“一带一路”沿线国家直接投资进入模式选择进行汇总，共得到89条数据。以获取技术为目的进行的投资大都流向发达国家，可以通过收购掌握这项技术的企业来实现，更有可能采用跨国并购的方式。为进一步研究技术型行业对外直接投资进入模式选择，选取 Logit 模型进行实证分析，回归结果如表 5-10 所示。

表 5-10　技术型行业对“一带一路”沿线国家直接投资进入模式选择 Logit 检验结果

指标	变量名称	模型（1）	模型（2）
企业生产率	*LP*	-0.3038334 (0.7133398)	-1.384044 (1.929605)
企业规模	*Size*	0.5814245 (0.90395)	1.771375 (2.399732)
企业资本密集度	*Capital*	-7.635832 (17.85227)	-16.47078 (23.7958)
东道国经济发展水平	ln*GDP*		2.725431 (4.248183)
东道国与中国的制度距离	*ID*		-1.525012 (2.139238)
东道国与中国的文化距离	*CD*		-2.288663 (3.939867)
常数项	—	-18.70991 (24.76623)	-114.4656 (153.8496)

注：括号内的值是 T 统计量，*、**、*** 分别表示在 10%、5%、1% 的置信水平上显著。

由表 5-10 可知，与资源型行业对外直接投资不同，技术型行业对外直接投资进入模式选择的影响因素中，企业生产率（*LP*）前的系数变为负，东道国经济发展水平（ln*GDP*）前的系数变为正，其余的系数正负与资源型行业保持一致。但无论企业自身因素，还是东道国因素，均没通过显著性检验。这可能由于“一带一路”沿线国家多为发展中国家，而技术型行业对外直接投资更多地倾向于发达国家，且多采用跨国并购的方式。

5.3.3 结论及政策建议

5.3.3.1 研究结论

从企业层面来看，企业生产率及企业规模对跨国并购有正向影响，即企业生产率越高、规模越大，则以跨国并购的方式对"一带一路"沿线国家直接投资可能性越大。从东道国层面来看，东道国的经济发展水平对跨国并购有负向影响，即东道国的经济发展水平越低，我国企业对"一带一路"沿线国家直接投资选择绿地投资的可能性更大；东道国与我国的制度距离、文化距离对跨国并购有负向影响，东道国与我国的制度距离、文化距离越小，我国企业对"一带一路"沿线国家直接投资选择跨国并购的可能性更大。从投资行业来看，我国对"一带一路"沿线国家直接投资为资源型行业时，企业自身因素及东道国因素对对外直接投资进入模式选择的影响更大；我国对"一带一路"沿线国家直接投资为技术型行业时，企业自身因素及东道国因素对对外直接投资进入模式选择的影响较小。

5.3.3.2 优化我国对沿线国家 OFDI 进入模式选择的对策建议

基于以上分析，从企业层面和政府层面，分别提出以下政策建议：

（1）企业层面。

①充分考虑东道国因素，选择合适的对外直接投资进入模式。首先，企业应立足于目标国家及行业特性，充分考虑两国文化差异，东道国相关管制政策及国家风险，以提高经济效益为目标，选择合适的对外直接投资进入模式。如果单纯从进入东道国的难易程度来选择，虽然企业可以快速进入东道国，但是可能会因进入模式的错误导致无法获取良好的投资收益。

②增强企业综合优势。企业以并购这种较易接近技术的方式进行投资时需谨慎，因为并购后的企业不可避免存在文化及管理方式上的摩擦，对企业的资源整合能力要求更高。此外，企业规模、研发能力、技术水平都影响着企业对外直接投资绩效。因此，在考虑投资进入方式时，必须立足于自身水平，充分考虑企业自身因素进行选择，否则可能会超出其能力范围，或者达不到最优状态。

（2）政府层面。

①强化政府的政策支持和导向作用。政府应对对外直接投资给予一定的政策支持和引导。首先，应加快专门法律的制定与完善，提高境外直接投资的审批效率，拓宽海外市场信息渠道，帮助企业筛选高科技项目，实现信息资源共享。其次，政府应对企业的研发活动给予一定的支持和奖励，引导企业提高研发投入，注重自身技术吸收能力和创新能力的培养。最后，政府应帮助企业建立海外风险预警体系，以使跨国企业对外部不确定因素的应对由被动适应到主动认识和防御，提高对外直接投资绩效。

②加强与世界各国的合作与交流。企业所遇到的很多经济、文化问题往往必须上升到政府和国家层面才能真正得到解决。仅仅依靠企业个体加强与东道国各个领域的交流合作是远远不够的。要促进中国企业对外直接投资的发展，我国政府必须加强与其他国家政府间的合作。这样才能有效降低对外直接投资的进入门槛，尽量减少东道国政府在进入方式、股权结构以及投资领域等方面的限制，较好地解决投资企业与东道国政府和企业之间的各种摩擦，促进中国企业对外直接投资的长远发展。

5.4 本章小结

本章在对对外直接投资进入模式选择相关研究综述的基础上，进行机理分析，提出研究假设，采用Logit模型对北京企业对东南亚国家及中国企业对“一带一路”沿线国家直接投资模式选择进行研究，并从企业层面和政府层面提出相应的政策建议。

东南亚国家是北京企业在“一带一路”沿线国家对外直接投资的重点地区。对外直接投资进入模式对于企业对外直接投资成败及绩效表现具有重要影响。北京企业对外直接投资中，应注意选择适当的投资进入模式以提高对外直接投资效益。运用Logistic模型对北京企业对东南亚国家对外直接投资进入模式选择进行实证研究，发现如果北京企业属于新兴产业，则倾向于选择绿地投资；属于传统产业，则更倾向于选择跨国并购。东道国经济政策越规范完善，监管环境越好，越能吸引绿地投资；东道国社会包容性和社会安定程度越低，北京企业越倾向于选择绿地投资。

选取二元 Logit 模型，研究东道国因素及企业自身因素对我国对“一带一路”国家直接投资进入模式选择的影响，并将对外直接投资行业分为资源型行业和技术型行业进行异质性分析。研究发现我国企业生产率越高、规模越大，则以跨国并购的方式对“一带一路”沿线国家直接投资可能性越大；东道国的经济发展水平越低、东道国与我国的制度距离及文化距离越小，我国企业对“一带一路”沿线国家直接投资选择跨国并购的可能性越大；我国对“一带一路”沿线国家直接投资为资源型行业时，企业自身因素及东道国因素对对外直接投资进入模式选择的影响更大。因此，应综合考虑企业自身因素、东道国因素及投资行业，合理选择对外直接投资进入模式。

| 第6章 |

中国对“一带一路”沿线国家直接投资风险研究

对外直接投资风险是从国家风险的概念发展而来的。伯顿（Burton，1985）认为主权国家的政府或借款人可能存在拒绝偿付债务的行为，从而给外国的贷款人或投资者造成风险。梅尔德伦（Meldrum，2000）认为对外直接投资风险是商品交易由于跨越国境而产生的额外风险，由东道国政治制度、经济结构、货币政策、地理区位等方面的差别造成。扎菲尔和奥斯曼（Zafer and Osman，2002）认为风险是对收益产生负面影响的变量，在公司参与国际项目时，会对其造成阻碍或限制，甚至损失。对外直接投资风险涉及一个国家的政治、经济、社会、法律、宗教等方面，以战争、冲突、汇率变动、自然灾害等方式表现出来，对企业的国际投资活动的影响可能是罚没、收归国有、禁止出境、废除债务、强行终止合同、汇率损失、人员安全等（Miller，1992；Yothin，2007；聂明华，2008）。由于“一带一路”沿线各国的国情不同，我国企业对沿线国家直接投资也面临着投资风险。自“一带一路”倡议提出以来，国内学者开始关注中国对“一带一路”沿线国家直接投资风险。陈波（2018）指出“一带一路”沿线国家的政治制度、经济水平、社会稳定程度、文化形态、市场机制都差别较大，再加上我国自身在投资管理方面还存在一些问题，导致我国对外直接投资存在着很多风险和隐患。下面从中国对“一带一路”沿线国家直接投资经济风险和文化风险两个方面进行研究。

6.1 中国对“一带一路”沿线国家直接投资经济风险研究

“一带一路”沿线国家大多为发展中经济体，有关外商直接投资的经济制度不够成熟，市场环境缺乏规范。我国企业对沿线国家直接投资面临经济风险，投资收益存在不确定性。另外，东道国与我国的双边关系状况有所不同。一些国家与我国签订了投资协定，给我国投资者一定的优惠政策，为我国对外投资者提供更好的市场环境，增加了投资者的投资信心，降低了投资的经济风险。另外，目前中国企业对“一带一路”沿线国家直接投资存在着区位分布和行业分布相对集中的特征，也存在大量的不良投资。探究我国对“一带一路”沿线国家直接投资经济风险，是加强推动“一带一路”建设，提高对外开放质量的需要。

为了高质量提升中国对“一带一路”沿线国家直接投资，更好地识别、评估“一带一路”沿线国家的经济风险，下文采用13个经济风险指标，建立较为全面的经济风险指标体系，用熵权法测度中国对“一带一路”沿线国家直接投资经济风险水平，再分别从政府层面和企业层面提出建议。

6.1.1 文献综述

与本书研究相关的文献主要有以下三个方面。

6.1.1.1 对外直接投资经济风险内涵的相关研究

“一带一路”沿线各国所处社会发展阶段各异，经济发展水平差异较大。受政治因素、经济结构、自然禀赋的影响，各国经济风险表现出很大的差异性。相关研究主要从宏观经济状况、政府偿债能力、财政金融环境、国际货币状况等方面对沿线国家对外直接投资经济风险进行分析。郑翔益（2017）指出“一带一路”的经济风险分为投资风险和市场运营风险两类，其中市场运营风险表现在物流运输、融资、汇率及税务等方面。赵睿（2017）指出由于“一带一路”沿线各国经济发展状况不同，经济风险在国内企业跨境行动时将不可避免。胥爱欢（2018）指出“一带一路”沿线大部分国家经济发展落后，财政支出需求较高，赤字规模较大，外债占比高，偿债能力弱，存在较高的信用风险。曲丽丽（2016）分析了金融部门在参与“一带一路”建设时需同时考虑沿线国家对资金的需求和经济活动中存在的金融风险。王凡一（2016）认为“一带一路”沿线地区币种繁多、汇兑和汇率波动状况差异较大，我国企业在这一地区投资将面临较大风险。聂娜（2016）认为经济风险是指企业对外直接投资活动过程中，由于经济环境的变化、周期的波动、财政与货币政策的调整而影响投资收益的可能性。翁东玲（2016）认为经济风险是指在“一带一路”项目建设中，因为当地经济制度或经济政策的改变，或当地发生了严重的通货膨胀，或当地政府财政或债务状况、贸易状况突然恶化，当地突然实行严格的外汇管制等原因导致的投资项目的失败或损失的风险。李原、汪红驹（2018）认为经济风险是指东道国经济形势变化或经济政策调整所引起的收益降低的可能性。杨玲丽（2021）认为经济风险指由东道国宏观经济基本指标的变化导致的外商投资者或债权人的资产面临损失的可能性。胡必亮、刘清杰（2023）认为经济风险主要是指经济发展前景的不确定性所导致对外直接投资遭受经济损失的可能性。

6.1.1.2 对外直接投资经济风险影响因素的相关研究

汇率不确定性会使对外直接投资减少（Solomon and Ruiz，2012）。赵睿（2017）构建了包含东道国经济运行状况、收汇能力、债务负担状况三个方面的风险因素。党（Dang，2022）发现东道国债务偿还能力对中国对外直接投资具有显著的正向作用，汇率稳定性和外债占 GDP 比重对中国对外直接投资具有明显的负向影响。王永中、李曦晨（2015）从区域分布、行业结构、企业类型等角度分析中国在“一带一路”沿线国家开展直接投资失败项目的特征，发现“一带一路”国家的投资风险明显高于平均水平，且中国在“一带一路”沿线国家投资失败项目的数量份额、价值份额的比例均显著超过其在“一带一路”的投资份额。卫平东、孙瑾（2018）从经济增长率、经济环境效率和通货膨胀角度，分析中国对“一带一路”直接投资经济风险的影响因素。杨君岐、任禹洁（2019）发现东道国较好的经济基础和偿债能力是中国企业对外投资收益水平和安全性的保障。杨达（2020）发现中国企业对外直接投资风险与人民币升值和人民币汇率波动程度具有显著的正相关关系，而企业提高生产率有助于缓解由于人民币汇率波动而造成的中国企业对外直接投资风险。刘华、曹丛慧（2021）以中亚五国为例，研究发现我国对“一带一路”直接投资风险主要表现为财政金融风险和投资争端风险。胡文远、范云（2021）发现中国对南亚投资依然面临东道国投资壁垒、投资产业集中度过高、易受非经济因素干扰，优化中国对南亚投资格局需要重视对南亚各国市场环境与投资风险的评估，结合东道国自身优势进行投资布局，避免非理性投资。王淑芳等（2021）发现投资者往往会选择低风险且具有高收益潜力的国家或地区进行投资，然而中国企业对“一带一路”沿线国家的投资却存在高风险与高投资并存的投资悖论现象，而东南亚地区是投资悖论国家分布的集中区。

6.1.1.3 对外直接投资经济风险评级的相关研究

徐和钟（Xu and Chung，2018）运用数据包络分析（DEA）模型计算出每个ESG维度和国家的综合指标，分别对各国的环境评级（即风险）、社会和治理评级、平均评级、综合评级作出评估。有学者采用模糊综合评价法对“一带一路”沿线不同区域国家的投资风险进行评估（Chen et al.，2018；杨君岐、任禹洁，2019）。任和杜（Ren and Du，2018）提出了一种基于支持向量机（SVM）的海洋外贸经济区产业投资风险评估模型，从系统性风险和非系统性风险两个方面构建了行业投资风险评价指标体系，运用层次分析法计算各投资风险评价指标的权重，并运用所提出的模型对投资项目进行实证分析。袁等（Yuan et al.，2019）从8个维度共39项指标构建了评价指标体系，通过一种组合的分析网络过程——熵方法来确定指标权重。吴和王（Wu and Wang，2020）等为了评估“一带一路”沿线国家可再生能源投资的风险，建立了涵盖经济、资源、环境等风险和中国因素的32个风险指标体系，采用网络层次分析法确定权重，结果表明经济风险在海外可再生能源投资中占据主要决定地位。胡必亮、刘清杰（2023）构建了一套包括经济风险、金融风险等五类风险的风险评价体系，然后构建一个具有两层结构的评估模型来进行国别投资风险测算、排序与评估。向鹏成、蔡奇钢（2022）从语言、民族宗教、人文环境、外交关系 4 个维度识别得到了 21 项文化风险因素，构建了重大基础设施投资的文化风险指标体系，并运用熵权法确定它们的综合权重。

方慧、宋玉洁（2019）采用因子分析法测度了"一带一路"沿线国家经济金融风险，发现中国对"一带一路"沿线国家直接投资主要流向了中高风险国家。赵红军、曹之煜（2023）从经济风险和对华关系风险等 5 个方面的 45 个指标，采用主成分分析法评估了各国的总风险、地区分组、时间变化趋势。孙志毅等（2019）运用 SWOT 分析法对中国对"一带一路"直接投资风险予以评估，并对不同环境及不同信用等级的投资风险提出相应策略。唐晓彬等（2020）构建了风险测度的 VHSD-EM 模型，测算了"一带一路"沿线国家包括经济风险的综合投资风险指数。任燕、邱玉雪（2021）建立拓展的投资引力模型，对"一带一路"沿线国家投资风险水平进行测度，发现"一带一路"沿线国家投资风险水平存在较大差异，国际局势的复杂性进一步加剧了各国投资风险的不稳定性。李俊江、朱洁西（2022）构建包含经济金融风险的"一带一路"沿线国家风险指标体系，采用偏最小二乘通径模型和 BP 神经网络技术实现了风险测度与预警。孟华强、索玮岚（2022）引入风险关联和决策者偏好，提出一种二元语义 DEMATEL 法、基尼系数客观赋权法与 VIKOR 法相结合的海外投资国家风险评估方法来量化风险关联，并从主客观集成视角确定风险评估指标权重，以期得到不同决策机制下的投资风险国别排序。张帅、李雅婷（2022）通过构建金融风险突变级数模型，对"一带一路"沿线国家金融市场风险进行了测度，发现不同区域之间金融市场风险存在明显差异，其中西亚地区整体金融市场风险偏高，东南亚地区整体金融市场风险相对较低。

6.1.1.4 文献述评

已有研究认为中国企业对"一带一路"沿线国家直接投资经济风险的影响因素有汇率稳定性、东道国债务偿还能力、外债占 GDP 比重、经济增长率、经济环境效率、通货膨胀率以及东道国投资壁垒等。已有研究采用多种方法对对外直接投资经济风险进行了量化评级，包括主成分分析法、SWOT

分析法、因子分析法、熵权法、模糊综合评价法以及层次分析法等。

已有研究取得了一定的成果，但仍存在一些遗憾。首先，在评估“一带一路”对外直接投资经济风险时，有些文献只考虑了少数几个经济指标，考虑的经济风险因素不够全面会导致对外直接投资经济风险评估不够准确。中国对“一带一路”沿线国家直接投资经济风险影响因素方面，多数研究更关注东道国因素，较少考虑母国因素。少数文献构建了双边关系指标，选取的代理变量比较单一，说服力不强，导致评价结果与中国企业实际投资时的状况有偏差。部分文献在对东道国进行对外直接投资风险测度时没有考虑到东道国与中国签订的投资协定、税收协定等双边协定。而东道国与中国签订的双边协定会影响潜在的外交风险，进而会影响到两国的经济和贸易关系，是影响中国企业对“一带一路”直接投资风险的重要因素。因此，在测度中国企业对“一带一路”沿线国家直接投资经济风险时，不能忽略东道国与中国签订的双边协定因素。为了最大程度降低投资风险，测度对“一带一路”直接投资经济风险时，应建立更加全面系统的指标，合理评估对外直接投资的可行性。

其次，已有研究所采用的风险评价模型和方法众多，仍存在不足。在评价方法选择方面，没有考虑数据结构和指标特征。部分文献采用的研究方法具有一定的主观性，评估结果会受个人主观意识的影响。缺乏客观数据支持，导致评估结果不够客观。因此，需建立科学的对外直接投资经济风险评估体系，以便更全面、系统地评估中国对“一带一路”沿线国家直接投资经济风险。

6.1.2 中国对“一带一路”沿线国家直接投资经济风险成因分析

经济风险是指由于东道国经济体制变化或经济结构调整等因素使市场环境发生变化，导致投资收益损失的可能性。如果东道国的经济前景预期不明朗或已进入经济衰退轨道，将会给跨国投资带来很大风险。“一带一路”沿线各国经济发展阶段不同，受政治环境、资源禀赋和产业结构影响，经济风险也表现出差异性。经济基础较好的部分欧洲、东盟国家市场发育程度较高，投资环境较稳定；而大部分亚洲国家，例如，老挝、柬埔寨、塔吉克斯坦等经济基础较弱的国家，市场较封闭，企业进入难度大，存在较高经济风险。“一带一路”沿线国家经济风险形成原因主要有以下方面：

（1）政府债务风险。政府债务风险是指东道国政府的债务负担高，而收入过低，导致东道国政府无法偿还债务，对国家信誉造成影响，进一步阻碍了本国的金融市场发展，致使投资者遭受损失的可能性。政府的偿债能力与政府的收入与支出密切相关，东道国政府净资产越高，财力越雄厚，偿债能力就较强，投资者面临的风险就会越小。“后疫情”时代，一些“一带一路”沿线国家，因为财政状况不佳，其财政赤字和经常项目赤字均偏高，导致了政府负债比例偏高。例如，俄罗斯、哈萨克斯坦等国经济状况易受石油价格影响，国家经常项目赤字高，自身抵抗资本变动的能力较弱；中亚国家货币持续贬值，柬埔寨、老挝、马来西亚等国外汇储备较少；蒙古、哈萨克斯坦等国对外负债率偏高。因此，中国企业在对这些国家进行直接投资时，务必重视债务违约风险。

（2）通货膨胀风险。通货膨胀风险是指东道国金融活动导致通货膨胀率波动，进而引起物价水平波动，对跨国企业、政府等可能造成的利润损失。“一带一路”沿线国家有许多属于发展中国家，经济金融环境不稳定，金融体系不健全，通货膨胀率波动较大。近年来，一些“一带一路”沿线国家为了应对新冠疫情导致的经济不景气问题，大量发行货币，导致通货膨胀率上升。高通胀会使对外直接投资的真实资本减少，造成对外直接投资损失，对投资周期长的项目会产生更大负面影响。

（3）外汇风险。外汇风险是指投资者在某一时间的对外直接投资活动中，因为某些因素导致东道国汇率发生波动，进一步引起投资者以东道国货币计量的资产以及负债价值发生变动，给投资者带来损失的可能性。以人民币计价的中国企业资产在东道国市场交易时，如果东道国的汇率下降，意味着东道国的货币升值，投资者以相同的资产赚取的货币就越少，利润就会下降。对于中国对外投资机构的负债，当东道国汇率下降，投资者需要偿还的借款就相对增多。当东道国汇率上升，货币贬值时，中国投资者在东道国赚取的收益可以兑换的人民币数量就会降低。一些沿线国家汇率容易受国外经济波动影响，汇率变动会带来资产负债计算的变动，会给企业造成损失和双重的汇率风险。“一带一路”沿线货币种类较多，币种的多样化也会使项目的汇兑风险加大。例如，2020 年全球原油价格的下跌，俄罗斯与主要产油国的谈判破裂，导致本国货币卢布兑美元汇率贬值9.5%，致使大量对俄罗斯开展直接投资活动的中国企业、投资机构及个人遭受了巨大的外汇风险，在货币兑换环节承受了巨额的损失。此外，“一带一路”沿线国家以发展中国家为多数，有些国家在外汇政策方面存在着不够明确的问题，例如，缅甸实行双向汇率制，真实的市场汇率与正式的官方汇率价相差很大，而且存在很大的波动性。

（4）利率风险。利率风险是指东道国的金融市场动荡，导致的市场利率波动的不确定性，使对外直接投资成本上升，进而对投资者造成的损失或使投资者的实际收益低于预期。一些“一带一路”沿线国家的经济实力较弱，其国内利率水平容易受到经济政策、资金供求等因素的影响。利率水平的不稳定会使一些“一带一路”沿线国家出现资本外逃现象，使得外国投资者认为该国银行业不稳定，因此提取在该国银行的存款，将在东道国获得的利润汇回国内。大量集中提取就会引发银行挤兑风险，进而引起银行流动性危机。在“一带一路”倡议持续推进的背景下，中国与“一带一路”沿线国家间的投资合作与经贸往来不断扩大，利率风险的传染性会更强，其对我国对“一带一路”沿线国家直接投资的影响也会更大。

（5）信用风险。信用风险，又称违约风险，是指直接投资活动中，对方因为主观或者客观上的原因，无法或不情愿兑现承诺、实现合同中的条款时产生的违约，导致东道国无法按时收回债务，从而给投资者带来损失的可能性。东道国经济运行周期性会影响信用风险，例如，当东道国经济发展较快时，经济形势较好时，债务人收益水平较高，资金充足，一般不会出现违约现象，东道国的信用风险会降低。然而，当东道国处于经济衰退阶段时，债务人收益水平降低，资金短缺，可能出现无法及时偿还债务的情况，东道国的信用风险就会增加。近年来，受新冠疫情、贸易摩擦等因素的影响，部分“一带一路”沿线国家经济形势不佳，经常项目赤字居高不下，银行不良贷款率较高，私人和公共部门都存在着较高的债务违约风险。因此，当前中国企业对“一带一路”沿线国家直接投资面临一定的信用风险。

6.1.3 中国对“一带一路”沿线国家直接投资经济风险影响因素分析

由于“一带一路”沿线国家大多为新兴经济体，其国际投资规则制度不够完善，为我国对“一带一路”直接投资增加了许多不确定性。因此，中国对“一带一路”沿线国家直接投资更容易受到经济风险的影响。国际直接投资经济风险影响因素主要指投资者在进行跨国投资时所面临的经济环境中导致不确定性并可能造成损失的各种因素。中国对“一带一路”沿线国家直接投资经济风险影响因素可以分为四类：东道国的经济发展状况、货币因素、投资自由情况和双边协定。

6.1.3.1 经济发展状况

（1）国内生产总值。国内生产总值（GDP）是衡量一个国家经济规模的重要指标。随着“一带一路”的不断发展，我国与沿线国家的投资贸易关系也在不断深化。“一带一路”沿线国家经济发展状况对中国企业在经济项目中的投资回报率有重要影响。如果东道国的 GDP 水平较低，则该国市场规模较小且消费能力受限，从而导致投资回报率较低，投资经济风险增加。

（2）经济增长率。经济增长率能够反映出一个国家的经济发展潜力和稳定性。分析“一带一路”沿线国家的经济增长率可以评估该国的经济状况和发展趋势，从而预测可能出现的风险。较高的经济增长率通常意味着一个国家的经济资源得到更好的利用，生产活动更为活跃，企业盈利能力提高，国民收入水平提升。这有助于降低失业率、提升政府财政收入，象征着国家经济的整体繁荣与稳定。相反，如果一个国家的经济增长率较低，通常意味着该国市场饱和或处于衰退期，投资回报率较低。因此，东道国的经济增长率对我国企业对外直接投资经济风险有重要影响。

（3）资本形成总额。“一带一路”沿线国家的资本形成总额反映一个国家的经济发展水平和投资活动规模，对国家基础设施水平和生产能力、技术水平和创新能力等都有重要影响。如果东道国资本形成总额较小，该国技术水平和创新能力等会受到限制，会存在市场不成熟等经济风险。中国企业对该国直接投资会面临亏损、资产损失等经济风险。东道国资本形成总额较高，则有利于降低经济风险，吸引外商直接投资。例如，新加坡固定资本形成总额在 2022 年第四季度达 240.75 亿美元①，处于较高水平，保证了新加坡的直

---

① CEIC 数据库。

接投资规模，降低了我国企业对其直接投资的经济风险水平。

（4）外债负债率。东道国的外债负债率可以评估该国的经济稳定性和偿债能力。东道国外债负债率高会使东道国借债能力下降。当外债负债率超过一定比例时，导致该国面临支付利息和本金的压力，从而增加该国面临偿付困难或违约风险的可能性。例如，塔吉克斯坦财政部数据显示，截至2022年7月1日，塔国家债务规模为37亿美元，占GDP的42.8%，其中内债占比12%，总额为5亿美元；外债占比88%，总额为32亿美元。塔吉克斯坦外债水平已超过国际金融机构建议的占GDP40%的外债上限。2022年11月中旬，世界银行建议塔吉克斯坦政府停止引进非优惠贷款，以减少债务危机风险。由于债务积累，塔吉克斯坦债务风险由2017年的“中等风险”上升为“高风险”。世界银行在其《塔吉克斯坦国家支出综述》中称，高水平的国家债务是塔中期面临的最严重的“脆弱性”问题之一。[①] 高水平的国家债务成为其经济发展的巨大负担，对其经济增长造成负面影响，加大了外国企业对其进行直接投资的经济风险。

6.1.3.2 货币因素

（1）通货膨胀率。“一带一路”沿线国家通货膨胀情况不统一。通货膨胀率反映了该国物价水平的变化情况，如果通货膨胀率较高，可能会导致投资回报减少、成本增加，从而增加经济风险。因此，通货膨胀是对“一带一路”沿线国家直接投资经济风险的重要影响因素。“一带一路”沿线国家通货膨胀率大多比较高。据世界银行公布的数据，2021年按GDP平减指数衡量的通胀率数据，黎巴嫩高达150%，东帝汶为59.3%，伊朗、伊拉克、土耳其、乌克兰、卡塔尔的通胀率也都在20%以上，分别为56.3%、33.4%、29.0%、25.1%、22.5%。2021年12月，亚美尼亚的年化通货膨胀率达到7.7%。2022年1月，斯里兰卡通胀率为14.2%，2月通胀率升至15.1%[②]。高通胀率会导致国家政治动荡和社会不稳定，进一步加剧经济风险，影响投资回报率。

---

① 世界银行：建议塔政府暂停非优惠贷款，走出去导航网，https：//www.investgo.cn，2022－11－23。

② 一带一路能源合作网，http：//obor.nea.gov.cn。

（2）汇率稳定性。“一带一路”沿线大多为发展中国家，其汇率稳定性不仅会受到政策变化、货币供应量等内部因素影响，通常还会受到国际市场波动等外部因素影响。因此，发展中国家的汇率波动通常更大、更频繁。汇率稳定性会对外部债务、国际贸易、物价等方面造成影响，从而会影响到投资者在该国投资的成本和收益。20 世纪 90 年代初，苏联解体后，美元约合 5 卢布，2023 年卢布兑美元汇率跌至 1 美元兑 100 卢布以上，意味着卢布贬值了 20 倍以上，导致在俄罗斯投资的外商投资企业遭受巨额损失。

6.1.3.3 投资自由情况

（1）贸易自由度和投资自由度。“一带一路”倡议的推进需要依靠国家间的贸易自由度和投资自由度，发挥各国优势，促进对外直接投资增长。一方面，贸易自由化和投资自由化程度高可以降低市场准入壁垒，使得外国投资者更容易进入东道国市场。这将增加市场竞争，促使东道国提供更好的投资环境。另一方面，贸易自由化和投资自由化程度高可以促进资本自由流动。中国投资者更容易将资本从东道国转移回本国，降低对外直接投资经济风险。例如，中国和东盟签署的自贸协定不仅促进了双边贸易增长，而且带来了相互投资和经济合作全面发展的丰硕成果。

（2）国际流动性风险。随着全球经济形势的不稳定和不确定性加剧，国际流动性风险也成为中国对“一带一路”直接投资所面临的重要挑战。东道国国际流动性风险高会限制外商投资企业外币结算、汇兑与转移，影响中国企业对“一带一路”沿线国家的经济和金融活动，加剧中国企业对东道国直接投资经济风险。例如，印度外汇管制严格且规定烦琐，对外汇结算、转移的限制较高，给中国企业对外直接投资带来了经济风险。

6.1.3.4 双边协定

（1）双边投资协定。双边投资协定是一种投资者保护机制，包括投资的准入条件、税收等，明确指明了投资的有关事宜，给予投资者保护。双边投资协定通常包含投资争端解决机制的规定，减少政策不确定性，提供稳定的投资环境，有利于降低我国对“一带一路”沿线国家直接投资经济风险。例如，我国与科威特、阿联酋、泰国、马其顿等国家签订的双边投资协定保护了投资环境，维护了我国投资者的权益。

（2）免签情况。对外直接投资经济风险受到东道国免签政策的影响。对“一带一路”沿线国家直接投资往往面临不确定的投资环境，免签政策可以降低企业的签证成本，从而促进两国企业间的交流与合作，增强企业的投资信心，降低企业对外直接投资经济风险。我国与约旦、越南、土库曼斯坦、文莱、伊朗等签订了免签证协定，促进了国家之间的来往，有利于对外直接投资经济风险的降低。

（3）税收协定。东道国与我国签订双边税收协定有利于降低中国对“一带一路”沿线国家直接投资经济风险。税收协定是促进税收公平的有效手段，可以避免跨境企业重复征税，帮助企业做好税收筹划，是加强各国经贸往来的重要保障。另外，双边税收协定中规定的投资者之间信息共享政策有助于投资者增强对投资中税收信息的把握，降低对外直接投资经济风险。

6.1.4 中国对“一带一路”沿线国家直接投资经济风险水平测度

基于前文对中国对“一带一路”沿线国家直接投资经济风险影响因素的分析，选取 13 个指标，用熵权法对 2017 ~ 2020 年“一带一路”沿线 45 个国家的对外直接投资经济风险水平进行测度。

6.1.4.1 样本选取与数据来源

表 6 - 1 为评价指标选取与数据来源。将样本根据前文对经济风险影响因素的分析进行分类，对 2017 ~ 2020 年“一带一路”沿线 45 个国家对外直接投资经济风险水平进行测度。若一个国家某个指标某一年的数据缺失，则用线性插补法进行补充；若一个国家所有年份的某一个指标全部缺失，则参照该国所在地区的平均值填充。在 13 个指标中，对外负债率、通货膨胀率和国际流动性风险 3 个指标为负向指标，其他为正向指标。得分越高，经济风险水平越低。

表6-1　　指标选取与数据来源

<table>
<tr><th>一级经济风险指标</th><th>二级经济风险指标</th><th>经济风险指标说明</th><th>数据来源</th></tr>
<tr><td rowspan="5">经济发展状况</td><td>人均国内生产总值</td><td>人均生产能力</td><td rowspan="4">世界银行 WDI 数据库</td></tr>
<tr><td>国内生产总值</td><td>市场规模</td></tr>
<tr><td>经济增长率</td><td>经济增长速度</td></tr>
<tr><td>资本形成总额</td><td>资本形成占 GDP 百分比</td></tr>
<tr><td>外债负债率</td><td>年末外债余额占当年 GDP 的比重</td><td rowspan="2">ICRG 金融风险指数</td></tr>
<tr><td rowspan="2">货币因素</td><td>汇率稳定性</td><td>汇率年度变化率</td></tr>
<tr><td>通货膨胀率</td><td>按消费者价格指数衡量的通货膨胀（年通胀率）</td><td>世界银行 WDI 数据库</td></tr>
<tr><td rowspan="3">投资自由情况</td><td>贸易自由度</td><td>综合贸易政策环境，得分基于贸易加权平均关税税率和非关税壁垒两个变量，数值越大，自由度越高</td><td rowspan="2">经济自由指数报告</td></tr>
<tr><td>投资自由度</td><td>综合各种投资监管限制，数值越大，自由度越高</td></tr>
<tr><td>国际流动性风险</td><td>东道国对外币结算、汇兑与转移限制</td><td>ICRG 金融风险指数</td></tr>
<tr><td rowspan="3">双边协定</td><td>投资协定</td><td>签订双边投资协定取值为1，未签订则取0</td><td rowspan="2">中华人民共和国商务部网站</td></tr>
<tr><td>免签情况</td><td>对中国实施免签政策取值为1，未实施则为0</td></tr>
<tr><td>税收协定</td><td>签订税收协定取值为1，未签订则取0</td><td>国家税务总局</td></tr>
</table>

6.1.4.2　中国对“一带一路”沿线国家对外直接投资经济风险测度方法

关于中国对“一带一路”对外直接投资经济风险测度的已有研究中，对各项指标赋权大多采用主观方法。主观赋权法在根据指标本身含义确定权重方面具有优势，但客观性较差，容易受个人主观判断的影响。下文在对各项指标进行赋权时拟采用客观的测度方法——熵权法。

熵权法（EM）基于信息论的熵概念，利用信息熵来衡量指标间的差异性，将指标数据集的信息熵分配给各个指标，以此来计算指标的权重。熵权法的基本步骤为：

第一步，对数据进行标准化处理。

对于正向指标来说：

$$X^* = \frac{x - \min(x)}{\max(x) - \min(x)} \quad (6-1)$$

对于负向指标来说：

$$X^* = \frac{\max(x) - x}{\max(x) - \min(x)} \quad (6-2)$$

第二步，求 p 值，在对基本指标进行无量纲化处理的基础上，对于第 i 项指标，P_{ij}的变异程度越大，表明该指标对被测度对象贡献的有用信息量越多，计算公式为：

$$P_{ij} = \frac{X_{ij}^*}{\sum_{i=1}^{n} X_{ij}^*} \quad (6-3)$$

其中，P_{ij}表示第 j 项指标下第 i 个被测度对象的特征比重。由此，计算第 j 项指标的 EM 值，记为 E_j。

第三步，计算 e 熵，如下：

$$e_j = -\frac{\sum_{i=1}^{n}(p_{ij} \times \ln p_{ij})}{\ln(45 \times 4)} \quad (6-4)$$

令指标的差异系数为 d_j，则

$$d_j = 1 - e_j \quad (6-5)$$

其中，d_j 越大，表示指标 j 内含的被测度对象的信息量越大，则应对其赋予较大的权重，该指标在测度体系中的重要性越大。由此，可确定各基本指标的 EM 权重为：

$$w_m = \sum_{j=1}^{n}(w_j \times X_{ij}^*) \quad (6-6)$$

其中，

$$w_j = \frac{d_j}{\sum_{j=1}^{n} d_j} \tag{6-7}$$

6.1.4.3 中国对“一带一路”沿线国家 OFDI 经济风险测度结果

表6-2为2017~2020年“一带一路”沿线国家经济风险得分的平均值，得分越高，经济风险越低。将样本分别按照所属区域以及世界银行根据人均国民总收入划分的国家分类进行划分。根据世界银行2022年7月更新的标准，人均GNI少于1085美元的国家为低收入国家（*LIC*），人均GNI介于1086~4255美元的为中等偏下收入国家（*LMIC*），人均GNI介于4256~13205美元的为中等偏上收入国家（*UMIC*），人均GNI大于13205美元的国家为高收入国家。由表6-2可见，中国对“一带一路”沿线国家直接投资经济风险最低的五个国家分别为爱沙尼亚、新加坡、印度尼西亚、越南和伊朗；经济风险最高的五个国家分别为黎巴嫩、约旦、马尔代夫、沙特阿拉伯和塞尔维亚。其中，经济风险最低的五个国家以东盟国家为主，经济风险最高的五个国家中，西亚国家最多。经济风险较低的前十个国家中，60%为高收入国家；经济风险较高的前十个国家中，50%为中等偏下收入国家。

表6-2　2017~2020年“一带一路”沿线国家经济风险综合得分

国家	综合得分	排名	区域	收入水平
爱沙尼亚	0.672	1	中东欧	高收入
新加坡	0.655	2	东盟	高收入
印度尼西亚	0.652	3	东盟	中等偏上收入
越南	0.643	4	东盟	中等偏下收入
伊朗	0.640	5	西亚	中等偏下收入
匈牙利	0.636	6	中东欧	高收入
立陶宛	0.629	7	中东欧	高收入

续表

国家	综合得分	排名	区域	收入水平
斯洛伐克	0.626	8	中东欧	高收入
斯洛文尼亚	0.621	9	中东欧	高收入
蒙古	0.617	10	东亚	中等偏下收入
罗马尼亚	0.616	11	中东欧	高收入
以色列	0.608	12	西亚	高收入
埃及	0.605	13	西亚	中等偏下收入
捷克	0.604	14	中东欧	高收入
土耳其	0.603	15	西亚	中等偏上收入
亚美尼亚	0.603	16	独联体	中等偏上收入
巴基斯坦	0.601	17	南亚	中等偏下收入
菲律宾	0.599	18	东盟	中等偏下收入
阿尔巴尼亚	0.597	19	中东欧	高收入
斯里兰卡	0.593	20	南亚	中等偏下收入
白俄罗斯	0.592	21	独联体	中等偏上收入
克罗地亚	0.590	22	中东欧	高收入
文莱	0.588	23	东盟	高收入
保加利亚	0.586	24	中东欧	中等偏上收入
阿曼	0.586	25	西亚	高收入
孟加拉国	0.586	26	南亚	中等偏下收入
泰国	0.586	27	东盟	中等偏上收入
阿联酋	0.585	28	西亚	高收入
阿塞拜疆	0.585	29	独联体	中等偏上收入
马来西亚	0.578	30	东盟	中等偏上收入
科威特	0.576	31	西亚	高收入
摩尔多瓦	0.568	32	独联体	中等偏上收入
卡塔尔	0.564	33	西亚	高收入
柬埔寨	0.559	34	东盟	中等偏下收入
哈萨克斯坦	0.554	35	中亚	中等偏上收入

续表

国家	综合得分	排名	区域	收入水平
乌克兰	0.546	36	独联体	中等偏下收入
缅甸	0.545	37	东盟	中等偏下收入
俄罗斯	0.545	38	独联体	中等偏上收入
拉脱维亚	0.529	39	中东欧	高收入
印度	0.511	40	南亚	中等偏下收入
塞尔维亚	0.503	41	中东欧	高收入
沙特阿拉伯	0.484	42	西亚	高收入
马尔代夫	0.440	43	南亚	中等偏上收入
约旦	0.412	44	西亚	中等偏下收入
黎巴嫩	0.319	45	西亚	中等偏下收入

进一步将“一带一路”沿线 45 个国家按照经济风险高低划分为三个等级。分类依据为：高风险型国家得分为（0，0.55）；中风险型国家得分为（0.55，0.60）；低风险型国家得分为（0.60，1）。如表 6－3 所示，分类后得到低风险型国家 17 个，占比为 38%；中风险型国家 18 个，占比为 40%；高风险型国家 10 个，占比为 22%。东盟和中东欧国家主要集中在中低风险区域，独联体、西亚和南亚国家主要集中在中高风险区域。

表 6－3　　中国对“一带一路”沿线国家 OFDI 经济风险类型

经济风险类型	东盟	独联体	西亚	南亚	中东欧	东亚及中亚
低风险型国家（17 个）	新加坡、印度尼西亚、越南	亚美尼亚	伊朗、以色列、埃及、土耳其	巴基斯坦	爱沙尼亚、匈牙利、立陶宛、斯洛伐克、斯洛文尼亚、罗马尼亚、捷克	蒙古
中风险型国家（18 个）	菲律宾、文莱、泰国、马来西亚、柬埔寨	白俄罗斯、阿塞拜疆、摩尔多瓦	阿曼、阿联酋、科威特、卡塔尔	斯里兰卡、孟加拉国	阿尔巴尼亚、克罗地亚、保加利亚	哈萨克斯坦

续表

经济风险类型	东盟	独联体	西亚	南亚	中东欧	东亚及中亚
高风险型国家（10个）	缅甸	乌克兰、俄罗斯	沙特阿拉伯、约旦、黎巴嫩	印度、马尔代夫	拉脱维亚、塞尔维亚	—

6.1.5 “一带一路”沿线国家直接投资经济风险防范建议

根据前文中国对“一带一路”沿线国家直接投资经济风险影响因素的分析及实证研究结果，分别从政府层面和企业层面提出政策建议。

6.1.5.1 政府层面的建议

（1）“后疫情”时代，贸易保护主义抬头，“逆全球化”的现象出现，对中国企业跨国投资产生了一定的负面影响。此外，由于地理位置的不便利性、文化意识的差异性等，我国企业获取信息比东道国国内企业获取信息更加困难。如果政府能够帮助对外直接投资企业掌握东道国投资环境和市场信息，将有利于我国企业降低对外直接投资经济风险。因此，我国政府应加强对中国企业对外直接投资的帮助和引导，向企业提供各东道国的投资环境信息，降低由于信息不对称导致企业对外直接投资经济风险增大的可能性。目前，我国相关部门已经出台一系列对外直接投资的支持性政策。例如，商务部国际贸易经济合作研究院和驻外使领馆经商机构发布的《对外投资合作国别（地区）指南》，客观地反映了各国别（地区）的经济情况、营商环境、经贸政策等。该指南涵盖了175个国别（地区），立足于新发展理念，有助于我国企业应对“走出去”的风险挑战，推动对外直接投资高质量发展。今后，我国政府应及时更新和完善该指南的内容，保证其时效性。

（2）“一带一路”沿线部分国家外商直接投资制度不够系统和完善，给我国企业带来经济风险。我国政府应推进相关政策的落地实施，进一步推进《区域全面经济伙伴关系协定》（RCEP）实施，推动“一带一路”倡议高质量发展；与“一带一路”沿线国家进行有效沟通，加强与沿线国家的经贸合作，进一步签订投资协定、税收协定，帮助企业降低对外直接投资成本和经济风险。中国贸促会要发挥桥梁作用，积极组织、开展有助于中国企业走出去的交流活动，为中国企业交流国际投资经验搭建平台。

6.1.5.2 企业层面的建议

（1）我国企业在对“一带一路”沿线国家直接投资时应选择合适的投资区位，以降低对外直接投资经济风险。“一带一路”沿线国家发展水平参差不齐，经济风险水平有明显差别。对乌克兰、俄罗斯等经济风险较高的国家直接投资容易受到汇率波动、通货膨胀等因素影响，较易造成投资损失。因此，我国企业对“一带一路”沿线国家直接投资应该全面考察东道国的经济风险，优先考虑经济风险较低的国家，例如，爱沙尼亚、新加坡、印度尼西亚等国家。

（2）我国企业应加强与当地对外投资机构的沟通和合作，了解东道国外商直接投资政策，增强自身风险防范能力。中国企业对国际环境了解不足，存在经济体系、会计准则等的差异挑战以及面临价格风险、税务黑洞等财务风险。因此，中国企业需要加强与沿线国家的合作力度，加强与当地对外投资机构及行业组织的沟通交流，对东道国与我国的国际经济合作情况进一步了解，稳步推进与沿线国家的合作。

6.2 中国企业对“一带一路”沿线国家直接投资文化风险研究

“一带一路”沿线国家包含了世界主要文化形态，国情复杂，文化类型多元。不同国家的意识形态、价值观念、语言习惯等文化因素迥然不同，文化差异显著，给我国企业对“一带一路”沿线国家直接投资带来文化风险。文化环境是国际投资环境的“软”环境，它不是政治、法律等以刚性的政策、法规明确显现出来，但却无处不在。中国企业对“一带一路”沿线国家直接投资容易受到东道国文化因素的影响，给投资收益造成不确定性。风险评价是对外直接投资风险防控的重要内容之一，是风险管理的基础。能准确、及时地识别与评估企业对外直接投资面临的风险，对于企业跨国经营与管理至关重要，有利于企业采取合理的风险防范措施，在一定程度上避免企业海外投资遭受损失。因此，科学识别并评估我国企业对“一带一路”沿线国家直接投资文化风险有利于推动“一带一路”高质量发展。

6.2.1 文献综述

有关中国对“一带一路”沿线国家直接投资文化风险研究的文献主要涉及以下三个方面。

6.2.1.1 对外直接投资文化风险内涵的相关研究

“一带一路”沿线各国语言、宗教信仰、风俗习惯、社会结构等方面与我国有较大差异，给我国企业对外直接投资带来文化风险。张琦（2010）指出跨文化风险是指与东道国的语言、风俗习惯、价值观与态度、宗教信仰等方面的差异给企业对外直接投资带来影响的不确定性。谢春芳（2011）提出对外直接投资文化风险是指由于国家和地区之间的文化差异和经营管理模式不同而构成的风险。施淑蓉、李建军（2015）认为对外直接投资文化风险指由于海外投资企业与投资所在国在文化习俗、宗教信仰、价值观及语言等方面差异引发的风险。黄翔、刘艳（2017）认为社会文化风险是指由于对当地的风土人情、传统习俗、非正式习惯等缺乏认知而导致增加成本的可能性。杨淑霞、李键（2017）指出社会文化风险是指东道国文化传统、社会结构、人口规模对于企业海外投资的不利影响。文化风险指企业在进行海外投资活动过程中，由文化背景的差异性和复杂性导致项目前期推进或建设运营遭遇阻碍，使得实际收益与预期收益目标相背离甚至造成经营活动失败的可能性（向鹏成、蔡奇钢，2022）。文化风险主要表现为对文化系统的潜在破坏性，继而影响既定的全球价值观，从而阻碍“一带一路”的推进和全球化治理的进程（沈一兵，2022）。

6.2.1.2 对外直接投资文化风险影响因素的相关研究

已有研究指出，对外直接投资文化风险的影响因素主要涉及语言、宗教信仰、价值观、外交关系等。有学者从国与国之间的语言、宗教信仰、法律渊源等因素的差异考察对外直接投资文化风险，发现东盟地区潜在的文化风险最小，跨国企业可采取以中国文化为主导文化的投资策略；中亚、南亚和独立国家联合体的潜在文化风险适中，跨国企业可采取以中华文化与东道国文化融合为主导的投资策略（Dang and Zhao，2020）。向鹏成、蔡奇钢

（2022）从语言、民族宗教、人文环境、外交关系 4 个维度识别得到了 21 项文化风险因素，发现语言风险和外交关系风险对重大基础设施投资的影响最大，其次是人文环境风险与民族宗教风险。南开辉等（2019）从宗教信仰、民族种族、价值观、语言、风俗习惯等角度考察电网项目海外投资文化风险。高岩芳（2017）从政治风险、政策风险、经济风险、文化风险以及自然风险考察宏观层面风险，从宗教信仰、民族、种族、价值观角度识别企业境外投资文化风险。还有一些学者采用失业情况、国民受教育程度、社会治安水平等指标衡量对外直接投资文化风险。王正文等（2018）从社会失业情况、社会治安情况、国家内部冲突、国民受教育情况、其他投资风险和对华免签程度等角度考察“一带一路”社会文化风险。周伟、江宏飞（2020）运用高等教育入学率衡量中国对“一带一路”对外直接投资社会文化风险。刘逸等（2022）从社会治安水平、失业人口比例、高等教育入学率、资本和人员流动限制以及商业管制角度衡量东道国社会文化风险。

6.2.1.3 对外直接投资文化风险评级的相关研究

已有研究运用熵值 TOPSIS 法，主成分分析法、因子分析法等多种方法对对外直接投资文化风险进行评价。

首先，一些学者使用熵值 TOPSIS 法对文化风险进行评级。向鹏成、蔡奇钢（2022）运用熵权法确定重大基础设施投资文化风险指标的综合权重，采用 TOPSIS 评价模型对各个国家的风险等级进行评估。有学者基于质量功能展开（QFD）理论和模糊数学中的 G1 熵值法，从经济风险、环境风险、社会文化风险和政治风险四个层面构建了指标体系，发现四类风险对中国对外直接投资均具有重要影响（Zhai，2023）。

其次，还有学者使用主成分分析或者因子分析对文化风险进行评估。哥斯瓦米和海德尔（Goswami and Haider，2014）采用因子分析的方法，研究政治风险对外国直接投资的影响，发现文化冲突是影响外国直接投资的主要原因。方慧、宋玉洁（2019）采用因子分析法测度“一带一路”国家综合及政治军事、经济金融、社会文化风险，发现中国对“一带一路”沿线国家直接投资主要流向了中高风险国家；东道国政治军事和社会文化风险是影响中国对“一带一路”沿线国家直接投资的重要风险因素。周伟等（2017）对中国在“一带一路”OFDI 的国家风险进行了主成分分析和聚类分析，发现中国在“一带一路”对外直接投资的社会文化风险普遍较大。

再次，窦如婷等（2018）构建国际投资的宏观环境指标体系，用改进的 CRITIC 方法确定了指标体系的客观权重，发现经济水平、社会安全和政府有效性对一国投资的宏观环境意义非凡。向鹏成等（2022）评价和分析了“一带一路”沿线国家基础设施投资的社会风险，采用独立性权重法、变异系数法和 CRITIC 权重法对指标进行客观赋权，发现样本国家社会风险等级可以分为五大类及两个孤立点，其中每一类国家的社会风险存在相同的风险特征。

最后，还有学者使用 SWOT 分析法、复杂网络方法、模糊聚类分析法等对文化风险进行研究。马调美（2017）运用 SWOT 分析法分析我国石油企业对外直接投资面临的社会文化等风险，发现我国对外直接投资还不是很成熟，但随着改革开放的不断深化，我国企业的自主经营权在不断提升。刘莎（2016）参照“国家因素加权化的层次分析 - 移动平均”模型，分析对外直接投资文化等风险，发现整体上西亚风险最高，其次是中亚，俄罗斯风险相对最低，投资西亚应注意文化风险和政治风险。有学者应用复杂网络方法考察外商直接投资的风险因素，将风险因素分为三个层次。第一层次包括政府稳定、商业法规等；第二层次包括文化与宗教、运输成本等；第三层次包括电力供应、GDP 等，发现外资企业应重点关注第一级和第二级风险因素，同时应充分考虑第三级风险因素（Yang，2020）。还有学者从社会与文化风险等方面确定各级风险评估指标，运用模糊聚类分析法，测度沿线各国风险水平，发现科技型企业应提高政治风险意识（Li，2022）。

6.2.1.4 文献述评

已有文献认为中国企业对“一带一路”沿线国家直接投资文化风险的影响因素有语言、民族宗教、人文环境、价值观、风俗习惯、社会失业情况、社会治安情况、国家内部冲突以及国民受教育情况等。已有文献主要采用 SWOT 分析法、主成分分析法、因子分析法、熵值法、TOPSIS 法、模糊综合评价法等方法对对外直接投资文化风险进行评级。在评估“一带一路”对外直接投资文化风险时，一些文献只考虑了少数几个文化指标，文化风险影响因素考虑不够全面。为了客观、全面地评估文化风险，应建立一个全面系统的指标体系。

本节首先从语言、民族宗教、人文环境、外交关系四个维度考察文化风险影响因素，再建立文化风险指标体系，运用CRITIC法确定综合权重，测度出我国对“一带一路”沿线国家直接投资文化风险。最后，分别从政府层面和企业层面提出对外直接投资文化风险防范策略。

6.2.2 中国对“一带一路”沿线国家直接投资文化风险影响因素分析

文化风险是指因与东道国的语言、风俗习惯、宗教信仰、价值观与态度等方面的差异，给企业对外投资收益带来的不确定性。企业在“一带一路”沿线国家直接投资时应充分了解当地宗教文化，增进与当地民众的交流。根据向鹏成、蔡奇钢（2022）对文化风险的划分，将中国企业对“一带一路”沿线国家直接投资文化风险成因分为四类：语言风险、民族宗教风险、人文环境风险和外交关系风险。下面从这四个方面进行分析其影响因素。

6.2.2.1 语言风险

由于不同国家对于时间、事物、风俗习惯和价值观等认识不同或是语言差异较大，会造成沟通的难度，导致沟通误会，甚至演变为文化冲突。首先，“一带一路”沿线部分国家存在着至少两种不同文明。文明交汇的过程很容易产生冲突，文化风险问题尤其突出。其次，中国企业对“一带一路”沿线国家直接投资大多采用绿地投资的进入模式，建厂历时较长，成本较高，如果在建设过程中没有考虑到东道国语言和文化差异，不能进行良好的沟通，会给项目经营带来很大阻碍。影响语言风险的因素主要有东道国使用的语言数量及投资母国外语人才储备情况。

（1）语言数量。

东道国使用的语言数量过多会存在语言障碍，沟通将变得困难，语言障碍可能影响中国企业在东道国的形象。语言差异会增加跨文化交流中文化误解的风险。语言的多样化容易造成跨文化交流和沟通中的误解，造成跨文化风险，影响对外直接投资的质量和效率。“一带一路”沿线国家官方语言（不包括华语）共54种，而使用的语言约2488种，占人类语言总数的三分之一以上①。如果中国企业无法流利地与当地企业交流，被视为对当地文化缺乏尊重和关注，会损害企业在当地市场的声誉和形象。语言与文化紧密相关，语言差异会增加跨文化交流中文化误解的风险。

（2）人才储备。

若国内缺乏具备外语能力的人才，会使中国企业难以与目标国建立良好的沟通关系，影响企业的声誉和形象。国内语言人才储备的充足程度将直接关系到中国企业对“一带一路”直接投资中的跨文化交流能力。“一带一路”沿线国家涉及语言种类繁多，一些语种我国相关人才储备不足。“一带一路”沿线国家54种官方语言中，国内高校尚未开设的有11种②，相关外语人才十分短缺，导致中国企业对目标市场的理解不够深入，进而导致沟通障碍、误解和文化冲突。因此，人才储备情况是对外直接投资文化风险的影响因素。

6.2.2.2 民族宗教风险

民族宗教风险的影响因素主要有宗教情况和种族情况。

（1）宗教情况。

在“一带一路”沿线国家中，绝大多数都盛行宗教文化。“一带一路”沿线国家宗教情况存在宗教观念、信仰习惯、礼仪规范等方面的差异。这些差异如果没有得到妥善处理，会导致双方之间的误解和文化冲突。比如，商务活动中的饮食习惯、礼节要求或节假日安排等，可能会因宗教差异而引发困扰。宗教信仰也会影响人们的思维方式、价值观念和决策依据。中国企业如果未能理解并适应东道国的宗教背景，可能会导致商务关系疏离或困难。

梁永佳、李小云（2015）指出宗教在“一带一路”区域不仅仅是信仰问题，而是完全处于这些国家政治经济和社会文化生活的核心。进入这些国家的前提就是承认、尊重并接受当地宗教，只有在这样的基础上，才可以发挥宗教的积极作用，促进母国在东道国的投资等各类经济活动。中国在“一带一路”沿线国家的投资受到宗教的显著影响，宗教整体差异小的国家之间投资具有显著的相关性，合理地利用宗教可以使其成为促进中国“一带一路”投资的良好纽带，但是“法律化”的宗教会对投资产生一定的阻碍作用。因

①② 杨亦鸣，赵晓群，“一带一路”沿线国家语言国情手册［M］. 北京：商务印书馆，2016.

此，政府和企业需要对东道国的宗教和法律有深入的认识，以促进“一带一路”倡议的顺利实施（丁剑平、方琛琳，2017）。

（2）种族情况。

“一带一路”沿线国家存在种族歧视和不平等待遇的问题，导致中国企业在当地面临人才招聘、雇佣和晋升过程中的困难，并容易引起劳动纠纷和社会不满情绪。在一些东道国，种族背景可能对社会融入和认同产生影响。

6.2.2.3 人文环境风险

东道国的人文环境影响外商投资企业面临的文化风险。如果东道国经济状况良好，则文化风险较小，相反如果东道国经济状况差，存在大量失业，社会就会面临不稳定因素，则文化风险会上升。人文环境风险的影响因素主要有失业率和东道国社会稳定性。

（1）失业率。

“一带一路”沿线国家高失业率可能导致社会不稳定和劳工纠纷的增加。当大量人口失去工作机会时，社会压力和不满情绪会更加严重，劳资关系更加紧张。东道国的劳动标准、法律和规定可能会发生变化，例如，工资水平、工作时间、福利待遇等。另外，当东道国面临高失业率时，政府和社会对外来投资的态度可能发生变化。保护主义倾向可能增强，本土化要求更高，包括优先雇佣本地员工、鼓励本土企业竞争等，给中国企业对外直接投资带来文化风险。2022 年，伊拉克失业率高达 15. 55%，影响了中国对其直接投资项目的发展。

（2）社会稳定性。

社会稳定性反映的是影响东道国公共秩序的一切不安定因素。“一带一路”沿线国家社会稳定性造成的直接投资风险一方面表现在影响东道国社会秩序和社会稳定的因素，包括犯罪、针对外资的群体性暴力事件对企业造成的损失，另一方面则表现为国家薄弱的社会治安控制力和低下的治暴能力和效率导致的社会治安问题，也就是东道国的治安水平为企业海外经营活动带来的影响。

“一带一路”沿线国家内部冲突与社会治安问题会导致社会秩序混乱，犯罪率上升以及社会不稳定的情况。这对中国企业的员工安全和资产安全构成威胁，影响企业的跨国经营与发展，导致投资项目受到不可预测的干扰，甚至带来资产损失和业务中断。另外，冲突和社会动荡会降低东道国消费者的购买力和信心，使投资项目面临销售下滑、盈利能力降低等风险。“一带一路”沿线部分国家的社会安全环境较差，中国—老挝铁路列车在途经国家被盗现象频发，东南亚、南亚地区电信网络诈骗问题严重，商务部网站常常对此风险发出预警，一些“一带一路”沿线国家针对外商投资企业打砸抢烧暴力事件频发，严重损害海外企业的财产及生命安全。

6.2.2.4 外交关系风险

影响外交关系风险的因素主要有东道国与母国之间签订双边投资协定、是否有免签政策及相互之间的人文交流情况。

（1）双边投资协定。

我国与“一带一路”沿线国家的双边投资协定通常包含对投资者的权益保护措施，例如，确定投资者享有的基本权利、保障投资的安全和保护投资免于非正当干扰等。因此，双边协定可以减少投资文化风险，使得投资者在东道国的投资更加安全可靠。缺乏政治互信会阻碍双边互利合作，进而影响中国企业对“一带一路”沿线国家直接投资。西方国家针对“一带一路”倡议的负面言论，一定程度上增加了“一带一路”沿线国家的猜疑情绪，给我国企业对外直接投资带来风险。双边投资协定也可以促进投资的便利化，简化投资程序和手续，并提供更加透明和稳定的投资环境，有助于降低投资的文化风险，增加对东道国直接投资的吸引力。

（2）免签政策。

“一带一路”沿线国家对我国的免签政策使得我国投资者无须申请签证就可自由进入东道国。免签政策有助于促进双方之间的人员交流与合作，投资者可以更快速、更频繁地往返于两国之间。这提高了投资者跨国经营的便捷性和灵活性，减少了投资过程中的行政程序和时间成本，有助于促进贸易、投资和技术转移等方面的交流与合作，也有助于增加对东道国文化的了解和适应性，降低文化风险。

（3）人文交流。

我国同东道国的人文交流情况也会影响对外直接投资文化风险。首先，人文交流可以促进“一带一路”沿线国家和我国之间的文化相似性，有助于降低交流和合作过程中的误解和冲突。其次，人文交流有助于促进人才交流，通过培养和吸引优秀的人才，东道国可以给我国直接投资更好的支持和理解。再次，人文交流可以影响双方的社会价值观。如果东道国和我国之间存在一致的社会价值观，会降低我国在该国的直接投资文化风险。最后，积极的人文交流可以提高我国对“一带一路”沿线国家直接投资时的文化理解和适应能力，从而降低文化风险。

6.2.3 中国对“一带一路”沿线国家直接投资文化风险水平测度

基于前文对中国对“一带一路”沿线国家直接投资文化风险影响因素的分析，选取9个指标，运用CRITIC法对2013～2021年“一带一路”沿线国家对外直接投资文化风险进行测度。

6.2.3.1 样本选取、指标选取与数据来源

根据数据的可得性，选取“一带一路”沿线46个国家为研究样本。表6－4为指标选取与数据来源情况。根据前文对文化风险影响因素的分析选取指标，并按照文化风险成因将指标进行分类。选取语言数量和人才储备2个指标来衡量语言风险。在15个指标中，语言数量、宗教紧张程度、种族紧张程度、国家内部冲突和失业率5个指标为负向指标，其他为正向指标。将负向指标正向化处理，综合指标得分越高，文化风险水平越低。

表6－4　　评价指标与数据来源

一级文化风险指标	二级文化风险指标	文化风险指标说明	数据来源
语言风险	语言数量	东道国官方语言数量	“一带一路”沿线国家语言国情手册
	人才储备	开设有东道国官方语言专业的院校数	
民族宗教风险	宗教紧张程度	政治风险服务集团（PRS Group）提供的各国量化数据	ICRG
	种族紧张程度		
人文环境风险	国家内部冲突		
	失业率	失业人数占劳动力的比例	世界银行数据库

续表

一级文化风险指标	二级文化风险指标	文化风险指标说明	数据来源
外交关系风险	双边投资协定	签订双边投资协定取值为1，未签订则取0	中华人民共和国商务部网站
	对华免签政策	对中国实施免签政策取值为1，未实施则为0	
	人文交流	中国与东道国的人文交流次数	中华人民共和国外交部网站

6.2.3.2 中国企业对"一带一路"沿线国家直接投资文化风险测度方法

关于中国对"一带一路"沿线国家直接投资文化风险测度的已有研究中，对各项指标赋权大多采用主观方法。主观赋权法在根据指标本身含义确定权重方面具有优势，但客观性较差，容易受个人主观判断的影响。在对各项指标进行赋权时拟采用客观的测度方法：CRITIC 法。

CRITIC 法的思想在于用两项指标：对比强度和冲突性指标，同时考虑指标变异的大小和指标之间的相关性。对比强度使用标准差进行表示，如果数据标准差越大，说明波动越大，则权重越大；冲突性使用相关系数表示，相关系数越大，则冲突越小，那么权重越小。对于多个指标，CRITIC 法去除一些相关性较强的指标的影响，可以减少指标之间信息上的重叠。因此，CRITIC 法适用于分析的指标之间有一定的关联关系，且数据具有稳定性。"一带一路"沿线国家文化风险具有稳定性，且指标之间具有关联性，因此，本书对数据进行正向处理和归一化处理后，采用 CRITIC 法对文化风险进行测度。

CRITIC 法的基本步骤为：

（1）对比性。用标准差 ∂_j 表示 j 项指标的对比性，其计算如公式（6－8）所示。

$$\partial_j = \sqrt{\frac{\sum_{i=1}^{m}(x'_{ij} - \overline{x'_j})}{m-1}} \tag{6-8}$$

（2）矛盾性。矛盾性反映的是不同指标之间的相关程度，若呈现显著正相关性，则矛盾数值小。设指标 j 与其余指标矛盾性大小为 f_j，其计算如公式（6-9）所示。

$$f_j = \sum_{j=1}^{m}(1 - r_{ij}) \tag{6-9}$$

其中，r_{ij}表示指标 i 与指标 j 之间的相关系数，在此使用的是皮尔逊相关系数，此为线性相关系数。

（3）信息承载量。设指标 j 的信息承载量为 C_j，其计算如公式（6-10）所示。

$$C_j = \partial_j f_j \tag{6-10}$$

（4）权重计算。信息承载量越大，则权重 w_j 越大，w_j 的计算如公式（6-11）所示。

$$w_j = \frac{C_j}{\sum_{j=1}^{n} C_j} \tag{6-11}$$

（5）计算得分 S_i，S_i 的计算如公式（6-12）所示。

$$S_i = \sum_{j=1}^{n} w_j x'_{ij} \tag{6-12}$$

6.2.3.3 中国对"一带一路"沿线国家对外直接投资文化风险测度结果

对2013~2021年46个"一带一路"沿线国家对外直接投资文化风险水平进行测度。若一个国家某个指标某一年的数据缺失，则用线性插补法进行补充。运用SPSS软件，通过CRITIC法，测量出中国对"一带一路"沿线国家直接投资文化风险影响因素指标权重如表6-5所示。由该表可见，双边投资协定的权重最高，达23.58%，其次为种族紧张程度和失业率。

表6-5　"一带一路"沿线国家文化风险影响因素指标权重

指标	指标变异性	指标冲突性	信息量	权重（%）
双边投资协定	0.288	5.777	1.662	23.58
种族紧张程度	0.207	4.861	1.006	14.279
失业率	0.181	5.419	0.98	13.91
宗教紧张程度	0.219	4.104	0.899	12.764
内部冲突	0.176	4.789	0.843	11.97

续表

指标	指标变异性	指标冲突性	信息量	权重（%）
人文交流	0.119	6.375	0.755	10.721
人才储备	0.114	5.755	0.654	9.28
语言数量	0.040	6.141	0.246	3.495

运用SPSS软件，通过CRITIC法，计算出中国对“一带一路”沿线国家直接投资文化风险得分如表6－6所示。由该表可见，对外直接投资文化风险得分最高的3个国家为巴基斯坦、印度尼西亚、以色列；得分最低的3个国家为拉脱维亚、塞尔维亚、文莱。其中，综合得分最高，文化风险较低的10个国家主要为东盟、西亚和南亚国家；综合得分最低，文化风险最高的10个国家中，中东欧国家所占比重最大，达60%。

表6－6　“一带一路”沿线国家文化风险得分

国家	综合得分	排名	区域	国家	综合得分	排名	区域
巴基斯坦	76.837	1	南亚	埃及	60.982	15	西亚
印度尼西亚	73.415	2	东盟	白俄罗斯	60.690	16	独联体
以色列	71.304	3	西亚	科威特	60.618	17	西亚
泰国	70.920	4	东盟	伊朗	60.234	18	西亚
俄罗斯	70.545	5	独联体	马来西亚	60.148	19	东盟
缅甸	68.165	6	东盟	越南	58.102	20	东盟
叙利亚	67.097	7	西亚	沙特阿拉伯	57.992	21	西亚
巴林	66.950	8	西亚	阿曼	57.928	22	西亚
孟加拉国	66.510	9	南亚	土耳其	57.518	23	西亚
斯里兰卡	66.320	10	南亚	哈萨克斯坦	57.499	24	中亚
印度	64.482	11	南亚	摩尔多瓦	57.377	25	独联体
也门	64.139	12	西亚	卡塔尔	56.050	26	西亚
菲律宾	62.390	13	东盟	阿塞拜疆	55.398	27	独联体
黎巴嫩	61.553	14	西亚	罗马尼亚	54.771	28	中东欧

续表

国家	综合得分	排名	区域	国家	综合得分	排名	区域
爱沙尼亚	53.456	29	中东欧	克罗地亚	47.153	38	中东欧
乌克兰	52.577	30	独联体	波兰	46.732	39	中东欧
斯洛文尼亚	50.533	31	中东欧	伊拉克	46.033	40	西亚
新加坡	50.182	32	东盟	阿尔巴尼亚	45.689	41	中东欧
捷克	50.080	33	中东欧	亚美尼亚	45.382	42	独联体
匈牙利	49.832	34	中东欧	约旦	32.798	43	西亚
保加利亚	49.063	35	中东欧	拉脱维亚	30.064	44	中东欧
蒙古	48.731	36	东亚	塞尔维亚	27.957	45	中东欧
立陶宛	48.137	37	中东欧	文莱	25.786	46	东盟

进一步将中国企业对“一带一路”沿线46个国家直接投资文化风险大小划分为三个等级，分别为高风险型、中风险型和低风险型。分类依据为：高风险型国家得分为（0，50）；中风险型国家得分为（50，60）；低风险型国家得分为（60，100）。其中，低风险国家有19个，占比为41.3%；中风险国家有14个，占比为30.4%；高风险国家13个，占比为28.3%。表6-7“一带一路”沿线国家所属文化风险类型。其中，东盟、西亚和南亚国家主要集中在中低风险区域，独联体和中东欧国家主要集中在中高风险区域。

表6-7　“一带一路”沿线国家文化风险类型

文化风险类型	东盟	独联体	西亚	南亚	中东欧	东亚及中亚
低风险（19个）	印度尼西亚、泰国、缅甸、菲律宾、马来西亚	俄罗斯、白俄罗斯	以色列、埃及、叙利亚、巴林、也门、黎巴嫩、科威特、伊朗	巴基斯坦、斯里兰卡、孟加拉国、印度	—	—
中风险（14个）	越南、新加坡	阿塞拜疆、摩尔多瓦、乌克兰	阿曼、卡塔尔、沙特阿拉伯、土耳其	—	爱沙尼亚、罗马尼亚、斯洛文尼亚、捷克	哈萨克斯坦

续表

文化风险类型	东盟	独联体	西亚	南亚	中东欧	东亚及中亚
高风险（13个）	文莱	亚美尼亚	约旦、伊拉克	—	拉脱维亚、塞尔维亚、匈牙利、保加利亚、立陶宛、克罗地亚、波兰、阿尔巴尼亚	蒙古

图6-1展示了“一带一路”沿线不同区域国家文化风险得分情况。文化风险得分越高，风险越低。由该图可见，2012～2022年文化风险水平最低的区域是南亚，最高的是中东欧。南亚的文化风险水平呈上升趋势，中东欧国家的文化风险水平呈下降趋势。

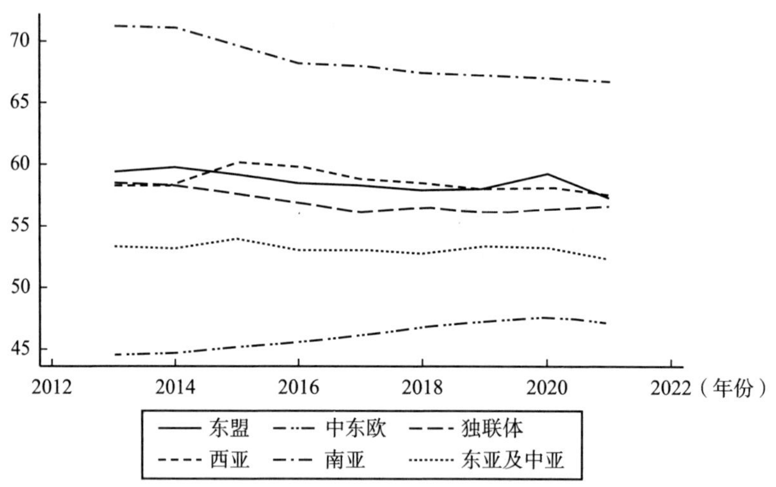

图6-1 “一带一路”沿线不同区域国家文化风险得分情况

6.2.4 “一带一路”沿线国家直接投资文化风险防范建议

根据前文中国对“一带一路”沿线国家直接投资文化风险影响因素分析及实证研究结果，分别从政府层面和企业层面提出建议。

6.2.4.1 政府层面的建议

（1）政府应对我国企业对外直接投资提供支持，帮助我国企业掌握东道国文化环境信息，以便降低企业对外直接投资文化风险。我国政府应向企业提供各东道国的文化环境相关信息，例如，宗教紧张程度、东道国国内冲突情况等，以便降低由于信息不完全导致的企业对外直接投资文化风险。

（2）我国政府应加强与沿线国家的协调与合作。我国政府加强与沿线国家的文化交流，帮助企业提升声誉和形象，以便降低投资项目失败的风险。我国政府应与“一带一路”沿线国家进行有效沟通，签订投资协定、增加人文交流、扩大免签范围，帮助企业降低对外直接投资文化风险。

6.2.4.2 企业层面的建议

（1）我国企业在对“一带一路”沿线国家直接投资时，应审慎选择投资区位，以降低对外直接投资文化风险。“一带一路”沿线国家文化差异较大，中国企业对其直接投资文化风险水平有明显差别。在对投资国进行选择时，应该全面考察东道国的文化风险，优先考虑文化风险较低的国家，例如，巴基斯坦、印度尼西亚和以色列等国家。

（2）我国企业在对“一带一路”沿线国家直接投资时，应注重对东道国文化的理解与包容。通过了解东道国的文化，投资者可以更好地理解当地的商业环境和行为准则，从而更好地与当地企业和政府进行合作。此外，文化差异还会影响到员工管理、市场营销、产品定位等方面，了解文化差异可以帮助投资者制定更有效的策略。投资者应采取开放的心态，与当地政府和企业建立良好的合作关系，尊重当地的文化差异，进而促进跨文化沟通与合作，实现互利共赢的局面。

6.3 本章小结

本章从经济风险和文化风险两个方面，研究中国对“一带一路”沿线国家直接投资风险。一方面，在分析中国企业对“一带一路”沿线国家直接投资经济风险成因的基础上，用熵权法测度中国企业对“一带一路”沿线国家直接投资经济风险。另一方面，在分析中国对“一带一路”沿线国家直接投资文化风险影响因素的基础上，用 CRITIC 法测度中国对“一带一路”沿线国家直接投资文化风险。

由于“一带一路”沿线国家大多为发展中国家和转型经济体，中国企业对沿线国家直接投资面临经济风险。如何有效地识别、评估沿线国家对外直接投资经济风险，采取有效地防范风险措施至关重要。在分析中国企业对“一带一路”沿线国家直接投资经济风险成因的基础上，运用熵权法测度中国对“一带一路”沿线国家直接投资经济风险，发现中国对“一带一路”沿线国家直接投资经济风险水平最低的国家为爱沙尼亚、新加坡和印度尼西亚；经济风险水平最高的国家为沙特阿拉伯、约旦和黎巴嫩。为提升我国对“一带一路”沿线国家直接投资质量，政府应向企业提供东道国投资环境信息，企业应做好对沿线国家直接投资经济风险评估，合理选择投资目的国。

由于“一带一路”沿线国家文化背景各有不同，中国企业对沿线国家直接投资面临文化风险。如何有效地识别、评估中国对沿线国家直接投资文化风险，采取有效的风险防范措施至关重要。首先在分析对外直接投资文化风险影响因素的基础上，运用 CRITIC 法测度中国对“一带一路”沿线国家直接投资文化风险，发现中国对“一带一路”沿线国家直接投资文化风险水平最低的国家为巴基斯坦、印度尼西亚和以色列；文化风险水平最高的国家为文莱、塞尔维亚和拉脱维亚。为提升我国对“一带一路”沿线国家直接投资效益，推动“一带一路”高质量发展，政府应向企业提供东道国外商直接投资文化环境信息，企业应做好对沿线国家直接投资文化风险评估，合理选择对外直接投资目的国，采取有效的文化风险防范措施。

| 附录 |

1998～2018年对东南亚地区直接投资北京企业名录

投资国别	被投资企业名称	投资企业名称
缅甸	百绿作物科学有限公司	北京三浦百草绿色植物制剂有限公司
缅甸	瑞飞缅甸有限责任公司	北京中油瑞飞信息技术有限责任公司
缅甸	美丽金元宝矿业有限公司	北京中盛金元贸易有限公司
缅甸	永赢国际有限公司	北京昆仑海岸投资有限公司
缅甸	中腾微网（缅甸）科技有限公司	中腾微网（北京）科技有限公司
缅甸	华勃时代服装有限公司	北京光华纺织集团有限公司
泰国	东方凯歌（亚洲）网络电视有限公司	国广东方网络（北京）有限公司
泰国	麦克斯韦博纳股份有限公司	北京博纳电气股份有限公司
泰国	贝迈特技术有限公司	北京武全勇进机械设备有限公司

续表

投资国别	被投资企业名称	投资企业名称
泰国	北京首都航空有限公司驻泰国办事处	北京首都航空有限公司
泰国	太富能源（泰国）有限公司	华夏鼎兴（北京）能源有限公司
泰国	邦达（泰国）有限公司	海程邦达国际工程物流（北京）有限公司
泰国	清迈清洁能源有限公司	北京万邦达环保技术股份有限公司
泰国	南奔清洁能源有限公司	北京万邦达环保技术股份有限公司
泰国	佛通清洁能源有限公司	北京万邦达环保技术股份有限公司
泰国	洛坤清洁能源有限公司	北京万邦达环保技术股份有限公司
泰国	沙木沙空清洁能源有限公司	北京万邦达环保技术股份有限公司
泰国	益泉控股有限公司	北京中融信华商贸有限公司
泰国	万泰（泰国）科技有限公司	北京万泰中联科技股份有限公司
泰国	贝盈（泰国）有限公司	北京贝盈控股有限公司
泰国	曼谷星空年代通信技术有限公司	北京星空年代通信技术有限公司

续表

投资国别	被投资企业名称	投资企业名称
泰国	亿利智慧能源（泰国）有限公司	北京亿利智慧能源科技有限公司
泰国	北京城建亚泰建设集团（泰国）有限公司	北京城建亚泰建设集团有限公司
新加坡	云像睿研新加坡有限公司	北京云像睿妍科技有限公司
新加坡	三十六科亚洲私人有限公司	北京品新传媒文化有限公司
新加坡	新加坡好联网有限公司	北京好联网科技有限公司
新加坡	Joule Air 私人投资有限公司	北京醒澜投资管理有限公司
新加坡	新迪亚投资有限公司	北京迪信通商贸股份有限公司
新加坡	北京万德福乐环境科技发展有限公司	北京万德福乐环境科技发展有限公司
新加坡	Infologic 有限公司	北京易华录信息技术股份有限公司
新加坡	普泰投资控股有限责任公司	中邮世纪（北京）通信技术有限公司
新加坡	北京燃气新加坡有限公司	北京市燃气集团有限责任公司
新加坡	文华在线教育科技（国际）有限公司	北京文华在线教育科技股份有限公司
新加坡	戴纳国际投资有限公司	北京戴纳实验科技有限公司
新加坡	富润房地产服务私人有限公司	北京富润物业管理有限公司
新加坡	新集群技术有限公司	北京捷思锐科技股份有限公司

续表

投资国别	被投资企业名称	投资企业名称
新加坡	时空科技有限公司	北京瑞驰博通科技有限公司
新加坡	华大盘古私人有限公司	北京华大智宝电子系统有限公司
新加坡	新通科技有限公司	北京裕源大通科技股份有限公司
新加坡	四维图新新加坡有限公司	北京四维图新科技股份有限公司
新加坡	国瓷投资控股私人有限公司	国瓷（北京）文化艺术发展有限公司
新加坡	海亚控股集团有限公司	北京海亚投资集团有限公司
新加坡	北京亚控科技发展有限公司新加坡分公司	北京亚控科技发展有限公司
新加坡	新加坡亚控科技发展有限公司	北京亚控科技发展有限公司
新加坡	北京格罗唯视储运有限公司新加坡分公司	北京格罗唯视储运有限公司
新加坡	北京华联购物中心（新加坡）商业管理有限公司	北京华联商厦股份有限公司
新加坡	大陆桥新加坡有限公司	北京大陆桥文化传媒股份有限公司
新加坡	武神新加坡网络技术有限公司	北京武神世纪网络技术有限公司
新加坡	科旭威尔国际有限公司	北京科旭威尔科技股份有限公司

续表

投资国别	被投资企业名称	投资企业名称
新加坡	北京建工国际新加坡有限责任公司	北京建工国际建设工程有限责任公司
新加坡	第六阶科技有限公司	北京汇真网络传媒科技有限公司
新加坡	创而新科技公司	创而新（北京）教育科技有限公司
新加坡	安控泽天（新加坡）能源技术有限公司	北京泽天盛海油田技术服务有限公司
新加坡	阿尔西新加坡有限公司	阿尔西制冷工程技术（北京）有限公司
新加坡	新加坡握奇科技私人有限公司	北京握奇数据系统有限公司
新加坡	新加坡握奇科技私人有限公司	德和善美（北京）投资有限公司
新加坡	北京金海畅能源投资私人有限公司	北京金海畅能源投资有限公司
新加坡	JR自动售货机有限公司	北京友宝在线科技股份有限公司
新加坡	新加坡京慧诚有限公司	北京京慧诚国际贸易有限责任公司
新加坡	飞天系统有限公司	飞天联合（北京）系统技术有限公司
新加坡	第一原则（新加坡）有限公司	北京天创盛世数码科技有限公司

续表

投资国别	被投资企业名称	投资企业名称
新加坡	京粮（新加坡）国际贸易有限公司	北京京粮食品有限公司
新加坡	新加坡商贸达有限公司	汉富（北京）资本管理有限公司
新加坡	第四范式东南亚有限公司	第四范式（北京）技术有限公司
新加坡	爱慕新加坡私人有限公司	北京爱慕内衣有限公司
新加坡	北京城建道桥建设集团有限公司新加坡分公司	北京城建道桥建设集团有限公司
新加坡	新加坡太阳石科技有限公司	北京维卓网络科技有限公司
新加坡	北京辰安科技有限公司	北京辰安信息科技有限公司
新加坡	都乐动力科技有限公司	北京精研通科技有限公司
新加坡	江河新加坡幕墙有限公司	北京江河幕墙系统工程有限公司
印度尼西亚	印度尼西亚中国高速铁路有限公司	北京雅万高速铁路有限公司
印度尼西亚	佰佳信作物科学有限公司	北京燕化永乐生物科技股份有限公司
印度尼西亚	爱绿作物科学有限公司	北京三浦百草绿色植物制剂有限公司
印度尼西亚	北方创美环球印度尼西亚有限公司	北京北方创美装饰工程有限公司
印度尼西亚	郎邦金源矿业有限公司	北京紫金盟经贸有限责任公司

续表

投资国别	被投资企业名称	投资企业名称
印度尼西亚	印度尼西亚万向集团有限公司	北京怡光伟业贸易有限公司
印度尼西亚	新得利印度尼西亚地产发展有限公司	北京五洲投资有限公司
印度尼西亚	印度尼西亚合纵电气股份公司	北京合纵科技股份有限公司
印度尼西亚	北京精雕科技集团印度尼西亚有限公司	北京精雕科技集团有限公司
马来西亚	恒德永大（马来西亚）有限公司	北京恒德旅游开发有限公司
马来西亚	马来西亚唐风汉语教育有限公司	北京唐风汉语教育科技有限公司
马来西亚	京港发展有限责任公司	北京路通同泰贸易有限责任公司
马来西亚	NEC飞鼎克信息技术服务（北京）有限公司马来西亚办事处	NEC飞鼎克信息技术服务（北京）有限公司
马来西亚	内陆码头资产有限公司	北京北方永邦科技股份有限公司
马来西亚	北京城建集团马来西亚公司	北京城建北方建设有限责任公司
马来西亚	北京博地投资有限公司	北京城建北方建设有限责任公司
马来西亚	鑫方盛国际贸易（马来西亚）有限公司	北京鑫方盛五金交电有限公司

续表

投资国别	被投资企业名称	投资企业名称
马来西亚	库伯勒（北京）自动化设备贸易有限公司驻吉隆坡代表处	库伯勒（北京）自动化设备贸易有限公司
马来西亚	万泰（马来西亚）科技有限公司	北京万泰中联科技股份有限公司
马来西亚	众花南药有限公司	北京春风药业有限公司
马来西亚	亿利全球绿色能源私人有限公司	北京亿利智慧能源科技有限公司
马来西亚	东方雨虹（马来西亚）有限责任公司	北京东方雨虹防水技术股份有限公司
马来西亚	寰球工程项目管理（北京）有限公司马来西亚分公司	寰球工程项目管理（北京）有限公司
马来西亚	UES 建筑发展公司	北京城建道桥建设集团有限公司
马来西亚	唐银国际控股有限公司	中晟凤凰（北京）投资基金管理有限公司
老挝	北京中海盛康能源科技有限公司代表处	北京中海盛康能源科技有限公司
老挝	波提矿业有限公司	北京中海盛康能源科技有限公司
老挝	世博嘉信工程咨询（老挝）有限公司	北京世博嘉信工程咨询有限公司
老挝	北京兴水浩淼老挝信息技术公司	北京兴水浩淼水利信息技术有限公司

续表

投资国别	被投资企业名称	投资企业名称
老挝	北京亦融汇兴个人有限公司	北京亦融汇兴投资管理有限公司
老挝	中老金鹰矿产有限公司	北京三智煜达投资有限公司
老挝	老挝超越农业开发有限公司	北京英辉超越农业投资有限公司
越南	越南铁路设备制造技术服务有限公司	北京峙之弘源科技有限公司
越南	越南北京中选设备有限责任公司	北京中选耐磨设备有限公司
越南	恒发商贸有限公司	雷蒙德（北京）科技股份有限公司
越南	北京燕化佰佳信作物科技有限公司胡志明办事处	北京燕化佰佳信作物科技有限公司
越南	北京中鼎高科自动化技术有限公司驻越南办事处	北京中鼎高科自动化技术有限公司
越南	中鼎高科自动化技术（越南）有限公司	北京中鼎高科自动化技术有限公司
越南	中国建材国际越南公司	北京易单网科技有限公司
越南	北京精雕科技集团有限公司驻越南太原办事处	北京精雕科技集团有限公司
越南	北京精雕科技集团有限公司驻越南胡志明办事处	北京精雕科技集团有限公司
越南	北京精雕科技集团越南有限公司	北京精雕科技集团有限公司

续表

投资国别	被投资企业名称	投资企业名称
菲律宾	北京帮你说互联网教育科技有限公司菲律宾办事处	北京帮你说互联网教育科技有限公司
菲律宾	创美菲制作有限公司	北京北方创美装饰工程有限公司
菲律宾	菲律宾希耐克电力公司	北京兴侨国际工程技术有限公司
柬埔寨	国网新源国际水电开发有限公司	国网新源控股有限公司北京能源管理分公司
柬埔寨	北京易华录柬埔寨办事处	北京易华录信息技术股份有限公司
柬埔寨	仙女国际航空股份有限公司	北京中科航信信息咨询有限公司
柬埔寨	天达有限公司	北京信威通信技术股份有限公司
柬埔寨	中柬金边经济特区有限公司	北京北控置业有限责任公司
柬埔寨	北京城建集团柬埔寨分公司	北京城建集团有限责任公司
柬埔寨	北京城建亚泰建设集团（柬埔寨）有限公司	北京城建亚泰建设集团有限公司
柬埔寨	爱嘉游（柬埔寨）科技有限公司	爱嘉游（北京）科技有限公司
柬埔寨	高棉凤凰钢铁有限公司	北京华浦博科技有限公司
文莱	利尔国际控股股份有限公司	北京利尔高温材料股份有限公司

续表

投资国别	被投资企业名称	投资企业名称
文莱	东方新星（文莱）有限公司	北京东方新星石化工程股份有限公司
文莱	中京工程（文莱）有限公司	北京海淀中京工程设计软件技术有限公司
文莱	芝视界科技（文莱）私人有限公司	北京芝视界科技有限公司

资料来源：中华人民共和国商务部“走出去”导航网站。

参考文献

[1] 白仲林，尹彦辉．中国企业对外直接投资决策及其市场进入的离散博弈分析［J]．国际经贸探索，2017（5）：69－82.

[2] 曹亚军，胡婷．“一带一路”倡议对我国 OFDI 的影响效应：投资流出和风险偏好研究［J]．中国软科学，2021（1）：165－173.

[3] 陈波．“一带一路”背景下我国对外直接投资的风险与防范［J]．行政管理改革，2018（7）：61－66.

[4] 陈恩，陈博．中国对发展中国家直接投资区位选择及影响因素［J]．国际经济合作，2015（8）：14－20.

[5] 陈菲琼，钟芳芳．中国海外直接投资政治风险预警系统研究［J]．浙江大学学报，2012（1）：87－99.

[6] 陈景华．企异质性、全要素生产率与服务业对外直接投资：基于服务业行业和企业数据的实证检验［J]．国际贸易问题，2014（7）：112－122.

[7] 陈漓高，张燕．对外直接投资的产业选择：基于产业地位划分法的分析［J]．世界经济，2007（10）：28－38.

[8] 陈明华，等．中国对“一带一路”沿线地区 OFDI 的区域差异及趋势演进［J]．当代经济科学，2020（3）：1－14.

[9] 陈伟光，郭晴．中国对“一带一路”沿线国家投资的潜力估计与区位选择［J]．宏观经济研究，2016（9）：148－161.

[10] 陈烨，谢凤燕，王珏，赵乙霖．中国友好城市关系是否促进了城

市出口贸易：基于二模网络视角［J］. 国际贸易问题，2020（5）：89－101.

［11］陈胤默，孙乾坤，张晓瑜. 孔子学院促进中国企业对外直接投资吗：基于“一带一路”沿线国家面板数据的分析［J］. 国际贸易问题，2017（8）：84－95.

［12］程惠芳，阮翔. 用引力模型分析中国对外直接投资的区位选择［J］. 世界经济，2004（11）：23－30.

［13］程雷. 减少对外直接投资风险的几条途径［J］. 国际经济合作，1992（10）：13－14.

［14］程时雄，刘丹. 企业异质性、东道国特征与对外直接投资进入模式选择［J］. 经济经纬，2018，35（4）：50－58.

［15］崔日明，张婷玉，张志明. 中国对外直接投资对国内投资影响的实证研究［J］. 广东社会科学，2011（1）：27－34.

［16］崔岩，于津平. “一带一路”国家基础设施质量与中国对外直接投资——基于面板门槛模型的研究［J］. 世界经济与政治论坛，2017（5）：135－152.

［17］戴翔. 生产率与中国企业“走出去”：服务业和制造业有何不同？［J］. 数量经济技术经济研究，2014（6）：74－87.

［18］单娟，吴珂珂，董国位. 中国企业 OFDI 区位选择的决定因素：基于国有企业和私有企业差异的视角［J］. 华东经济管理，2016，30（1）：87－92.

［19］邓玲，王芳. “一带一路”建设的文化风险及其应对策略［J］. 广西社会科学，2018（1）：194－197.

［20］邸玉娜，由林青. 中国对“一带一路”国家的投资动因、距离因素与区位选择［J］. 中国软科学，2018（2）：169－176.

［21］董艳景，刘强. 基于 ISM-AHP 的“一带一路”国际工程项目风险分析［J］. 中国管理信息化，2018，21（11）：75－81.

［22］窦如婷，申敏，汪天凯. 动态视角下国际投资的宏观环境综合评价：基于改进的 CRITIC 赋权和 TOPSIS 法［J］. 工业技术经济，2018，37（8）：132－138.

［23］方慧，宋玉洁. 东道国风险与中国对外直接投资：基于“一带一

路”沿线43国的考察［J］. 上海财经大学学报，2019，21（5）：33－52.
［24］方慧，宋玉洁. 中国对“一带一路”沿线直接投资会降低企业经营风险吗［J］. 现代经济探讨，2021（3）：67－78.
［25］方慧，赵胜立. 跨国并购还是绿地投资?：对“一带一路”国家OFDI模式的考察［J］. 山东社会科学，2017（11）：119－125.
［26］付建，樊倩. 从产业结构升级看对外直接投资产业的选择［J］. 商业研究，2003（1）：52－54.
［27］付韶军，张璐超. 国家政治风险因素对中国OFDI影响研究：基于“一带一路”沿线54国数据的实证分析［J］. 经济问题探索，2019（9）：112－124.
［28］付韶军. 东道国政府治理水平对中国OFDI区位选择的影响：基于“一带一路”沿线59国数据的实证分析［J］. 经济问题探索，2018（1）：70－78.
［29］高菠阳，尉翔宇，黄志基，等. 企业异质性与中国对外直接投资：基于中国微观企业数据的研究［J］. 经济地理，2019，39（10）：130－138.
［30］高岩芳. “一带一路”背景下企业境外投资风险管理探析［J］. 财会通讯，2017（2）：119－121.
［31］葛纯宝，于津平. “一带一路”沿线国家贸易便利化与中国出口：基于拓展引力模型的实证分析［J］. 国际经贸探索，2020，36（9）：22－35.
［32］葛顺奇，罗伟. 中国制造业企业对外直接投资和母公司竞争优势［J］. 管理世界，2013（6）：28－42.
［33］龚静. 母国制度因素对中国省际对外直接投资的影响研究：基于31个省市动态面板模型的实证分析［J］. 产经评论，2014，5（4）：150－160.
［34］郭建宏. 中国的对外直接投资风险及对策建议［J］. 国际商务研究，2017，38（1）：75－84.
［35］郭周明，田云华，周燕萍. 逆全球化下企业海外投资风险防控的中国方案：基于“一带一路”视角［J］. 南开学报（哲学社会科

学版)，2019 (6)：17 -27.
[36] 海力皮提木·艾比卜拉，谢富纪，叶广宇. “东道国引资偏好”下企业对外直接投资进入策略选择的演化博弈分析 [J]. 管理评论，2021，33 (6)：232 -241.
[37] 韩民春，江聪聪. 政治风险、文化距离和双边关系对中国对外直接投资的影响：基于“一带一路”沿线主要国家的研究 [J]. 贵州财经大学学报，2017 (2)：84 -91.
[38] 胡必亮，刘清杰. “一带一路”投资国别风险测算、评估与防范 [J]. 学习与探索，2023 (1)：1 -23.
[39] 胡博，李凌. 我国对外直接投资的区位选择：基于投资动机的视角 [J]. 国际贸易问题，2008 (12)：96 -102.
[40] 胡俊超，王丹丹. “一带一路”沿线国家国别风险研究 [J]. 经济问题，2016 (5)：1 -6，43.
[41] 胡文远，范云. “一带一路”背景下中国对南亚直接投资的特点、问题与对策 [J]. 印度洋经济体研究，2021 (5)：133 -150，155 -156.
[42] 花勇. “一带一路”建设中海外劳工权益的法律保护 [J]. 江淮论坛，2016 (4)：114 -119.
[43] 黄河，Starostin Nikita. 中国企业海外投资的政治风险及其管控：以“一带一路”沿线国家为例 [J]. 深圳大学学报（人文社会科学版)，2016，33 (1)：93 -100.
[44] 黄亮雄，钱馨蓓，隋广军. 中国对外直接投资改善了“一带一路”沿线国家的基础设施水平吗？[J]. 管理评论，2018 (3)：227 -239.
[45] 黄翔，刘艳. 投资规则重构下的海外投资非经济风险管控 [J]. 国际经济合作，2017 (3)：53 -56.
[46] 姜慧. 东道国基础设施水平对我国对外直接投资的影响：基于“一带一路”国家的系统 GMM 研究 [J]. 对外经贸，2017 (3)：22 -25.
[47] 姜巍，陈万灵. 东盟基础设施发展与 FDI 流入的区位选择：机理与实证 [J]. 经济问题探索，2016 (1)：132 -139.

[48] 蒋冠宏. 企业异质性和对外直接投资：基于中国企业的检验证据 [J]. 金融研究，2015 (12)：81-96.

[49] 蒋冠宏. 我国企业跨国并购与行业内逆向技术溢出 [J]. 世界经济研究，2017 (1)：60-69，136.

[50] 蒋冠宏. 中国企业对外直接投资模式选择 [J]. 经济学动态，2022 (10)：101-120.

[51] 蒋冠宏，蒋殿春. 绿地投资还是跨国并购：中国企业对外直接投资方式的选择 [J]. 世界经济，2017 (7)：126-146.

[52] 蒋冠宏，蒋殿春. 中国对外投资的区位选择：基于投资引力模型的面板数据检验 [J]. 世界经济，2012，35 (9)：21-40.

[53] 蒋冠宏，曾靓. 融资约束与中国企业对外直接投资模式：跨国并购还是绿地投资 [J]. 财贸经济，2020，41 (2)：132-145.

[54] 蒋姮. "一带一路"地缘政治风险的评估与管理 [J]. 国际贸易，2015 (8)：21-24.

[55] 金仁淑，孙玥. 我国企业对"一带一路"沿线投资面临的法律风险及对策研究 [J]. 国际贸易，2019 (9)：70-79.

[56] 靳高风，邢更力，俞青青. "一带一路"共建国家社会安全风险及对我国的影响：基于2018—2019年社会安全形势分析 [J]. 中国人民公安大学学报（社会科学版），2019，35 (6)：1-7.

[57] 雷鹏. 我国对外直接投资战略与产业选择 [J]. 上海经济研究，2012 (6)：23-33.

[58] 李春花. 基于BP神经网络的我国海外直接投资国家风险预警系统研究 [D]. 长沙：湘潭大学，2013.

[59] 李逢春. 中国对外直接投资推动产业升级的区位和产业选择 [J]. 国际经贸探索，2013 (2)：95-102.

[60] 李国学. 对外直接投资模式选择 [J]. 中国金融，2013 (1)：49-50.

[61] 李嘉珊，任爽. "一带一路"战略背景下海外文化市场有效开拓的贸易路径 [J]. 国际贸易，2016 (2)：62-66.

[62] 李俊江，朱洁西. "一带一路"沿线国家风险、双边投资协定与中国OFDI区位选择：基于PLS-PM与BP神经网络模型的实证研究

[J]. 哈尔滨商业大学学报（社会科学版），2022（4）：3-20.
[63] 李俊久，丘俭裕，何彬. 文化距离、制度距离与对外直接投资：基于中国对“一带一路”沿线国家 OFDI 的实证研究 [J]. 武汉大学学报（哲学社会科学版），2020，73（1）：120-134.
[64] 李凯伦，李瑞萍，温焜. 文化距离与友好城市关系对中国版权贸易的影响研究：基于扩展引力模型的实证分析 [J]. 管理现代化，2019，39（1）：100-103.
[65] 李磊，蒋殿春，王小霞. 企业异质性与中国服务业对外直接投资 [J]. 世界经济，2017（11）：47-72.
[66] 李猛. “一带一路”中我国企业海外投资风险的法律防范及争端解决 [J]. 中国流通经济，2018，32（8）：109-118.
[67] 李平，徐登峰. 中国企业对外直接投资进入方式的实证分析 [J]. 国际经济合作，2010（5）：86-94.
[68] 李勤昌，许唯聪. 中国对“一带一路”区域直接投资的产业选择 [J]. 大连海事大学学报（社会科学版），2017，16（4）：72-80.
[69] 李青蓝. 建立友好城市对中国对外直接投资的影响机制 [J]. 经贸实践，2018，228（10）：91.
[70] 李善民，李昶. 跨国并购还是绿地投资?：FDI 进入模式选择的影响因素研究 [J]. 经济研究，2013，48（12）：134-147.
[71] 李香菊，王雄飞. “一带一路”战略下企业境外投资税收风险评估：基于 Fuzzy-AHP 模型 [J]. 税务研究，2017（2）：9-13.
[72] 李晓，李俊久. “一带一路”与中国地缘政治经济战略的重构 [J]. 世界经济与政治，2015（10）：30-59，156-157.
[73] 李晓，杨弋. “一带一路”沿线东道国政府质量对中国对外直接投资的影响：基于因子分析的实证研究 [J]. 吉林大学社会科学学报，2018，58（4）：53-65，204-205.
[74] 李晓飞. 入世后我国对外直接投资策略调整的路径 [J]. 世界经济研究，2002（4）：15-18，55.
[75] 李晓莉. 21 世纪海上丝绸之路沿线国家投资环境分析 [J]. 学术探索，2017（9）：73-81.
[76] 李原，汪红驹. “一带一路”沿线国家投资风险研究 [J]. 河北经

贸大学学报，2018，39（4）：45－55.
[77] 梁静波．中国纺织业对外直接投资的区位视角分析［J］．技术经济与管理研究，2011（10）：117－120.
[78] 廖红伟，杨良平．“一带一路”沿线国家OFDI、产业结构升级与经济增长：互动机理与中国表现［J］．社会科学研究，2018（5）：29－37.
[79] 林莎，雷井生，杨航．中国企业绿地投资与跨国并购的差异性研究：来自223家国内企业的经验分析［J］．管理评论，2014，26（9）：139－148.
[80] 林珊，林发彬．贸易投资便利化与全球价值链需求的对接：以福建自贸试验区为例［J］．亚太经济，2017（5）：130－136.
[81] 凌丹，张玉芳．政治风险和政治关系对“一带一路”沿线国家直接投资的影响研究［J］．武汉理工大学学报（社会科学版），2017（1）：6－14.
[82] 凌亚子．中国对东盟直接投资的产业选择研究［D］．湖北：中南财经政法大学，2019.
[83] 刘澄，王大鹏．中国企业对外投资风险管理研究［J］．特区经济，2011（6）：286－288.
[84] 刘华，曹丛慧．“一带一路”中亚国家投资促进与风险防范分析［J］．商业经济研究，2021（17）：174－177.
[85] 刘华芹．“一带一路”战略背景下企业走出去的前景与路径选择［J］．对外经贸实务，2015（8）：4－7.
[86] 刘敏，刘金山，李雨培．母国投资动机、东道国制度与企业对外直接投资区位选择［J］．经济问题探索，2016（8）：100－112.
[87] 刘莎，杨海余，洪联英．我国能源资源行业对外直接投资风险及评估［J］．长沙理工大学学报（社会科学版），2016，31（2）：119－126.
[88] 刘文革，傅诗云，黄玉．地缘政治风险与中国对外直接投资的空间分布：以“一带一路”沿线国家为例［J］．西部论坛，2019，29（1）：84－97.
[89] 刘晓凤，葛岳静，赵亚博．国家距离与中国企业在“一带一路”

投资区位选择［J］. 经济地理，2017，37（11）：99－108.
［90］刘晓光，杨连星. 双边政治关系、东道国制度环境与对外直接投资［J］. 金融研究，2016（12）：17－31.
［91］刘晓宁. 企业对外直接投资区位选择：东道国因素与企业异质性因素的共同考察［J］. 经济经纬，2018，35（3）：59－66.
［92］刘逸，李源，梁育填，等. 东道国风险对我国旅游业对外直接投资的影响［J］. 经济地理，2022，42（7）：204－214.
［93］刘渝琳，梅新想. 中国对外直接投资的模式选择研究［J］. 国际经贸探索，2013，29（4）：61－72.
［94］刘震，张宏. OFDI 提升我国装备制造业国际竞争优势的博弈分析［J］. 软科学，2017（11）：25－29.
［95］刘重力，杨宏. APEC 贸易投资便利化最新进展及中国的策略选择［J］. 亚太经济，2014（2）：26－32.
［96］卢文刚，魏甜. "一带一路"沿线国家海外中国公民安全风险评估与治理研究：以中国公民在东盟十国为例［J］. 广西社会科学，2017（9）：65－69.
［97］栾梦，孙多勇，李占锋，等. 基于 GRA-SVR 的恐怖风险情报预测模型：以"一带一路"为例［J］. 情报杂志，2020，39（3）：36－41，162.
［98］罗良文，毕道俊. 我国在"一带一路"沿线国家的 OFDI 是否存在政治风险偏好——基于扩展投资引力模型的实证检验［J］. 财会月刊，2018（10）：3－10.
［99］马调美. 企业对外投资的风险与管理［J］. 中国市场，2017（2）：202－203.
［100］马光明. 对外直接投资区位结果不均衡成因解读［J］. 国际经济合作，2009（4）：15－19.
［101］马海涛，张蔷，刘海猛. 丝绸之路经济带中国—哈萨克斯坦国际合作示范区高端制造产业选择与园区建设模式［J］. 干旱区地理，2016（9）：944－950.
［102］马忠民，蒋文静. "一带一路"倡议下中国企业高质量对外直接投资策略研究［J］. 对外经贸实务，2021（9）：89－92.

[103] 孟凡臣，蒋帆．中国对外直接投资政治风险量化评价研究［J］．国际商务研究，2014，35（5）：87－96.

[104] 孟华强，索玮岚．考虑风险关联和决策者偏好的海外投资国家风险评估研究［J］．中国管理科学，2022，30（9）：61－70.

[105] 孟亮．我国制造业OFDI区位选择影响因素分析［J］．商业经济研究，2017（7）：186－189.

[106] 南开辉，刘毅，方向，等．“一带一路”视角下海外基础设施投资风险识别研究：以电网项目为例［J］．建筑经济，2019，40（5）：59－63.

[107] 倪沙，王永兴，景维民．中国对“一带一路”沿线国家直接投资的引力分析［J］．现代财经（天津财经大学学报），2016，36（5）：3－14.

[108] 聂名华．中国企业对外直接投资风险分析［J］．经济管理，2009，31（8）：52－56.

[109] 聂娜．中国参与共建“一带一路”的对外投资风险来源及防范机制［J］．当代经济管理，2016，38（9）：84－90.

[110] 欧阳艳．中国制造业在“一带一路”价值增值能力的驱动因素［J］．中国流通经济，2017（9）：82－88.

[111] 潘素昆，杨雅琳．“一带一路”国家基础设施和中国对外直接投资区位选择［J］．统计与决策，2020（10）：133－138.

[112] 潘镇，金中坤．双边政治关系、东道国制度风险与中国对外直接投资［J］．财贸经济，2015（6）：85－97.

[113] 裴艳茜，邱海军，胡胜，等．“一带一路”地区滑坡灾害风险评估［J］．干旱区地理，2018，41（6）：1225－1240.

[114] 彭蕙，亢升．“一带一路”建设与中印制造业共享合作［J］．宏观经济研究，2017（7）：68－80.

[115] 彭继增，柳媛，范艺君．我国对“一带一路”沿线国家直接投资区位选择的决定因素分析［J］．江西社会科学，2017，37（4）：43－51.

[116] 齐玮，彭晓亚，熊含瑜．“一带一路”沿线国家贸易便利化水平对进出口贸易的影响［J］．统计与决策，2021，37（8）：144－

147.

[117] 綦建红，杨丽．中国 OFDI 的区位决定因素：基于地理距离与文化距离的检验［J］．经济地理，2012，32（12）：40－46.

[118] 钱旭．东道国制度对中国对外直接投资进入模式的影响［J］．江汉论坛，2020（10）：20－27.

[119] 乔敏健．投资便利化水平提升是否会促进中国对外直接投资?：基于“一带一路”沿线国家的面板数据分析［J］．经济问题探索，2019（1）：139－148.

[120] 邱斌，邓荣霞．“一带一路”国家知识产权保护对中国 OFDI 的影响及应对［J］．国际贸易，2018（8）：28－34.

[121] 邱成立，杨德彬．中国企业 OFDI 的区位选择：国有企业和民营企业的对比分析［J］．国际贸易问题，2015（6）：139－147.

[122] 邱立成，赵成真．制度环境差异、对外直接投资与风险防范：中国例证［J］．国际贸易问题，2012（12）：112－122.

[123] 曲国明，潘镇．不确定条件下中国企业对外直接投资设立模式选择：基于实物期权理论的逻辑与实证检验［J］．国际商务（对外经济贸易大学学报），2022（3）：68－86.

[124] 曲丽丽，韩雪．“一带一路”建设中金融风险识别及监管研究［J］．学习与探索，2016（8）：132－136.

[125] 曲智，杨碧琴，段华友．“一带一路”沿线国家和地区不同种类基础设施对我国服务贸易出口规模的影响分析［J］．中国注册会计师，2018（6）：50－55.

[126] 任燕，邱玉雪．“一带一路”沿线国家投资风险测度及其对中国 OFDI 的影响［J］．统计与决策，2021，37（1）：124－127.

[127] 阮翔，赵建华．从引力模型看对外直接投资区位选择［J］．世界经济，2004（2）：65－69.

[128] 邵宇佳，刘文革，陈红．制度距离、投资动机与企业 OFDI 区位选择：中国对外直接投资“制度风险偏好”的一种解释［J］．西部论坛，2020，30（2）：95－108.

[129] 沈一兵．后疫情时代“一带一路”面临的文化风险与包容性文化共同体的建构［J］．人文杂志，2022（03）：43－52.

[130] 施淑蓉，李建军．我国企业海外投资宏观环境风险预警研究［J］．经济纵横，2015（8）：101－106.
[131] 宋维佳，许宏伟．对外直接投资区位选择影响因素研究［J］．财经问题研究，2012（10）：44－50.
[132] 宋雯彦，韩卫辉．环境规制、对外直接投资和产业结构升级：兼论异质性环境规制的门槛效应［J］．当代经济科学，2021，43（2）：109－122.
[133] 宋玉洁．我国对外直接投资风险预警机制与防范研究［D］．济南：山东师范大学，2018.
[134] 孙国辉，刘培，杨一翁．国家形象对中国对外直接投资区位选择的影响［J］．中国流通经济，2019，33（6）：35－45.
[135] 孙俊新．文化距离、文化贸易与对外直接投资区位选择［J］．经济问题探索，2020（12）：103－110.
[136] 孙朋军，于鹏．文化距离对中国企业落实“一带一路”投资战略的影响［J］．中国流通经济，2016（2）：83－90.
[137] 孙乾坤，包歌，郑玮．企业异质性与对外直接投资区位选择：基于生产率和所有权视角的研究［J］．财贸研究，2021，32（8）：9－26.
[138] 孙玉琴，苏小莉．“一带一路”倡议下中东欧贸易便利化对中国与欧盟出口影响的比较［J］．上海对外经贸大学学报，2018（1）：29－36.
[139] 孙志毅，许可，杨文静．“逆全球化”背景下中国对外投资的风险与信用问题：以“一带一路”沿线国家投资风险为例［J］．河南社会科学，2019，27（10）：39－46.
[140] 太平，李姣．中国企业对东盟国家直接投资风险评估［J］．国际商务（对外经济贸易大学学报），2018（1）：111－123.
[141] 汤婧，于立新．我国对外直接投资与产业结构调整的关联分析［J］．国际贸易问题，2012（11）：42－49.
[142] 汤文豪，陈丽萍，吴初国，等．中国矿业对外直接投资趋势及机遇分析［J］．中国矿业，2019，28（7）：19－25.
[143] 唐晓彬，王亚男，张岩．“一带一路”沿线国家投资风险测度研

究［J］. 数量经济技术经济研究，2020，37（8）：140－158.
［144］田毕飞，邓彩霞. 先行贸易能否调节制度距离对中国对外直接投资的影响：基于“一带一路”沿线国家的空间计量分析［J］. 国际商务（对外经济贸易大学学报），2021（1）：48－64.
［145］田原，李建军. 中国对“一带一路”沿线国家 OFDI 的区位选择：基于资源与制度视角的经验研究［J］. 经济问题探索，2018（1）：79－88.
［146］万伦来，高翔. 文化、地理与制度三重距离对中国进出口贸易的影响：来自 32 个国家和地区进出口贸易的经验数据［J］. 国际经贸探索，2014，30（5）：39－48.
［147］王滨. 对外直接投资在我国经济发展中的作用：挤进和挤出效应的实证分析［J］. 国际贸易问题，2006（1）：75－79.
［148］王春华. 基于复杂网络的对外投资企业战略风险识别及预警模型研究［D］. 上海：东华大学，2014.
［149］王凡一. “一带一路”战略下我国对外投资的前景与风险防范［J］. 经济纵横，2016（7）：33－36.
［150］王海军，姜磊，伍文辉. 国家风险与对外直接投资研究综述与展望［J］. 首都经济贸易大学学报，2011，13（5）：83－89.
［151］王海军，齐兰. 国家经济风险与 FDI：基于中国的经验研究［J］. 财经研究，2011，37（10）：70－80.
［152］王晖，仲鑫. 基于空间视角的中国制造业 OFDI 的东道国影响因素实证研究：以“一带一路”沿线国家为例［J］. 经济问题探索，2020（11）：105－120.
［153］王金波. 制度距离、文化差异与中国企业对外直接投资的区位选择［J］. 亚太经济，2018（6）：83－90，148.
［154］王娟，方良静. 中国对外直接投资区位选择的影响因素［J］. 社会科学家，2011（9）：79－82，87.
［155］王培志，潘辛毅，张舒悦. 制度因素、双边投资协定与中国对外直接投资区位选择：基于“一带一路”沿线国家面板数据［J］. 经济与管理评论，2018，34（1）：5－17.
［156］王胜，田涛. 中国对外直接投资区位选择的影响因素研究：基于

国别差异的视角 [J]. 世界经济研究，2013 (12)：60 – 65.

[157] 王淑芳，闫语欣，于娜．“一带一路”沿线国家投资悖论的形成机理研究 [J]. 世界地理研究，2021，30 (4)：781 – 791.

[158] 王顺洪，颜欢．基于贝叶斯网络的海外多东道国跨境铁路投资项目政治风险研究 [J]. 交通运输工程与信息学报，2017，15 (1)：1 – 8，33.

[159] 王微微，谭咏琳．贸易便利化水平对“一带一路”沿线国家双边贸易的影响分析 [J]. 经济问题，2019 (9)：120 – 128.

[160] 王霞，程磊，刘甜．文化差异、制度质量对中国对“一带一路”沿线国家直接投资的影响 [J]. 投资研究，2020 (11)：96 – 106.

[161] 王亚丽，冯路．“一带一路”倡议下山东省对外直接投资产业选择研究 [J]. 中国商论，2019 (21)：172 – 173.

[162] 王永钦，杜巨澜，王凯．中国对外直接投资区位选择的决定因素：制度、税赋和资源禀赋 [J]. 经济研究，2014 (12)：126 – 142.

[163] 王永忠，李曦晨．中国对“一带一路”沿线国家投资风险评估 [J]. 开放导报，2015 (4)：30 – 34.

[164] 王玉宝．论中国对外直接投资的产业选择 [J]. 生产力研究，2009 (6)：124 – 132.

[165] 王正文，但钰宛，王梓涵．国家风险、出口贸易与对外直接投资互动关系研究：以中国 – “一带一路”国家为例 [J]. 保险研究，2018 (11)：41 – 53.

[166] 韦军亮，陈漓高．政治风险对中国对外直接投资的影响：基于动态面板模型的实证研究 [J]. 经济评论，2009 (4)：106 – 113.

[167] 韦永贵，李红，周菁．友好城市是文化产品出口贸易增长的动力吗：基于 PSM 的实证检验 [J]. 国际经贸探索，2018，34 (6)：19 – 33.

[168] 卫平东，孙瑾．中国对“一带一路”沿线国家直接投资的风险监管体系研究 [J]. 国际贸易，2018 (11)：28 – 36.

[169] 魏景赋，钱晨曦．中欧双边政治关系对中国 OFDI 的影响研究 [J]. 深圳大学学报（人文社会科学版），2016 (3)：90 – 94.

[170] 魏青山，王任飞．基础设施与外商直接投资的区位选择［J］．中国社会科学院研究生院学报，2005（1）：27－33.

[171] 魏昀妍，樊秀峰．双边政治关系与中国对亚欧国家出口贸易增长分析：基于三元边际视角［J］．国际经贸探索，2017（7）：61－74.

[172] 文余源，杨钰倩．投资动机、制度质量与中国对外直接投资区位选择［J］．经济学家，2021（1）：81－90.

[173] 翁东玲．“一带一路”建设的金融支持与合作风险探讨［J］．东北亚论坛，2016，25（6）：46－57，125.

[174] 吴俊，刘枚莲，袁胜军，等．目标国营商环境对中国对外直接投资的促进效应与影响机理分析［J］．世界经济研究，2020（12）：118－131.

[175] 吴素梅，李明超．国际友好城市参与中国－中东欧合作研究［J］．上海对外经贸大学学报，2018，25（2）：87－96.

[176] 吴峥．文化距离、经济自由度差异与中国对外直接投资的区位选择研究［J］．全国流通经济，2022（24）：51－54.

[177] 向鹏成，蔡奇钢．“一带一路”倡议下重大基础设施投资的文化风险评价研究［J］．重庆大学学报（社会科学版），2022，28（5）：14－31.

[178] 向鹏成，张菲，盛亚慧．“一带一路”沿线国家基础设施投资社会风险评价研究［J］．工业技术经济，2022，41（3）：3－11.

[179] 项本武．对外直接投资对国内投资的影响：基于中国数据的协整分析［J］．中南财经政法大学学报，2007（5）：82－86.

[180] 肖辉．中国矿业企业跨国投资风险预警监控研究［D］．武汉：武汉理工大学，2013.

[181] 肖慧敏，刘辉煌．地理距离、企业异质性与中国对外直接投资：基于“新”新经济地理视角［J］．经济管理，2012（10）：77－85.

[182] 协天紫光，樊秀峰．投资便利化建设是否促进了中国对外直接投资：基于东道国异质性的门槛检验［J］．国际商务（对外经济贸易大学学报），2019（6）：59－75.

[183] 谢春芳．后危机时代我国对外直接投资的风险与防范［J］．贵州社会科学，2011（5）：44－49.

[184] 谢光亚，杜君君．中国 OFDI 与国内产业结构优化升级关联度分析：基于行业选择与国别选择的灰色关联分析［J］．湖南大学学报（社会科学版），2015（5）：71－77.

[185] 谢康，邓勤民．对外直接投资的风险估计与对策［J］．世界经济研究，1993（1）：40－45.

[186] 谢孟军．政治风险对中国对外直接投资区位选择影响研究［J］．国际经贸探索，2015（9）：66－80.

[187] 熊小奇，吴俊．我国对外投资产业选择与区位布局［J］．亚太经济，2010（4）：99－102.

[188] 胥爱欢．“一带一路”建设中主权信用风险的防控：来自欧债危机救助的经验与教训［J］．西南金融，2018（8）：11－16.

[189] 许立伟，王跃生．绿地投资抑或跨国并购——中国对外直接投资选择方式的东道国因素分析［J］．郑州大学学报（哲学社会科学版），2018，51（4）：67－71.

[190] 薛求知，帅佳旖．制度距离、经验效应与对外直接投资区位选择：以中国制造业上市公司为例［J］．中国流通经济，2019（8）：80－90.

[191] 闫奕荣，周翠翠，随洪光．贸易便利化对我国对外直接投资的影响研究［J］．经济问题探索，2021（4）：181－190.

[192] 严兵，张禹，韩剑．企业异质性与对外直接投资：基于江苏省企业的检验［J］．南开经济研究，2014（4）：50－63.

[193] 阎大颖．中国企业对外直接投资的区位选择及其决定因素［J］．国际贸易问题，2013（7）：128－135.

[194] 杨达．大战略理论视角下的“一带一路”风险评估：基于中国对新加坡多元指标的向量自回归分析［J］．贵州财经大学学报，2018（3）：30－40.

[195] 杨达．人民币汇率变动对中国企业对外直接投资风险的影响研究［J］．东北大学学报（社会科学版），2020，22（6）：24－30.

[196] 杨栋旭，于津平．“一带一路”沿线国家投资便利化对中国对

外直接投资的影响：理论与经验证据［J］. 国际经贸探索，2021，37（3）：65－80.

［197］杨栋旭，于津平. 投资便利化、外商直接投资与“一带一路”沿线国家全要素生产率［J］. 经济经纬，2021，38（2）：54－63.

［198］杨娇辉，王伟，谭娜. 破解中国对外直接投资区位分布的“制度风险偏好”之谜［J］. 世界经济，2016，39（11）：3－27.

［199］杨君岐，任禹洁. “一带一路”沿线国家的投资风险分析：基于模糊综合评价法［J］. 财会月刊，2019（2）：131－139.

［200］杨俊. “一带一路”沿线国家油气资源投资风险评价［J］. 中国矿业，2018，27（12）：52－57，64.

［201］杨丽君. “一带一路”战略下我国对沿线国家直接投资的区位选择：基于引力模型的实证分析［J］. 新疆社会科学，2017（3）：38－46.

［202］杨连星，刘晓光，张杰. 双边政治关系如何影响对外直接投资：基于二元边际和投资成败视角［J］. 中国工业经济，2016（11）：56－72.

［203］杨玲丽. 社会嵌入、企业声誉与海外投资经济风险治理：基于中国企业对“一带一路”沿线国家投资的研究［J］. 重庆大学学报（社会科学版），2021，27（2）：8－22.

［204］杨淑霞，李键. “一带一路”背景下企业海外投资风险评估模型研究［J］. 宁夏社会科学，2017（4）：108－112.

［205］杨文武，涂晶. 中巴经济走廊建设的地缘风险评价研究［J］. 南亚研究季刊，2018（1）：76－85，6.

［206］杨晓猛. 转型国家市场化进程测度的地区差异分析：基于产业结构调整指标的设计与评价［J］. 世界经济研究，2006（1）：72－77.

［207］杨亚平. 我国制造业对外直接投资的产业政策选择［J］. 经济纵横，2006（6）：25－27.

［208］杨亚平，高玥. “一带一路”沿线国家的投资选址：制度距离与海外华人网络的视角［J］. 经济学动态，2017（4）：41－52.

［209］杨亦鸣，赵晓群. “一带一路”沿线国家语言国情手册［M］. 北

京：商务印书馆，2016.

[210] 杨毅．通过友好城市推动对外交流合作［J］. 中国党政干部论坛，2015（10）：88－90.

[211] 杨英，刘彩霞．“一带一路”背景下对外直接投资与中国产业升级的关系［J］. 华南师范大学学报（社会科学版），2015（5）：93－101，191.

[212] 杨勇，梁辰，胡渊．文化距离对中国对外直接投资企业经营绩效影响研究：基于制造业上市公司微观数据的实证分析［J］. 国际贸易问题. 2018（6）：27－40.

[213] 姚凯，张萍．中国企业对外投资的政治风险及量化评估模型［J］. 经济理论与经济管理，2012（5）：103－111.

[214] 姚战琪，姚维瀚．全球价值链背景下中国制造业与服务业对外投资关系研究［J］. 河北经贸大学学报，2018，39（4）：56－65.

[215] 姚战琪．“一带一路”战略下我国对外直接投资效率的影响因素及区位选择［J］. 经济纵横，2016（12）：59－66.

[216] 叶广宇，金钰莹．对外直接投资、制度环境与全球价值链地位［J］. 江汉论坛，2022（4）：31－38.

[217] 易波，李玉洁．双边投资协定和中国对外直接投资区位选择［J］. 统计与决策，2012（4）：154－156.

[218] 尹华，胡南，谢庆．“一带一路”倡议的对外直接投资风险降低效应：基于中国制造业企业的研究［J］. 国际商务（对外经济贸易大学学报），2021（3）：65－81.

[219] 尹华，谢庆．“一带一路”倡议、文化差异与中国装备制造企业对外直接投资模式选择［J］. 当代财经，2020（11）：113－123.

[220] 詹小颖．我国对外直接投资的产业选择研究：基于产业结构优化视角［J］. 特区经济，2010（3）：271－273.

[221] 张艾莲，封军丽，刘柏．文化和制度距离、跨国并购与“一带一路”投资［J］. 云南财经大学学报，2018，34（6）：38－47.

[222] 张爱美，郭静思，张诗悦，等．资源获取型林业对外直接投资的风险预警［J］. 资源开发与市场，2018，34（1）：71－76.

[223] 张慧．新经济地理视角下我国对外直接投资区位分布的国别差异

研究 [J]. 现代财经（天津财经大学学报），2014 (4): 101-113.

[224] 张建红，姜建刚. 双边政治关系对中国对外直接投资的影响研究 [J]. 世界经济与政治，2012 (12): 135-157, 162.

[225] 张楠. 天津国际友城交往及对城市外交的作用：以天津市与千叶市的友好城市交往为例 [J]. 公共外交季刊，2018 (2): 99-105, 132-133.

[226] 张琦. 中国企业对外直接投资风险识别与防范 [J]. 国际经济合作，2010 (4): 53-56.

[227] 张秋生，张荣苏. 关于中国国际友好城市问题的探讨：以中澳友好省州/城市为例 [J]. 徐州师范大学学报（哲学社会科学版），2011, 37 (6): 78-82.

[228] 张锐连，施国庆. "一带一路"倡议下海外投资社会风险管控研究 [J]. 理论月刊，2017 (2): 135-143.

[229] 张帅，李雅婷. "一带一路"沿线国家金融市场风险差异性分析 [J]. 会计之友，2022 (14): 68-75.

[230] 张帅，刘文翠. "丝绸之路经济带"背景下哈萨克斯坦投资风险测度及预警研究 [J]. 统计与信息论坛，2016, 31 (4): 34-40.

[231] 张亚斌. "一带一路"投资便利化与中国对外直接投资选择：基于跨国面板数据及投资引力模型的实证研究 [J]. 国际贸易问题，2016 (9): 165-176.

[232] 张耀铭. 中巴经济走廊建设：成果、风险与对策 [J]. 西北大学学报（哲学社会科学版），2019, 49 (4): 14-22.

[233] 张宇翔. 国际友好城市关系对中国出口贸易的影响研究 [D]. 南京：南京财经大学，2023.

[234] 张玉明，神克会. 制度环境、国际经验对企业对外直接投资进入模式选择的影响：基于A股上市制造业企业数据的分析 [J]. 经济研究参考，2015 (22): 71-77.

[235] 张岳然，费瑾. 双边投资协定、东道国制度环境与中国对外直接投资区位选择 [J]. 世界经济与政治论坛，2020 (6): 116-141.

[236] 张中元. 基础设施互联互通对出口经济体参与全球价值链的影响

[J]. 经济理论与经济管理，2019 (10)：57 -70.

[237] 章丽群，陆文安，李肇扬. 中国企业对外投资汇率风险研究 [J]. 国际商务研究，2016，37 (4)：80 -87.

[238] 赵春明，何艳. 从国际经验看中国对外直接投资的产业和区位选择 [J]. 世界经济，2002 (5)：38 -41

[239] 赵德森. 中国对外直接投资的国家风险研究 [D]. 昆明：云南大学，2018.

[240] 赵红军，曹之煜. “一带一路”沿线国家投资风险度量与评估：基于主成分法面板数据的分析 [J]. 国际商务研究，2023，44 (2)：14 -28.

[241] 赵君丽，闫园园. 企业异质性与对外直接投资选择：基于中国纺织类上市公司的实证 [J]. 东华大学学报（自然科学版），2018 (6)：988 -994.

[242] 赵睿，贾儒楠. 浅议“一带一路”战略中的国别风险管控：基于国别经济风险评估模型的研究 [J]. 上海金融，2017 (3)：91 -95.

[243] 赵云辉，等. 中国企业对外直接投资区位选择：基于 QCA 方法的联动效应研究 [J]. 中国工业经济，2020 (11)：118 -136.

[244] 赵钊露. “一带一路”背景下我国重大工程项目投资风险预警研究 [D]. 南京：南京信息工程大学，2019.

[245] 郑磊. 对外直接投资与产业结构升级：基于中国对东盟直接投资的行业数据分析 [J]. 经济问题，2012 (2)：47 -50.

[246] 郑翔益，杨达. 警惕“一带一路”战略的经济风险 [J]. 中国集体经济，2017 (25)：13 -14.

[247] 中华人民共和国商务部，国家统计局，国家外汇管理局. 中国对外直接投资统计公报 [R]. 北京：中国统计出版社，历年.

[248] 周国兰，周吉，季凯文. “一带一路”倡议下中国对外投资的产业选择 [J]. 企业经济，2017，36 (9)：72 -79.

[249] 周杰琦，夏南新. “一带一路”国家投资便利化对中国 OFDI 的影响 [J]. 亚太经济，2021 (5)：82 -94.

[250] 周茂，陆毅，陈丽丽. 企业生产率与企业对外直接投资进入模式

选择：来自中国企业的证据［J］. 管理世界，2015（11）：70－86.

［251］周伟，陈昭，吴先明．中国在"一带一路"OFDI的国家风险研究：基于39个沿线东道国的量化评价［J］. 世界经济研究，2017(8)：15－25，135.

［252］周伟，江宏飞．"一带一路"对外直接投资的风险识别及规避［J］. 统计与决策，2020，36（16）：123－125.

［253］周五七．"一带一路"沿线国家直接投资分布与挑战应对［J］. 改革，2015（8）：39－47.

［254］周毓萍，崔秀丽．基础设施对外商在中国直接投资影响的实证研究［J］. 当代财经，2004（5）：102－104.

［255］朱恪孝，张瑜函，王雄飞，祝捷．海外艺术品投资市场的可塑性与风险评估：以"一带一路"战略为背景［J］. 西北大学学报(哲学社会科学版)，2017，47（2）：67－76.

［256］邹华，徐玢玢，杨朔．基于熵值法的我国区域创新能力评价研究［J］. 科技管理研究，2013，33（23）：56－61.

［257］邹赟．"一带一路"战略下对外能源合作中的大国竞争及对策［J］. 改革与战略，2015，31（11）：25－28，126.

［258］左思明，朱明侠．"一带一路"沿线国家投资便利化测评与中国对外直接投资［J］. 财经理论与实践，2019，40（2）：54－60.

［259］Ahmed Z U，Mohamad O，Tan B，Johnson J P. International Risk Perceptions and Mode of Entry：A Case Study of Malaysian Multinational Firms［J］. Journal of Business Research，2002，55（10）：805－813.

［260］Akhtaruzzaman M，Berg N，Hajzler C. Expropriation Risk and FDI in Developing Countries：Does Return of Capital Dominate Return on Capital?［J］. European Journal of Political Economy，2017（1）：1－24.

［261］Alessia A，Roberta R，Marco Sanfilippo. China's Outward FDI：An Industry-level Analysis of Host Country Determinants［R］. CESifo Working Paper，No 3688，2011：1－39.

[262] Alon I, Elia S, Li S M. Greenfield or M&A? An Institutional and Learning Perspective on the Establishment Mode Choice of Chinese Outward Investments [J]. Journal of International Management, 2020, 26 (3): 1-17.

[263] Alon I, Herbert T T. A Stranger in a Strange Land: Micro Political Risk and the Multinational Firm [J]. Business Horizons, 2009, 52 (2): 127-137.

[264] Arslan A, Larimo J. Greenfield Investments or Acquisitions: Impacts of Institutional Distance on Establishment Mode Choice of Multinational Enterprises in Emerging Economies [J]. Journal of Global Marketing, 2011, 24 (4): 345-356.

[265] Arvanitis S, Hollenstein H, Stucki T. The Characteristics of FDI Activities Located in Different Host Regions—A Study Based on Firm-Level Data [J]. Swiss Journal of Economics & Statistics, 2015, 151 (4): 261-298.

[266] Asiedu E. Foreign Direct Investment in Africa: The Role of Government Policy, Institutions and Political Instability [J]. World Economy, 2006, 29 (1): 63-67.

[267] Asiedu E. On the Determinants of Foreign Direct Investment to Developing Countries: Is Africa Different? [J]. World Development, 2002, 30 (1): 107-118.

[268] Augusto N. How Home and Host Country Industrial Policies Affect Investment Location Choice? The Case of Chinese Investments in the EU Solar and Wind Industries [J]. Journal of Industrial and Business Economics, 2020 (47): 531-557.

[269] Baycan-Levent T L, Akgn A A G, Kundak S. Success Conditions for Urban Networks: Eurocities and Sister Cities [J]. European Planning Studies, 2010, 18 (8): 1187-1206.

[270] Behname M. Foreign Direct Investment and Urban Infrastructure: An Evidence from Southern Asia [J]. Advances in Management & Applied Economics, 2012, 2 (4): 253-259.

[271] Belkhodja O, Mohiuddin M, Karuranga E. The Determinants of FDI Location Choice in China: A Discrete-Choice Analysis [J]. Applied Economics, 2017, 49 (13-15): 1241-1254.

[272] Bernard M G, Elmar L. The Choice between Greenfield Investment and Cross-Border Acquisition: A Real Option Approach [J]. The Quarterly Review of Economics and Finance, 2006, 46 (3): 447-465.

[273] Bilal A, Xie H M, ZahID A, Ilyas A, Manman G. Internationalization of Emerging Economies: Empirical Investigation of Cross-border Mergers & Acquisitions and Greenfield Investment by Chinese Firms [J]. Journal of Innovation & Knowledge, 2022, 7 (3): 1-11.

[274] Bruce K, Harbir S S. The Effect of National Culture on the Choice of Entry Mode [J]. Journal of International Business Studies, 1988 (3): 411-432.

[275] Buckley P J, Clegg L J, Cross A R, et al. The Determinants of Chinese Outward Foreign Direct Investment [J]. Journal of International Business Studies, 2007, 38 (4): 499-518.

[276] Burton F, Inoue H. An Appraisal of the Early Warning Indicators of Sovereign Loan Default in Country Risk Evaluation System [J]. Management International Review, 1985 (3): 45-56.

[277] Cantwell J, Tolentino P E E. Technological Accumulation and Third World Multinationals [J]. International Investment and Business Studies, 1990 (3): 139-160.

[278] Chandra V, Lin Y F, Wang Y. Leading Dragon Phenomenon: New Opportunities for Catch-up in Low-Income Countries [J]. Asian Development Review, 2013 (1): 52-84.

[279] Chen J, Liu Y, Liu W. Investment Facilitation and China's Outward Foreign Direct Investment along the Belt and Road [J]. China Economic Review, 2020 (61): 341-356.

[280] Chen Y Y, Chai H Q, Huang Y M. Based on Fuzzy Comprehensive Evaluation Method The Investment Risk Assessment of Chinese Enter-

prises in The Countries Along “The Belt and Road” [C]. Conference Series: Earth and Environmental Science, 2018 (4).

[281] Chung S H. Environmental Regulation and Foreign Direct Investment: Evidence from South Korea [J]. Journal of Development Economics, 2014, 108: 222 -236.

[282] Cremer R D, Bruin A D, Dupuis A. International Sister-Cities: Bridging the Global-Local Divide [J]. American Journal of Economics & Sociology, 2001, 60 (1): 377 -401.

[283] Dang L J, Zhao J F. Cultural Risk and Management Strategy for Chinese Enterprises' Overseas Investment [J]. China Economic Review, 2020 (61): 101433. 1 -101433. 12.

[284] Dang R. Research and Development Analysis on the Impact of Global Financial Risks on China's Outward Foreign Direct Investment-based on the Effect Analysis of Countries Along the Belt and Road [J]. Advanced Management Science, 2022 (11): 69 -73.

[285] Desislava D. Performance of Foreign Subsidiaries: Does Psychic Distance Matter? [J]. International Business Review, 2009, 18 (2): 38 -49.

[286] Dikova D, Witteloostuijn A V. Foreign Direct Investment Mode Choice: Entry and Establishment Modes in Transition Economies [J]. Journal of International Business Studies, 2007, 38 (6): 1013 -1033.

[287] Drogendijk R, Martín O. Relevant Dimensions and Contextual Weights of Distance in International Business Decisions: Evidence from Spanish and Chinese Outward FDI [J]. International Business Review, 2015, 24 (1): 133 -147.

[288] Du J L, Zhang Y F. Does One Belt One Road Initiative Promote Chinese Overseas Direct Investment? [J]. China Economic Review, 2017 (5): 1 -17.

[289] Dunning J H. Trade, Location of Economic Activity and the Multinational Enterprise: A Search for an Eclectic Approach [C]. The Inter-

national Allocation of Economic Activity, Palgrave Macmillan, London, 1977: 395 -418.

[290] Egger P, Winner H. Evidence on Corruption as an Incentive for Foreign Direct Investment [J]. European Journal of Political Economy, 2005 (21): 932 -952.

[291] Elango B, Sambharya R. The Influence of Industry Structure on the Entry Mode Choice of Overseas Entrants in Manufacturing Industries [J]. Journal of International Management, 2004, 10 (1): 107 -124.

[292] Erb C B, Harvey C R, Viskanta T E. Political Risk, Economic Risk, and Financial Risk [J]. Financial Analysts Journal, 1996 (6): 13 -19.

[293] Federico S, Tosti E. Exporters and Importers of Services: Firm-level Evidence on Italy [J]. The World Economy, 2017, 40 (10): 2078 -2096.

[294] Felipe J, Kumar U. The Role of Trade Facilitation in Central Asia: A Gravity Model [J]. Eastern European Economics, 2012 (20): 5 -20.

[295] Fitriandi P, Kakinaka M, Kotani K. Foreign Direct Investment and Infrastructure Development in Indonesia: Evidence from Province Level Data [J]. Asian Journal of Empirical Research, 2014, 4 (1): 79 -94.

[296] Flores R G, Aguilera R V. Globalization and Location Choice: An Analysis of US Multinational Firms in 1980 and 2000 [J]. Journal of International Business Studies, 2007, 38 (7): 1187 -1210.

[297] Goswami G G, Haider S. Does Political Risk Deter FDI Inflow? [J]. Journal of Economic Studies, 2014, 41 (2): 233 -252.

[298] Hansen B E. Threshold Effects in Non-Dynamic Panels: Estimation, Testing, and Inference [J]. Journal of Econometrics, 1999, 93 (2): 345 -368.

[299] Harms P, Ursprung W H. Do Civil and Political Repression Really Boost

Foreign Direct Investments? [J]. Economic Inquiry, 2002, 40 (4): 651 -663.

[300] Harms P. Political Risk and Equity Investment in Developing Countries [J]. Applied Economics Letters, 2002 (19): 377 -380.

[301] Helpman E, Melitz M J, Yeaple S R. Export Versus FDI with Heterogenous Firms [J]. American Economic Review, 2004, 94 (1): 300 -316.

[302] Helpman E, Melitz M J, Yeaple S R. Export Versus FDI [R]. National Bureau of Economic Research, Working Paper No. 9439, 2003.

[303] Huang Y, Xie E, Li Y, et al. Does State Ownership Facilitate outward FDI of Chinese SOEs? Institutional Development, Market Competition, and the Logic of Interdependence between Governments and SOEs [J]. International Business Review, 2016, 26 (1): 176 -188.

[304] Ivar K, Arne W. What Determines Chinese Outward FDI? [J]. Journal of World Business, 2012, 47 (1): 26 -34.

[305] Joenniemi P, Sergunin A. Another face of Integration: City Twinning in Europe [J]. Research Journal of International Studies, 2011 (22): 120 -131.

[306] Joseph G, Nagy W, Furtan H. Economic Costs and Returns from Crop Development Research: The Case of Rapeseed Breeding in Canada [J]. Canadian Journal of Agricultural Economics/revue Canadienne Dagroeconomie, 2008, 26 (1): 1 -14.

[307] Kaneko N. The Development of Yokohama & Mumbai Through Sister City Exchanges [J]. Economy, Culture & History Japan Spotlight Bimonthly, 2016, 35 (2): 54 -55.

[308] Kang Y F, Jiang F M. FDI Location Choice of Chinese Multinationals in East and Southeast Asia: Traditional Economic Factors and Institutional Perspective [J]. Journal of World Business, 2012, 47 (1): 45 -53.

[309] Kang Y, Jiang F. FDI Location Choice of Chinese Multinationals in East and Southeast Asia: Traditional Economic Factors and Institutional Perspective [J]. Journal of World Business, 2012 (1): 45 -53.

[310] Kaufmann L, Carter C R. International Supply Relationships and Non-financial Performance—A Comparison of U. S. and German Practice [J]. Journal of Operation Management, 2006, 24 (5): 653 -675.

[311] Keith D, Lance E. Acquisition or Greenfield Startup? Institutional, Culture and Transaction Cost Influences [J]. Strategic Management Journal, 2000, 21 (3): 89 -97.

[312] Khadaroo A J, Seetanah B. Transport Infrastructure and Foreign Direct Investment [J]. Journal of International Development, 2010 (22): 103 -123.

[313] Khattab A A, Anchor J, Davies E. Managerial Perceptions of Political Risk in International Projects [J]. International Journal of Project Management, 2007, 25 (7): 734 -743.

[314] Kiyoshi K. Direct Foreign Investment: A Japanese Model of Multinational Business Operations [M]. London: Croom Helm, 1978.

[315] Kolstad V, Wiig A. What Determines Chinese Outward FDI [J]. Journal of World Business, 2012 (1): 26 -34.

[316] Kuşku-Sönmez E. Regional Cooperation in the Black Sea Basin: What Role for City Diplomacy? [J]. Journal of Southeast European & Black Sea Studies, 2014, 14 (4): 489 -507.

[317] Levent T B, Kundak S, Gulumser A A. City-to-City Linkages in a Mobile Society: The Role of Urban Networks in Eurocities and Sister Cities [J]. International Journal of Services Technology and Management, 2008, 10 (1): 83.

[318] Li B J. Risk Assessment of OFDI for Technology-Based Enterprises under the Background of "One Belt One Road" [J]. Discrete Dynamics in Nature and Society, 2022: 1 -6.

[319] Li J, Jiang F, Jie S, et al. Institutional Distance and the Quality of the Headquarters-Subsidiary Relationship: The Moderating Role of the

Institutionalization of Headquarters' Practices in Subsidiaries [J]. International Business Review, 2016, 25 (2): 589 -603.

[320] Liu H Y, Tang Y K, Chen X L, et al. The Determinants of Chinese Outward FDI in Countries along "One Belt One Road" [J]. Emerging Markets Finance and Trade, 2017, 53 (6): 1374 -1387.

[321] Loree D W, Guisinger S. Policy and Non-Policy Determinants of US Equity Foreign Direct Investment [J]. Journal of Business Studies, 1995, 26 (2): 281 -299.

[322] Lu J. Can the Central Environmental Protection Inspection Reduce Transboundary Pollution? Evidence from River Water Quality Data in China [J]. Journal of Cleaner Production, 2022, 332 (0): 130030.

[323] Luo Y, Xue Q, Han B. How Emerging Market Governments Promote Outward FDI: Experience from China [J]. Journal of World Business, 2010, 45 (1): 68 -79.

[324] Lv P, Guo C, Chen X. How the Belt and Road Initiative Affects China's Outward FDI: Comparing Chinese Independent Firms and Business Group Affiliates [M]//Zhang W, Alon I, Lattemann C. China's Belt and Road Initiative. Palgrave Studies of Internationalization in Emerging Markets. Palgrave Macmillan, Cham., 2018: 243 -263.

[325] Ma S, Xu X, Zeng Z, et al. Chinese Industrial Outward FDI Location Choice in ASEAN Countries [J]. Sustainability, 2020 (12): 1 -13.

[326] Mascitelli B, Chung M. Using Sister City Relationships to Access the Chinese Market: New Avenues for SMEs in Regional Australia [J]. Journal of International Trade Law and Policy, 2008, 7 (2): 203 -215.

[327] Meldrum D H. Country Risk and Foreign Direct Investment [J]. Business Economics, 2011, 35 (1): 33 -40.

[328] Melitz M J. The Impact of Trade on Intra-Industry Reallocations and

Aggregate Industry Productivity [J]. Econometrica, 2003, 71: 1695 - 1725.

[329] Michael A H, Victor F, Hong Zhu. Cultural, Institutions and International Strategy [J]. Journal of International Management, 2006, 12 (2): 222 -234.

[330] Miller K. A Framework for Integrated Risk Management in International Business [J]. International Business Study, 1992, 23 (4): 311 - 318.

[331] Mundell R A. International Trade and Factor Mobility [J]. The American Economic Review, 1957, 3 (47): 321 -336.

[332] Ottaviano G I P. ‘New’ New Economic Geography: Firm Heterogeneity and Agglomeration Economies [J]. Journal of Economic Geography, 2011, 11 (2): 231 -240.

[333] Ozawa T. International Investment and Industrial Structure: New Theoretical Implications from the Japanese Experience [J]. Oxford Economics Paper, 1979, 1 (31): 72 -92.

[334] Ping D. Outward Investment by Chinese MNCs: Motivations and Implications [J]. Business Horizons, 2004, 47 (3): 8 -16.

[335] Ramasamy B, Yeung M, Laforct S. China's Outward Foreign Direct Investment: Location Choice and Firm Ownership [J]. Journal of World Business, 2012 (3): 169 -224.

[336] Rehman C A, Ilyas M, Alam H M, Akram M. The Impact of Infrastructure on Foreign Direct Investment: The Case of Pakistan [J]. International Journal of Business and Management, 2011, 6 (5): 268 -276.

[337] Ren D, Du J M. Marine Foreign Trade Economic Zone Industry Investment Risk Evaluation Model under the Background of the Belt and Road [J]. Journal of Coastal Research, 2018 (83): 212 -216.

[338] Ren X Y, Yang S. Empirical Study on Location Choice of Chinese OFDI [J]. China Economic Review, 2020 (61): 1 -11.

[339] René B. Entry Mode, Organizational Learning, and R&D in Foreign

Affiliates: Evidence from Japanese Firms [J]. Strategic Management Journal, 2003, 24 (4): 235 -259.

[340] Roberto B, Saime K. Empirical Literature on Location Choice of Multinationals [J]. Complexity and Geographical Economics, 2015 (19): 325 -351.

[341] Robock S H. Political Risk: Identification and Assessment [J]. Columbia Journal of World Business, 1971 (4): 6 -20.

[342] Roger S, Igor F. Insider Control and the FDI Location Decision—Evidence from Firms Investing in an Emerging Market [J]. Management International Review, 2009 (9): 433 -454.

[343] Salike N. Investigation of the “China Effect” on Crowding out of Japanese FDI: An Industry-Level Analysis (1990 - 2004) [J]. China Economic Review, 2010, 21 (4): 582 -597.

[344] Sameera H, Pathiranage K, Xiao H L, et al. The Impact of Institutional Distance on Sustainable Investment: Evidence from China's Belt and Road Initiative [J]. Nankai Business Review International, 2020, 11 (4): 485 -505.

[345] Shao Y M, Shang Y. Decisions of OFDI Engagement and Location for Heterogeneous Multinational Firms: Evidence from Chinese Firms [J]. Technological Forecasting & Social Change, 2016 (112): 178 - 187.

[346] Solomon B, Ruiz I. Political Risk, Macroeconomic Uncertainty, and the Patterns of Foreign Direct Investment [J]. The International Trade Journal, 2012 (26): 181 -198.

[347] Spearot A C. Firm Heterogeneity, New Investment and Acquisitions [J]. Journal of Industrial Economics, 2012, 60 (1): 1 -45.

[348] Stahl G K, Tung R L, Kostova T, et al. Widening the Lens: Rethinking Distance, Diversity, and Foreignness in International Business Research Through Positive Organizational Scholarship [J]. Journal of International Business Studies, 2016, 47 (6): 621 -630.

[349] Stioian C, Flizppaios F. Dunning's Eclectic Paradigm: A Holisitic,

yet Holistic, yet Context Specific Framework for Analyzing the Determinants of Outward FDI Evidence from International Greek Investment [J]. International Business Review, 2008, 17 (3): 349 - 367.

[350] Tan D. Foreign Market Entry Strategies and Post-Entry Growth: Acquisitions vs Greenfield Investment [J]. Journal of International Business Studies, 2009 (40): 1046 - 1063.

[351] Tian W, Yu M J. Distribution, Outward FDI, and Productivity Heterogeneity: China and Cross Countries' Evidence [J]. Journal of International Financial Markets, Institutions & Money, 2020 (67): 1 - 20.

[352] Tian X. Trade and Investment Facilitation under the Lancang-Mekong Cooperation Framework [J]. China International Studies, 2018 (4): 76 - 92.

[353] Vernon P. International Investment and International Trade in the Product Cycle [J]. The Quarterly Journal of Economics, 1966, 80 (2): 190 - 207.

[354] Vivien P. Agglomeration Effects and the Location of FDI: Evidence from French First-Time Movers [J]. The Annals of Regional Science, 2011 (4): 295 - 312.

[355] Volker N, Stepen Y. An Assignment Theory of Foreign Direct Investment [J]. Review of Economic Studies, 2008 (75): 529 - 557.

[356] Wahl J, Broll U. Mitigation of Foreign Direct Investment Risk and Hedging [J]. Frontiers in Finance and Economics, 2010 (1): 21 - 33.

[357] Wang P Z, Pan X Y. The Research of OFDI Location Choice of China to the "One Belt and One Road" Countries [J]. International Conference on Management, 2017 (72): 601 - 604.

[358] Wells L T. Third World Multinationals: The Rise of Foreign Investments from Developing [M]. Cambridge: MIT Press, 1983.

[359] Wheeler D, Mody A. International Investment Location Decisions: The Case of U. S. Firms [J]. Journal of International Economics, 1992

(33): 57 – 76.

[360] Wilson J S, et al. Trade Facilitation and Economic Development: A New Approach to Quantifying the Impact [J]. The World Bank Economic Review, 2003, 17 (3): 367 – 389.

[361] Wu Y, Wang J, Ji S Y, Song Z X. Renewable Energy Investment Risk Assessment for Nations along China's Belt & Road Initiative: An ANP-Cloud Model Method [J]. Energy, 2020 (190): 116381.

[362] Xu Q H, Chung W. Risk Assessment of China's Belt and Road Initiative's Sustainable Investing: A Data Envelopment Analysis Approach [J]. Economic and Political Studies, 2018 (3): 319 – 337.

[363] Yang J H, Wang W, Wang K L, et al. CapitalIntensity, Natural Resources, and Institutional Risk Preferences in Chinese Outward Foreign Direct Investment [J]. International Review of Economics & Finance, 2018, 55: 259 – 272.

[364] Yang R C, Xing W Z, Hou S X. Evaluating the Risk Factors Influencing Foreign Direct Investment in Mongolia's Mining Sector: A Complex Network Approach [J]. Emerging Markets Review, 2020 (43): 100692. 1 – 100692. 11.

[365] Yip G S, Biscarri J G, Monti J A. The Role of the Internationalization Process in the Performance of Newly Internationalizing Firms [J]. Journal of International Marketing, 2000, 8 (3): 10 – 35.

[366] Yuan J H, Li X Y, Xu C B, et al. Investment Risk Assessment of Coal-fired Power Plants in Countries along the Belt and Road Initiative Based on ANP-Entropy-TODIM Method [J]. Energy, 2019, 6 (176): 623 – 640.

[367] Zhai W. Risk Assessment of China's Foreign Direct Investment in “One Belt, One Road”: Taking the Green Finance as a Research Perspective [J]. Socio-Economic Planning Sciences, 2023 (87): 101558. 1 – 101558. 17.

[368] Zhang C, Xiao C, Liu H. Spatial Big Data Analysis of Political Risks along the Belt and Road [J]. Sustainability, 2019, 11 (8): 2216.

[369] Zhang H. Institutional Distance, Investment Motivation and OFDI Location—Taking the Countries Along the "Belt and Road" as an Example [J]. Open Journal of Social Sciences, 2019, 7 (2): 118 - 131.

[370] Zhou K X, Kumar S, Yu L, et al. The Economic Policy Uncertainty and the Choice of Entry Mode of Outward Foreign Direct Investment: Cross-Border M&A or Greenfield Investment [J]. Journal of Asian Economics, 2021, 74: 101306.1 - 101306.14.

后　记

笔者自攻读博士学位以来，一直关注国际投资与跨国公司领域的研究。“一带一路”倡议提出以来，我先后主持了北京市社科基金项目和北京市高校基本科研业务费项目，均关注中国企业对“一带一路”沿线国家直接投资策略选择及风险防范问题。本书是总结了近年来我所主持项目取得的研究成果，并加以修改扩充完成的。

在本书出版之际，感谢项目组所有成员的支持和配合。特别感谢我的博士导师王跃生教授多年来对我的指导、支持和帮助。

特别感谢北方工业大学经济管理学院的各位领导和同事们多年来在工作和生活上给予我的帮助、支持和鼓励。

感谢北京市社会科学基金（18LJB003）、北京城市治理研究基地和 1138 工程项目对本书出版的资助。

此外，在本书写作过程中参阅了大量国内外专家学者的研究文献，在此也向他们表示敬意和感谢。本书中肯定有很多不足之处，恳请读者批评指正。

最后，感谢我的家人。感谢家人给予了我人世间最宝贵的爱和亲情，感谢他们多年来对我的工作给予的支持和鼓励。

潘素昆

2023 年 8 月